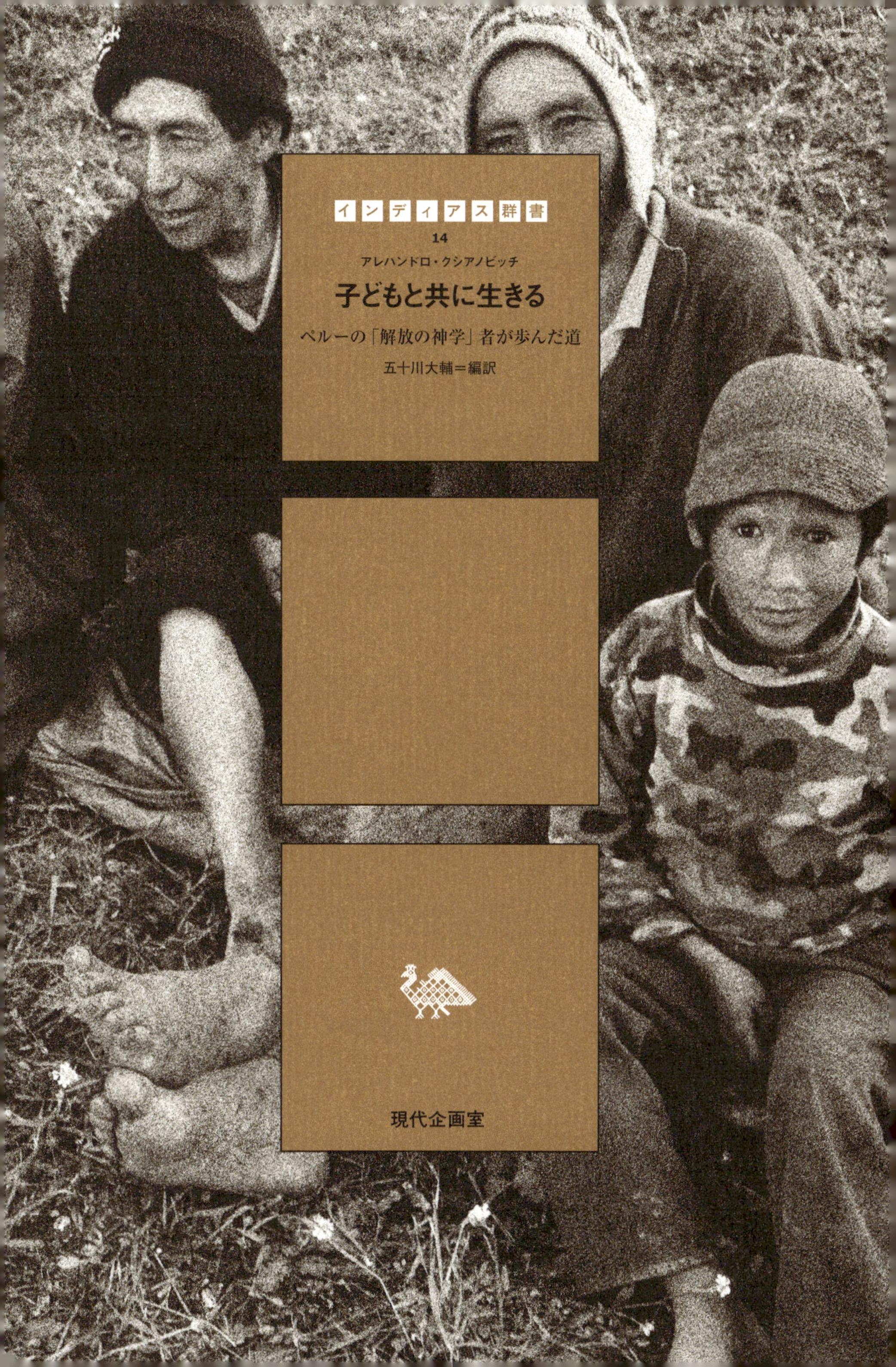

インディアス群書

14

アレハンドロ・クシアノビッチ

子どもと共に生きる

ペルーの「解放の神学」者が歩んだ道

五十川大輔＝編訳

現代企画室

子どもと共に生きる／ペルーの「解放の神学」者が歩んだ道

Alejandro Cussiánovich
Ensayos sobre Infancia, Sujeto de Derechos y Protagonista

This book is published in Japan by arrangement
with IFEJANT.
Japanese edition by Gendaikikakushitsu Publishers, 2016

子どもと共に生きる／目次

第三章　働く子どもたち――それはスキャンダルか、憐みの対象か、尊厳ある存在か

第四章　主役としての子どもたち

補　章　ペルーの働く子どもたちと日本との出会い

凡例

一　本書は、著作権表示欄に記した原書の翻訳であるが、「訳者あとがき」に述べた理由から、その全訳ではない。また、著者の初期の活動を伝える第一章は、別なテクストに基づいたものである。加えて、著者たちが関わるペルーの働く子どもたちの運動が、日本のある非政府組織との繋がりをもつに至った経緯を述べる補章は、訳者、永山子ども基金、現代企画室編集部の三者が協議して、まとめたものである。

二　訳注は、本文中の該当語句に＊を付したうえで、その下段に見出し語を添えて記している。基本的に、ラテンアメリカに関わる事項・人物に限って、記した。

日本語版の出版によせて

　子どもは、過去においても人びとが観察し分析する対象であり続けたことは確かであるが、それは往々にして文学と詩の世界に限られたものであった。だが近年になって、社会学・教育学・心理学・文化人類学の各分野に属する研究者たちは、否定的メタファーの象徴であり、時として野蛮の同義語ですらある「スール」（南）*が抱える現実を通して、旧来とは異なる角度から子どもたちを観察し分析するために不可欠な「新たな子ども観」を獲得しつつある。

　この新たな子ども観が生まれるうえで源泉となったのは、「未来」へと押し込められることで「現在」を蔑ろにされ、社会が果たすべき倫理的・政治的責任を放棄してきた、他ならぬ当事者としての子どもたち自身であった。

　しかしながら、幾多の目覚ましい成果にもかかわらず、先住民の子どもたちおよび彼らの有する「不文律の権利」や、自分の村ないしは民族集団への身体的・精神的帰属の問題をめぐっては、その研究が大幅に立ち遅れているといわざるをえない。結果として、彼らの生活様式や世界観を理解し難いものと捉える風潮が再びはびこることとなり、これらの子どもたちは、自らの文化を否定し、優位性を装う支配的な帝国の生活モデルの中へと容易に取り込まれてしまうに至っている。

　今、手にされているテキストは、さまざまな時代背景に応じて執筆した論考を寄せ集

＊「スール」（南）　南北問題という用語がある。貧困と格差の観点から世界を見れば、南には貧困が、北には富が集中しているかに見える現実を指している。現実にはもっと複雑なのだが、浸透している捉え方である。この問題の発端となった大航海時代や地理上の発見の時代を振り返っても、北が南を「発見」することで、北が南を支配する植民地主義の時代が始まった。世界地図はどれも、北を上にして描く。地球儀も北極を頂点にし、南極を底辺に置く。方位イデオロギーがこの世界を支配している。こうして形成されてきた歴史観と地理観に拘束されて、なにごとにせよ、スール（スペイン語で「南」を意味する）を「劣位」と捉える見方がありふれたものとなっている。「子ども」も、また、「南」と同じ位置づけをされてきた、というのである。

めて本としての体裁をとったものであり、アンソロジーと呼ぶのが適当であろう。わが省察と分析の導線は、いうまでもなく、ペルーの働く子どもたちと共に培ってきた日々の体験にあり、彼らの存在こそが、各論考において試みてきた、ことば、カテゴリー、言説を通じた新たな子ども観の構築を可能にしたといえる。

働く子どもたちとの関係を軸に新たな子ども観を構築すること、それは、多様な生活環境に生きる子どもたちの存在を知り、地域・国・多国間のあらゆるレベルにおいて、すべての子どもたちと共に、社会に対する批判的省察を伴った対話を実現するための試みでもある。それはいわば、「間文化交流《インテルトランス・クルトゥラル》」の体現に向けたプロセスともいえる。

働く子どもたちは、過去四〇年に渡って、社会的・政治的な存在として、自己の人生の主役として、自らの声と思考とを社会に反映させることで、単に大人からの命令に従い反芻するだけの存在と成り下がることを拒んできた。彼らは、子どもに関係のあるあらゆる物事に対して、子ども自らが対話者となり、状況の改善に向けて主体的役割を担うことのできる社会を欲している。

＊＊＊

本論考集の日本語訳出版は、ある意味において大胆な挑戦であるといえる。訳者は、それぞれの言語が抱える単に文字や表音の問題に留まらない制約を乗り越えて、仔細に至るまで翻訳に努めた。それは、文章の裏に隠された意図や背景を探り当て、他文化における一つの表象（それは本書の場合、子どもであり労働である）が、自己の文化におけるそれとはいかに異なった意味内容を含んだものであるのかを、理解するための作業でもあった。

言語間の距離は、容易には埋め難いものである。だが、たとえ似かよった生活環境や社会的現実を生きていることで各論考に対するよりよい理解が得られたとしても、安直な普遍主義に陥るべきではない。異文化間の対話や他言語への翻訳を試みる際には、植民地主義的・自民族中心主義的解釈が無意識のうちに付いて回るのだということを、われわれは忘れてはならない。

私の論集の日本語版は、生まれつつある新たな世代の人びとが真に理解しあうことで、互いの国に暮らす人びとの出会いと協働の場を作り出すことを目的としている。本論集が、地球市民権の構築と解放的なグローバル民主主義の獲得に向けた批判的省察と実践の一助となることで、その倫理的・政治的価値に深みが増してゆくことを切に願いたい。

リマ　二〇一五年一二月二八日

アレハンドロ・クシアノビッチ

はじめに

子どもをめぐるあらゆる理論的実践は、社会思想のより魅力的な一側面へとわれわれを導いてくれる。すなわち、それぞれに異なる時間と多様な社会的・文化的・政治的・経済的背景において、どのような子ども観が生み出されてきたのかを知り、家族・学校・コミュニティーといった単位から国家や国際レベルに至るまでの、大きさも性質も異なる社会において、それがどのようなプロセスを経て定着していったのかを知る必要性へとわれわれを駆り立てるのである。

われわれは間違いなく、現代社会における常識的な子ども観を改めて問い直す必要に迫られている。子どもに関して巡らされてきた社会思想の歴史を紐解くことは、実際の生活上において、われわれがどのような態度で子どもと向かい合ってきたのかという具体的事実を検証していくことを意味し、子どもに対する社会一般の認識や対応を規定することとなった諸要因を明らかにしていくことを意味する。

この作業に付随して、子どもを取り巻く一連の文化を分析的、または批判的に捉え直すことも必要となってくる。子どもに対する社会思想の歴史は、同時に政治的・経済的・教育的・倫理的思考の歴史でもある。なぜ、西洋化された社会では、子どもは大人よりも劣った存在として、社会的・政治的に価値を持たない存在として、未成熟で社会的にも法的権限を有さない存在として、単に保護されるだけの存在として、長きに渡って位置づけられてきたのであろうか。

あるいは、こう言ってもよい。なぜ大人中心主義のこの社会は、子どもを行為主体として、社会・経済・政治・倫理・文化の各側面における主体的存在として認めることにこれほどの困難を要しているのであろうか。なぜ、大人の世界は、子どもたちが自分に関わる問題の解決に主体的に参画することを拒み続けるのであろうか。これらの問いに対して答えを得るための唯一の方法は、子どもと大人の関係性を構築している表象、観念、概念的カテゴリーに対して研究の眼を向けることである。つまりは、子どもと大人の関係の根源となっている情緒面、認識面を研究の対象として重点的に扱っていくということである。

言いかえるならば、われわれは、計り知れないほどの重要性を担った、子どもに対するイメージ、観念、呼称、社会表象の構築と脱構築へのアプローチを試みようとしているのである。具体的な文化構造の一部を成すに至った子どもに対する既存の表象、それは、多くの時が経過したにもかかわらず、われわれの子どもに対する見方を規定し、日常の関係に反映し、子どもたちが抱える問題に対処する際に映し出される表象である。

以下に続く試論は、ここ数年来書き綴ってきた論考のアンソロジーであり、論考の一つ一つはその時々の出来事に応じて書いてきたものである。これらのいずれもが、一冊の本の一構成部分となることを意図して書かれたものではないので、論理的一貫性をこの論集に求めることだけはご遠慮願いたい。実際、このように本という体裁をとってはいるものの、その中身は、ある一定のテーマをめぐって書かれた論考の寄せ集めに過ぎない。ゆえに、各論文の構成にはなんら編集を加えていないし、ある部分ではテーマの重複もみられよう。

いずれにしても、この小論集には、不完全な部分や誤りが散見されることと思われるし、子どもたちに対する著者の想い、特に自らによって組織し、働く者として、社会の主体的存在として、政治的、文化的、倫理的権利を有した一市民としてのアイデンティティを確立させている働く子どもたちを理解したいという熱意のせいで、幻想めいた記述が見受けられるかもしれない。だが、彼らのことを考えると、敢えて本書をまとめることが適当であると思いたったために、最初は口頭で述べたものを後に試論というかたちで整理したものも含まれていることをお断りしておきたい。

アレハンドロ・クシアノビッチとは誰か＊

東欧からの移住者の子孫として

一八七六年、当時オーストリア・ハンガリー帝国の一都市であったドゥブロニク（現クロアチア領）を離れた移民船は、大西洋廻りでマゼラン海峡を通過したあと、南アメリカ大陸を北上した。途中、チリのプンタアレーナス、バルパライソを経由し、数ヵ月に渡る航海の果てに、最終目的地となるペルー・カジャオ港へとたどり着いた。

当時のペルーは、肥料として国際的に需要の高かったグアノ＊や硝石の一大産出国として莫大な財を獲得しており、対外貿易の拡大に伴う鉄道や港湾などの大型インフラ建設が進む過程で、多くの労働力を必要としていた。一八五四年の奴隷制廃止に伴う労働力の枯渇に伴い、苦力《クーリー》と呼ばれる中国からの移民が、黒人奴隷に替わる労働力として移住してきたことはよく知られているが、それと並行するかたちで、アイルランドやドイツをはじめとするヨーロッパ諸国からも、多くの人びとが労働の機会を求めて移り住んできた。同胞とともに、故郷ドゥブロニクを離れたアレハンドロの曾祖父、トマス・クシアノビッチは、カジャオ港に到着した後、ペルー北部の街、チクラヨへと移り住んだ。その後、彼がどのような職に就いたのかは定かではないが、おそらくは、海外輸出向けの綿花やサトウキビを栽培するプランテーションにおいて一労働者として働きながら、

名前の表記　この章は、訳者がアレハンドロ・クシアノビッチに聞き取りをして、まとめたものであり、訳者という第三者の立場からの表現となっている。前半部では家族・親族に関わる表現が多いので、本章では一貫して、著者を姓ではなく、「アレハンドロ」という名で表記している。第一章以降の本文では、フルネームを用いない場合、著者の名は「クシアノビッチ」という姓で表記する。

グアノ　海岸線地帯に群棲する海鳥の糞尿が堆積したもの。肥料としての活用は、インカ時代に遡るといわれるが、一九世紀半ばにはヨーロッパ農業の発展に寄与するほど、ペルー最大の輸出品だった。現代になって、化学肥料の出現と資源の枯渇で、さびれた。

ペルーの地に根を下ろしていったのではないかと思われる。

一九三五年一一月三日、アレハンドロ・クシアノビッチ・ビジャランは、当時リマ郊外の小さな漁村であったアンコンにて、父マテオ・クシアノビッチ、母グラシエラの第二子としてその生を享けた。父マテオは、機械整備士としてペルー陸軍に所属していたが、患った肺炎を悪化させて病床に伏すこととなった。ペニシリンが広く一般に普及していなかった当時において、重篤化した肺炎の治療は困難をきたし、マテオは、わずか二七歳にしてその命を失うこととなった。二四歳で未亡人となった母グラシエラは、四歳の長女グラシエラ（母と同名）、生後一〇ヵ月のアレハンドロ、そして懐胎していてやがてマティルデとして誕生する次女を含めた三人の子どもを女手一つで育て上げるべく、リマのミラフローレス区に暮らす父母のもとへと身を寄せることとなった。今でこそ、リマの商業や観光の中心地として華やかな様相を呈した同区であるが、その当時においては家並みもまばらで、耕作地が大半を占めるようなのどかな郊外の一地区であった。

裁縫が得意であった母グラシエラは、その技術を生かして一家の生計を支え続けた。ごく慎ましやかな日常ではあったが、生活に不自由さを感じることは一度としてなかった。母方の祖母アウラは、アンデス山岳部の鉱山都市、オローヤの出身であった。日々働き詰めの母親に成り代わってアレハンドロを育て導くのは、祖母アウラのつとめであった。

アウラが、幼いアレハンドロに向かって常々言い聞かせたことばがある。

「浅黒い肌をした人の中にも、澄んだ心をもつ人は大勢いる。あの肌の白い人の中には、時々、黒い心をした人たちが潜んでいる。いいかい、おまえは、世間に流されて、遊ぶ仲間、働く仲間、語り合う仲間を選ぶなんてことは絶対にしてはいけない。うちで働い

一九四〇年（五歳）、従兄弟や姉たちと（右下がアレハンドロ）

てくれている女中さんのことも、実の姉だと思って慕いなさい」。

アレハンドロは、小学五年になるまで裕福な白人層の子どもたちが通う学校で学んでいたが、経済的な事情から転校を余儀なくされ、最終学年を別の学校で過ごすことになった。

白人の友人たちは、転校後まもないアレハンドロに再会するなり、何の悪びれもなくこう言い放った。

「おい、新しい学校にはチョロ*は何人いるんだい」。

年端のゆかない子どもたちにまで蔓延る陰惨な人種差別主義を、幼いアレハンドロは日々感じ取っており、そのような社会に対するやり場のない憤りと拒絶とが、彼の心の中には鬱積していた。

一九五〇年三月、アレハンドロは聖職者としての道を歩むべく、マグダレーナ区にあるサレジオ修道会付属の神学校に入学する。一四歳のアレハンドロに、その後の人生を見据えた深い構想があったわけではない。聖職者を志したのは、弱い立場にある人びとに寄り添って生きたいという、ただそれだけの理由であり、それは半ば直観的なものであった。しかしながら、祖母アウラの人としてのあり方や、幼いアレハンドロに日々投げかけたことばの数々が、その後のアレハンドロの人生を大きく方向づけたことは確かであった。母の支えとなるために、働きにでるべきではないかと逡巡することもあったが、母マティルデは、アレハンドロの決断を快く受け入れてくれた。

一九五〇年から一九五四年にかけての五年間は、神学校での寄宿舎生活を通して教養と信仰実践の礎となるものを習得した。その後、一九五七年までの三年間は、トマス・アクィナスをはじめとするスコラ哲学を中心に学び、神学研究の基礎を培った。また、それと並行するかたちで、教師となるための勉学にも日々励行した。

チョロ　一般的には白人と先住民の混血、つまり、メスティーソを指す言葉だが、用い方も意味合いも複雑である。白人の社会では、下位階層を指して、侮蔑的な意味で使われる。

一九四六年、一一歳のアレハンドロ

一九五八年、神学校の卒業と同時に教師としての資格を得たアレハンドロは、ブレーニャ区にあるサレジオ修道会付属の学校で一年間教職に就くこととなった。地方からやってきた子どもたちと寄宿舎生活を送り、寝食を共にする毎日を過ごした。アレハンドロにとって、生徒の声に耳を傾けながら、その人間化に向けたプロセスに付き添うことは、信仰を実践してゆく上で理想的な環境であるといえた。

その後、一九五九年から一九六二年にかけての三年間は、ボリビアのラパスに渡り、カラコト通りに面したサレジオ修道会の神学校で教鞭を取ることとなった。一九五二年のボリビア革命*以降、一連の諸改革が敢行されていた当時のボリビアにおいて、アレハンドロは人びとが持つ政治意識の高さに大きな刺激を受けることになる。民衆の中に芽生えていたのは、ペルーでは決して感じ取ることのできなかった、政治的・社会的変革主体としての一市民たる自覚の高まりであった。

ヨーロッパ留学と第二バチカン公会議

一九六一年九月、アレハンドロは、イギリス南部の都市、マーチウッドの大学にて神学を修めるために、ペルーを離れた。ニューフォレスト国立公園に面した校舎は、第二次大戦中の一九四四年、連合軍がドイツ占領下にあるフランスの失地回復を展開した、かの有名なノルマンディー上陸作戦の戦略会議が練られた場所でもあった。しかしながら、修学後一年を過ぎた頃、大きな火災が発生して校舎が全焼するという事件が発生する。結果、イギリスでの修学が困難となったアレハンドロは、フランスのリヨンにあるカトリック大学へと移動し、神学の研鑽を継続することとなった。第二次大戦終結後、

ボリビア革命　一九五二年に政権の座に就いたＭＮＲ（民族革命運動）は、その後一二年間にわたって、普通選挙法制定、農地改革、錫鉱山国有化などの政治・社会・経済改革を行なった。

フランス留学時代、教鞭をとるアレハンドロ

一五年が経過した当時のフランスは復興の最中にあり、フランス第三の都市リヨンも活況の様相を呈していた。リヨンは、ヨーロッパ随一の絹織物の生産地として古来より名を馳せており、アレハンドロの在学当時には繊維産業が興隆を極めていた。また、リヨンはパリに次ぐ学生都市としても有名で、アンリ・ドゥ・リュバックやクリスティアン・デュ・コックをはじめとする著名な神学者や聖書学者を数多く輩出していた。

　フランス留学時代のアレハンドロは、神学の研鑽と平行して、幾つかの社会活動に携わっている。その一つは、フランス国外より主に家事使用人として働くためにやってきた女性たちとの定期的な集まりであった。アレハンドロは、女性たちがそれぞれに抱える問題を語り合い、外国人労働者の諸権利について学び合う場を設けるなどして、女性たちを支え続けた。同時に、フランス人工場労働者によって組織されたJOC（カトリック青年労働者連盟。以後、略称ホック）の活動にも積極的に関わりをもった。また、イエズス会が主催する、『若き国々の興隆』という雑誌の編纂にも携わった。同誌には、アフリカやラテンアメリカなど第三世界各国からの留学生が中心となって、今ヨーロッパ社会で生じていることが第三世界にどのような影響を及ぼしうるのかということをテーマにした論文が数多く掲載されていた。

『解放の神学』*の著者として知られるグスタボ・グティエレス*は、一九二八年の生まれであり、アレハンドロの七つ年上にあたる。グスタボは、リマのサント・トリビオ神学校を卒業後、国立サンマルコス大学にて医学と文学を修めた。その後、ベルギーのルーベン・カトリック大学、リヨンのカトリック大学において神学の研究を励んでいたグスタボは、一九五九年に教区司祭として叙階を受け、任命式典に出席するためペルーに一時帰国している。その式典に参加したアレハンドロは、ここではじめてグスタボと出会う

グティエレス（一九二八～　）リマに生まれ、ヨーロッパの諸大学に学んだのち帰国し、カトリカ大学で教鞭をとった。スラムに住み、キリスト教基礎共同体運動（二〇頁参照）を推進した。著書に『解放の神学』（岩波書店、一九八五年）がある。その「序文」冒頭で以下のように述べる。「本書は、抑圧され、搾取されているラテンアメリカの地で解放の過程に関わる人々すべての体験と、福音とに基づいた考察の試みである。現代に横行する不正の情況を排除し、より自由で、より人間的な、現状と全く異なる社会を建設するために解放の過程に携わる人々の努力を、我々も分かち合って、本書のような神学的な考察を生み出したのである。ラテンアメリカでは、多くの人々が解放に関わる道を歩み始めており、その中でもキリスト者の数が増えている。本書に価値があるとすれば、それがどんなものであれ、そうしたキリスト者の体験と考察に負うものなのである。我々は、それらキリスト者の体験と努力とを裏切ることなく、キリスト

こととなった。
アレハンドロがフランス滞在中の一九六二年には、第二バチカン公会議*が開催されている。この会議では、公会議史上初めて世界五大陸から参加者が集まり、現代情勢に即した新たな教会の在り方を求めて多くの議論が交わされるなど、二〇世紀のカトリック教会においてもっとも重要な出来事であった。第二バチカン公会議閉会の数日前、教皇パウロ六世が、公会議に参加していたCELAM（ラテンアメリカ司教協議会）の主要メンバーを呼び寄せ、CELAM結成一〇周年を共に祝した。この集まりにおいて、教皇は、ラテンアメリカ各国で生じている諸問題に対して常に意識の目を向け、批判的立場に立って行動することこそが、司牧活動を行うにあたって不可欠であることを集まった者たちに説き聞かせた。

アレハンドロを含めたラテンアメリカの神学者は、第二バチカン公会議を経てヨーロッパの神学者の間で醸成されつつあった新たな機運に触れることで、それぞれの国が置かれた実情を俯瞰的に見つめ直す機会を得た。そして、司祭として、教会としての新たな在り方を模索し実践に移してゆくという課題を抱えながら、それぞれの国へと戻っていった。

一九六五年、神学を修めてペルーに帰国した三〇歳のアレハンドロは、グスタボと同様、教区司祭として叙階を受けた。同年に教区司祭として叙階を受けたペルー人は、アレハンドロを含め僅か二〇名ばかりであった。資料によると、一七八三年には、リマの人口五万人対して四〇一名の教区司祭が存在した。しかしながら、一九六六年には、人口二〇〇〇万人に対して、僅か一四八〇名の教区司祭しか存在しておらず、うち六割が国外より派遣された司祭であった。

者と抑圧されている人々との連帯の意義を解き明かして行きたい。」

第二バチカン公会議　教皇ヨハネス二三世（在位一九五八～六三）により六二年に開会され、パウロ六世（在位一九六三～七八）に引き継がれて、六五年に終了。「時代への適応」を課題とし、現代世界における教会・神の啓示・教会・典礼の四憲章をはじめ、マスコミ・エキュメニズムなどに関する九教令、信教の自由に関する三宣言を発し、戦争と平和、富と貧困など現代世界が抱える問題を教会も自らのそれとして背負う方向性を示した点で、画期的なものとなった。

また、この年には、コロンビアのカトリック司祭、カミロ・トレス*が、貧者の解放に向けて、武装闘争をも視野に入れたゲリラ活動の必要性を説くため、ルーベン・カトリック大学時代の同僚、グスタボ・グティエレスを頼ってアレハンドロら革新派司祭との秘密会議を果たしている。しかしながら、ペルー側司祭が武装闘争路線を固辞したことにより、カミロとは物別れになったという。その翌年、カミロはコロンビアでのゲリラ活動に参加することで、その命を落としている。

一九六七年、革新派司祭による運動体、ONIS（社会情報分析機関。以後、略称オニス）が組織される。アレハンドロは、オニス結成後、グスタボ・グティエレスらと共に運動の中核を担い、組織としての活動を牽引していった。オニスのメンバーは、定期的に会合を開いては、国家の抱える問題をさまざまな側面から討議し合った。また農民共同体、労働組合、住民組織など、あらゆる市民団体と行動を共にすることで、人びとを解放に向けた実践へと導いていった。

「解放の神学」の誕生

一九六八年七月、オニスは、国の実情を省察し、神学に新たな解釈を求めることで組織の方向性を具現化する試みとして、ペルー北部の街、チンボテにおいて会議を開いた。会議では、司教、教区司祭、一般信者などのキリスト教関係者のほかに、著名な経済学者、社会学者などの出席を請うことで、より多角的な視野からの教会批判や現状分析を試みた。臨席者の中には、著名な作家であり文化人類学者でもある、ホセ・マリア・アルゲダス*の姿もみられた。当初、グスタボ・グティエレスには「発展のための神学」という議

カミロ・トレス（一九二九～六六） コロンビアのカトリック神父。ボゴタの名家に生まれ、年少時から困窮者の支援などの社会奉仕活動に従事。ベルギーの大学で社会学を学び、帰国後、国立大学の礼拝堂付司教や大学社会学部長などを歴任後、大学を辞する。農業問題に力を入れるうちに、教会とも既存の政治組織とも決裂。ゲリラ組織ELN（民族解放軍）に加わり、政府軍との交戦中に死亡した。

アルゲダス（一九一一～六九） ペルーの作家、文化人類学者。子ども時代をケチュア語文化圏に暮らしたことから、先住民族の言語や文学に親しんだ。同時に、彼らが強いられる差別と虐待の実態を見つめながら育った。それは、創作『深い川』『ヤワル・フィエスタ』（邦訳はいずれも現代企画室刊）に生かされた。本群書でも、アルゲダス編の『ワロチリの神々と人びと』の刊行を準備中。

題での演説が要請されていたが、壇上に立ったグスタボは「解放の神学に向かって」と改題したうえで、独自の神学論を展開しはじめることになる。これが、後の一九七一年に出版される『解放の神学』が、草稿として人びとの前にはじめて姿を表した瞬間であった。

一九六八年八月二四日、教皇パウロ六世の臨席の下、「昨今のラテンアメリカの変容を前にした、第二バチカン公会議の精神に基づく教会のあり方について」というタイトルが冠せられた、俗にメデジン会議*として知られる、CELAM（ラテンアメリカ司教協議会）の第二回総会がコロンビアにおいて開催された。会議では、ラテンアメリカが直面している危機的な社会情勢に対する分析が行なわれた。そして、これらの悲観的状況が、道を誤りつつある人類に自覚を促すために神より与えられた「ときのしるし」であるという認識に立ち、司祭として、教会としてのありかたを問い直す時期にあることを強調した。また、既存の政治制度や経済構造の歪みによって生み出される貧困や排除、暴力などを構造的罪と捉えることで、従来のカトリックにおける罪という概念に新たな解釈を加えた。そして、意識化や組織化を通した貧者の主体的参画による社会変革こそが、これら構造的罪からの貧者の解放と救済に繋がるとした。

同時に、教会自身が、権力者による搾取や収奪を目の当たりにしながらも、教会組織のなかに閉じこもり沈黙を守り続けることで、避けがたい罪に加担してしまっていることを批判した。キリストのすがたにならい、貧しき教会となる必要性を説いた。貧しさに身を置くことは、社会的威信や特権を捨て去ることで世俗からの束縛を逃れることを意味し、物質的貧しさを生み出す根本原因を突き詰めその克服に向けて共に闘うという、貧者との連帯の意志の表れを意味した。さらに、ブラジルをはじめとしてラテンアメリカ各地に拡がりつつあった教会基礎共同体*にならい、信徒からなる社会変革の動きを各

メデジン会議　コロンビアのメデジンで開かれた第二回ラテンアメリカ司教協議会総会の画期的な意義は本文にも詳しいが、貧困や抑圧などの不正義を「制度化された暴力」による「罪の状態」であると規定した。

教会基礎共同体　「征服」以来、ラテンアメリカ各地の市町村の中心部に立つ教会は、住民に対する精神的な支配の象徴だった。第二バチカン公会議以降、教会の刷新が図られるなかで、住民参加型の教会活動が行なわれるようになった。従来の解釈を超える聖書の読み替え、大聖堂のみで執り行われてきた宗教行事を周縁部の集落でも行なうなど、教会権力構造の脱中心化が進行した。司教に全権委任せずに一般の信徒が主体となって動くことで、各地で多種多様な基礎共同体のあり方が可能になった。

地において起こし、大衆組織による社会運動にも積極的に関わりあいを持つよう、参加者に向かって呼びかけた。

このメデジン会議以降、ラテンアメリカ各国においては、「貧者の優先的選択」を信仰実践の根幹に据えることで旧来の教会や司祭のあり方を改革しようとする、カトリックやプロテスタントなどの諸派よりなる理論的・実践的潮流を、総じて解放の神学と呼ぶようになった。解放の神学は、社会科学を通して貧困や不公正の根本原因を探ることで貧者の意識化を促し、これら抑圧的状況からの解放に向けた貧者の政治的参画を不可欠の命題として掲げた。また、この時期のラテンアメリカにおける革命の熱狂が、解放の神学者たちの言説を大きく特徴づけたことはいうまでもない。

同じく一九六八年、ペルーにおいてクーデターが発生し、ベラスコ・アルバラード将軍*を大統領におく軍事政権が発足した。ベラスコ政権は、農地改革や主幹産業の国有化によって、国外企業の閉め出しや国内寡頭支配層の弱体化を図った。また、SINAMOS（全国社会動員促進庁）の設立により、農民や都市低所得者層の意識化・組織化を通した政治参画を促すなど、従来の社会主義をよりいっそう飛躍させたかたちでの国づくりを企図していった。

オニスは、ベラスコ政権をより公正で人間的な社会を目指した政権とみなし、一連の諸改革が敢行されるごとに声明文を発表することで政権を支持し続けた。オニスは、方向性を同じくする政権のもとで肯定的な立場を与えられたことにより、積極的に社会政策に介入してゆく機会を得た。教育改革によるパウロ・フレイレ*の意識化教育の導入など、教育者であるアレハンドロにとっても、社会に対して大きな期待が膨らんだ時期でもあった。

ベラスコ（一九一〇～七七）　ペルーの軍人、大統領（在任一九六八～七五）。反米民族主義を掲げた特異な軍事体制を率いた。基幹産業の国有化、農地改革、ケチュア語の公用語化などの施策を実施した。特異な性格を持つペルーの軍事体制に関しては、大串和雄『軍と革命——ペルー軍事政権の研究』（東京大学出版会、一九九三年）がある。

フレイレ（一九二一～九七）　ブラジルの教育学者。読み書きのできない貧しい農民たちに、自らが置かれている境遇を考え抜き、これを変革していく「意識化」という問題意識に基づく識字化教育で目覚ましい成果を上げたことから、世界的な注目を集めた。他方、一九六四年に軍事クーデターを起こした政権からは嫌われ、国外に追放されたが、民主化後に帰国し、スラム街での識字教育などに尽力した。『被抑圧者の教育学』（亜紀書房、一九七九年、新訳版二〇一一年）では、教師と生徒の関係が「教えー教えられる」ものとして固定したあり方をオニスは、教会組織が社会の上部構造との癒着を断ち切り、旧来より与えられてきた特権を放棄することによってはじめて、貧者の解放に携わることが可能になると考えていた。そのためには、教会組織に留まり続けることで組織変革に努める必要があったが、それゆえに、彼らの行動にさまざまな制約が付きまとうことは半ば避け難いことであった。オニスは、ホックや、JEC（キリスト教学生連盟）といった貧者の解放に向けて闘う運動体の、実践面・精神面における大きな支えとなった。実際、オニスを組織する司祭の多くは、これらの運動体の出身者であり指導者でもあった。

グスタボ・グティエレスによって構築された解放の神学理論が、アレハンドロをはじめとするオニス各メンバーの思想形成や実践の大きな指針となったことは明らかであるが、メンバーとの度重なる議論や省察、またはカトリック信者による運動体との解放に向けた実践の継続が、グスタボの理論展開にいっそうの成熟をもたらしたことは疑いのない事実であった。

他方において、オニスの積極的な政治参画を快く思わず、社会に対して政治的影響力を及ぼすべきではないといった意見が、カトリック司祭たちの過半数を占めるという現実もあった。マルクス主義を踏襲し、社会主義社会構築に向けた階級闘争の必要さえ説くあまりにも急進的なその言説と実践に対しては、保守的な神父からの攻撃も絶えなかった。実際、オニスに参加した司祭は二〇〇人あまりで、ペルーの司祭全体の僅か数パーセントを占めるに過ぎなかった。また、同時期に、ラテンアメリカ各国において誕生した解放の神学運動との連携は、あまり活発に進めることができなかった。それは、オニスが教会組織内に留まることで貧者に寄り添う教会への転化を促すことを目的としていたために、対外的な活動に参加するためには、司教ら組織の上部構造からの承諾を

「銀行型教育」と呼んで批判した。両者が対等な立場で「対話」する、すなわち、相互浸透性を重んじた。その理論は、「関係性の変革」こそが重要だとする論点を提起することで、世界的な影響力を及ぼして現在に至っている。

必要としたからである。

一九六九年、アレハンドロは、先の第二バチカン公会議で謳われたアジョルナミエント（現代化）に基づいて、社会の現実に即した新たな信仰の在り方を模索する目的で開催されたサレジオ修道会の会議に参加するために、二ヵ月間の予定でイタリアへと渡った。オニスの結成を皮切りに、旧来の教会の在り方を真っ向から否定し、大衆組織と結束するかたちで社会的・政治的影響力を増しつつあったアレハンドロら革新派司祭たちの存在を疎ましく感じていたペルー教皇大使は、渡航中のアレハンドロおよびペルーで活動を続けていたグスタポ・グティエレスらオニスの主要メンバーを「羊の皮を被った四匹のオオカミ」と激しく非難し、バチカンに対して告発を行なった。帰国後、ドミニコ会に所属するグスタボ他三名は、時の司教がオニスに対してある一定の理解を示していたがゆえに懲罰を免れたが、唯一サレジオ修道会に所属していたアレハンドロは、上層部の理解を得ることができずに、アヤクチョ県ウワマンガへと左遷されることとなった。以後、約一年の間、アレハンドロはウワマンガの小学校において教職に就くこととなった。

一九六九年六月、ベラスコ軍事政権が発令した学校教育有償化の廃案を求めて、一連の運動がアヤクチョ各地で展開された。運動の最中、ひとりの指導者がアヤクチョ北部の街、ワンタにおいて警察に拘束されるという事件が起こる。指導者の即時釈放を求めて一万人以上の農民がワンタに集結し、さらにこの農民たちの動きを支持するウワマンガ大学の学生や公立中学校の生徒たちが抗議行動に参加しことで、街は騒乱状態となった。結果、多くの農民や学生が警官などによって殺害されるという大事件へと発展することとなった。アレハンドロが、アヤクチョ県ウワマンガの学校に赴任したのは事件発生三ヵ月後の同年九月であり、ワンタの虐殺事件を受けて人びとの政治意識が高揚して

解放の神学者として活動していた時代、司祭の服装をまとうアレハンドロ

いる時代であった。

「センデロ・ルミノソ」とのすれ違い

後に、反体制武装組織、センデロ・ルミノソ*（輝ける道）の指導者となるアビマエル・グスマン*は、その当時、アヤクチョにある国立サンクリストバル・デ・ウワマンガ大学の哲学科教授であり、毛沢東やレーニン思想を信奉する共産主義者であった。しかしながら、当時においては、未だ武装闘争による政権転覆という発想を持ち合わせてはいなかった。アレハンドロのアヤクチョ赴任中、アビマエルらは、大学の学生を通して非公開の討論を申し込んできたことがあった。かねてより、彼らの論法を伺い聞いていたアレハンドロは、彼らの申し出を受け入れる条件として、以下のような提案を行なった。時間を定めた上で、一方が他方の理論に対する批判とその反証としての持論を展開し、その間、他方は干渉することなくひたすら聞き手に回る。これをお互いが疲れ果てるまで繰り返すこと。結果、アビマエルからの応答はなく、以降、アレハンドロをはじめとするオニスのメンバーに対しても接触を求めてくることはなかった。

権力機構としての教会の在り方を批判し、弱者の意識化・組織化を通した社会変革を実践しながらも、結局のところは教会組織に留まり続ける解放の神学者たち。その言説にはマルクス主義的概念が散見され、一見したところ、自分たちと同じ方向性をもつ集団に見えたのかも知れなかったが、結局のところ、アビマエルにとっては、解放の神学者たちは神とも悪魔ともつかない存在として映っていたのであろうと、アレハンドロは述懐している。

センデロ・ルミノソ　「輝ける道」という名の自称・ペルー共産党。一九八〇年に「人民戦争」を開始した。これが発動した暴力とこれを鎮圧するために政府軍がふるった暴力の応酬で、八〇年代のペルーは深く傷つくこととなった。詳しくは、本書第二章に加えて、デグレゴリほか著『センデロ・ルミノソ――ペルーの〈輝ける道〉』（現代企画室、一九九三年）を参照。

グスマン（一九三四〜　）　アレキパに生まれる。大学の哲学教授。文化大革命下の中国を訪れ、これに感化されて帰国後センデロ・ルミノソを率いて武力闘争を指導した。一九九二年九月、リマ市内の隠れ家で逮捕され、終身刑の判決を受けて、服役中。

信仰そのものを否定するのではなく、マルクス主義思想や従属論*をはじめとした社会科学の素養を身につけることで、日常の行動規範の糧となる福音の解釈と実践に合理性をもたらそうというアレハンドロら解放の神学者の態度は、アヤクチョに暮らす多くの学生からも支持を集めることとなった。

その後、一九七〇から一九七一年にかけての一年間を、チチカカ湖沿岸部の都市プーノにおいて教師として過ごした後に、アレハンドロはリマへと戻っている。また、このプーノ滞在中に、グスタボ・グティエレスからホックの顧問を引き継いでいる。ペルーという一つの国にありながら、アンデスとアマゾン世界に対する偏見と人種差別主義に満ちたリマ地域に生まれ育ったアレハンドロにとって、直接的にアンデス社会に触れることのできたアヤクチョやプーノでの暮らしは、ペルーという国がもつ多様性と異種混交性を再発見し、その豊かさを再認識するうえでの貴重な経験となった。

アレハンドロにとって、リマにおける個人としての解放の神学実践の場は夜間学校であり、ホックに参加する若年労働者たちとの協働にあった。一九六八年のチンボテ会議以降、オニスの理論的・実践的基盤としての役割を果たしてきたグスタボ・グティエレスの解放の神学論であったが、アレハンドロの関わる若年労働者たちにとっては、彼の神学論を理解することは容易なことではなかった。しかしながら、自己を取り巻く抑圧的状況を認識し、社会変革の主体となることで自らを解放へと導くことに重きを置いた神学論を理解してもらうことは、アレハンドロにとっては不可欠の作業であった。

アレハンドロは、解放の神学論を学ぶ熱意のある若者たちの理解を助けるために、リマのカトリカ大学で開かれていた夏期講座において神学論を受講させた。分からない部分、重要と思う部分をノートに書き込ませ、それをもとにして図式や絵を多用したり日

従属論　第三世界が強いられている低開発状況は、それを支配する「先進国」によってもたらされたものであり、前者が近代化を遂げるためには後者への従属を断ち切らなければならない、とする経済理論。従来の開発理論が機能せず、キューバ革命の刺激もあって、一九六〇年代半ば以降かなりの影響力をもった。八〇年代以降は、新興工業国の台頭で、その理論的妥当性が再審にかけられたが、この議論の核心がその後の世界システム論に与えた影響は大きい。

常の現実に置き換えたりするなどして解放の神学論を教え説くという作業を、数年間に渡って続けた。これに付随するかたちで、アレハンドロは、解放の神学を学び実践するための手引書として、平易なことばを用いた二冊の小冊子*『私たちは解放された』、『自由な存在となるために』を一九七四年に出版している。

当時、リマの夜間学校には、地方から職を求めてやってきた女性たちの姿もみられた。彼女らの多くは、リマの中・上流家庭の使用人として働いており、勉学の機会を得ようと夜間学校へ通っていた。一九七二年七月、クスコで家事使用人として働く女性たちが労働組合として登録申請を行い、管轄の労働省支局によって承認された。これは、ペルーにおいて、家事使用人が労働組合の結成を認められた初めてのケースであった。クスコにおける彼女らの闘いに感化されたリマの女性たちは、夜間学校やホックに所属する者を中心として、労働組合の申請に向けた一連の運動を展開することとなった。

一九七三年一二月二四日、女性たちは、リマ市内の家事使用人、約二〇〇〇名の署名を労働省において手渡すことで、労働組合としての登録を申請した。だが、労働組合の結成は一企業内二〇名以上の被雇用者がいて初めて可能だという理由で、一人の労働者に対して一人の雇用主が存在する彼女たちの申請は、ついに認められることがなかった。しかしながら、女性たちは、政府の承認はあくまでも二義的なものとの認識に立ち、自らの手で次々と女性組織を立ち上げることによって、孤立しがちな家事使用人の連帯を強めていった。この間、夜間学校の教師として、ホックの顧問として、彼女たちの意識化・組織化のプロセスに付き添ってきたのがアレハンドロであり、IPROFOTH（家庭内労働者の保護・教育機関）や、CCHH（家庭内労働者育成センター）に代表される幾つかの女性組織が、アレハンドロの助言の下に誕生することとなった。

小冊子　『自由な存在となるために』の一部を、本書第一章で紹介している。

フランス留学時代にもペルー帰国後にも一貫して家事使用人として働く女性たちを支え続けてきたのは、幼少時に祖母アウラより繰り返し聞かされたことばが、耳について離れなかったからかもしれないと、アレハンドロは語っている。

基幹産業の国有化により国際競争力を失い、深刻な経済危機に陥る中、一九七五年に起こったフランシスコ・モラレス・ベルムーデス将軍率いる軍事クーデター*により、ベラスコは事実上失脚することとなった。従属経済からの脱却を目指して行われた農地改革をはじめとする諸改革は、結果として望むような成果を得ることができなかった。しかしながら、大衆の社会参画を促すことで、人びとに一市民としての意識を覚醒させたという点においては、ベラスコ政権による諸改革は、ペルー史上において非常に大きな功績を残したといえた。ベルムーデス政権は、自らを第二次軍事革命政権と称し、ベラスコ政権時に敢行された労働者、農民主体の社会主義的諸改革のさらなる深化を公約したにもかかわらず、結局のところは、IMF（国際通貨基金）をはじめとする国際金融機関、および国内外のブルジョワ層の圧力に屈して、新自由主義に基づく経済の立て直しへと急旋回をはかった。SINAMOS（全国社会動員促進庁）の解散、農業改革の廃止など、民主主義社会の確立と富の再分配に向けた試みが否定されたことで、寡頭支配層が再び息を吹き返すこととなった。

ベラスコ政権時、社会の主体的役割を任されていた労働組合をはじめとする大衆組織は、即座に政府による弾圧の対象となった。そして、常に弱者の側に立って行動を共にしてきたオニスも、同様に反体制組織としての烙印を押されることとなった。悪政に抗するかたちで頻発するストライキや街頭デモに対して、政府は非常事態宣言を発令し、軍隊の導入による暴力的鎮圧をはかった。また、中・上流階級の不安を煽って、大衆組

軍事クーデター　一九六八年のペルー軍事クーデターとその後の改革路線については、二一頁の本文と註を参照。これを主導したベラスコ将軍が一九七三年に病に倒れて政府部内の対立が深まり、同年のオイル・ショックや隣国チリの軍事クーデターなど、経済的・政治的安定性を揺るがす事態が内外で起こる中で社会的混乱が増した。それに乗じて、軍部内穏健派のベルムーデスがクーデターを起こし、以後ベラスコ時代に行なわれた諸改革は解体された。

織への弾圧を黙認させるような世論を作り出しさえした。さらに、これら社会運動に参加する労働者の解雇を容認する法令が施行されたことで、工場労働などに携わっていたホックの若者たちの多くも職の機会を追われることとなった。

ベラスコ政権時に国営化された主幹産業の民営化、四四パーセントの通貨切り下げ、国家予算の削減、労働者の大量解雇、食料品など生活必需品に対する補助金廃止による物価上昇など、弱者切り捨ての経済立て直し政策によって、大衆層の生活はかつてないほどに困窮の度合いを増していった。このような状況を前に、ペルー各地のホックのメンバーがリマに集い、緊急会合が開かれた。多くのメンバーが解雇の憂き目に合う中、若者たちは自らの悲観的状況を語り合うより先に、社会運動に参加する若者や労働者が、国家による政治的迫害を受け、諸権利が蹂躙されている現状をいかにして打破してゆくのかということに、議論が集中した。

子どもたちとの出会い

その中で、貧しい中を生きる子どもたちも、大きくなれば、その大半は自分たちと同じような環境下で労働していくことになる。そのような中でも、自己の労働に尊厳を持ち、同胞との連帯を通して、自らの声と行動で望むべき社会を確立してゆく存在となるべく、子どものうちから学んでゆく必要があるのではないかという声が、メンバーの中よりあがった。また、子どもたちの多くは、大人に付き添うかたちで日常的に貧困との闘いを共有しているのであるから、実生活に根ざした運動の展開が可能だという意見も上がり、子どもたち自らが主導する運動の立ち上げが一気に押し進められることとなった。

解放の神学者として、数々の大衆組織の懐胎に立ち会ってきたアレハンドロであったが、子どもたちが主導する運動の展開という着想はその当時においては持たなかった。ゆえに、若者たちの提言には若干の戸惑いを感じものの、最終的には彼らの熱情にほだされ、教師としての運動立ち上げへの貢献を強く請われるかたちで、以後、現在に至るまで続く、働く子どもたちによる社会運動誕生の瞬間に居合わせることとなった。一九七六年のことである。この運動体は、子どもたち自らの提案によってMANTHOC（キリスト教労働者の息子たちである働く子ども・青少年の運動。以後、略称マントック）*と、命名されることとなった。

マントックは、大人によって先導されるのではなく、あくまでも子どもによる自己決定によって運営され、自らの言説を通じた社会的発言力を示すことで、ホックと同様、全国規模の社会運動を展開する場となることを、結成初期の段階から方向づけた。それは、民主主義社会における変革主体であるという意識を幼少期より培うことで、社会から押しつけられる否定的表象を無批判に内在化させるだけの、受動的存在へと成り下がることを防ぐためでもあった。そして、「働く」という行為が、この運動のアイデンティティとして掲げられた。マントックにとって、働く子どもとは、市場や路上で賃労働に勤しむ子どもだけでなく、母親に成り代わって家事や子守りを担う子どもたちも含まれていた。同時に、働くとは、親と共に日々貧困に立ち向かう姿を意味し、貧困による差別や排除といった構造的暴力を被りながらも、尊厳を失うことなく闘い続ける姿を意味した。たとえ、生き延びるために働かざるを得ないというのが実際であったとしても、子どもたちは、働くという行為の中に秘められた肯定的意味を運動への参加を通して見

＊マントック　Movimiento de Adolescentes y Niños Trabajadores Hijos de Obreros Cristianos の略。詳しくは、本書第四章第一節（一九八頁〜）を参照。なお本書で「子ども・青少年」としているのは Adolescentes y Niños ないしは Niños y Adolescentes のことで、ペルーの法律では Niños は六歳から一二歳、Adolescentes は一三歳から一八歳の児童・少年を指す。

出すことで、自らが抱え込む負の表象を肯定的なものへと転化させてゆくこととなった。

一九七九年、オニスが解散する。この解散を境にして、ペルーにおける解放の神学運動は、ひとつの集団として、その声と行動を顕在化させてゆくことはなくなった。解散は、このまま教会の体制批判を続け、教会組織より排除されてしまっては、教会組織の意識や構造を内部から変革してゆく機会を失ってしまうという理由からであった。以降、アレハンドロは、カトリック司祭として社会活動を行なうことをやめ、自らが司祭であることを名乗らなくなった。アレハンドロにとって、弱者との協働こそが即ち信仰の実践であるがゆえに、権力構造の一部をなす特権階級としての司祭という立場は、もとより自己のアイデンティティとは相容れないものであったといえた。

この時期、労働組合主導による大規模な全国ストライキが展開され、国家が一時的に機能停止状態へと陥った。大衆層の怒りを前に、ベルムーデス軍事政権は民政移管の確約に追い込まれ、一九七九年には改訂憲法が施行されることとなった。そして、一九八〇年には、一九六八年の軍事政権発足以降一二年ぶりの大統領選が開かれ、長期に渡って続いた軍事独裁政権が幕を閉じることとなった。しかしながら、ベラスコ政権によって推し進められてきた植民地遺制の桎梏からの解放が道半ばで押し曲げられ、少数者の手による政治と経済の支配が再び力を取り戻してゆくことに対する人びとの絶望と怨恨は、民政移管をもってしても霧散することはなかった。

一九八〇年五月一七日、大統領選挙投票日の前日、反体制武装組織、センデロ・ルミノソは、アヤクチョ県北部チュスチ村の集会所を襲撃し、投票箱を焼き払った。* 政府は、この一件を瑣末な暴動だとして危険視せず、メディアも大きく取り上げることはなかったが、それは、以後十数年に渡って続くことになる内戦の幕開けであった。マントック

チュスチ村　センデロ・ルミノソは、この日付を「人民戦争開始の日」と名づけた。

が発足して、僅か四年後の出来事であった。センデロは、その活動の初期において、家畜泥棒や地主などを殺害して日頃蓄積していた農民たちの鬱憤を晴らすかたちで暴力行為を正当化し、一部農民や都市部の学生などを支持者や党員として取り込んでいった。一九八二年、ウワマンガ刑務所襲撃によりセンデロの党員が解放される事件が起こると、それまで楽観視していた政府は非常事態宣言を発令し、センデロと対峙するために国軍を送り込んだことで、内戦は本格化していった。内戦の最中、センデロと国家の双方において、疑わしき者は殺害するという甚だしい人権蹂躙が繰り返された。結果として、センデロによる暴力の行使だけでなく、国軍による農民の虐殺も数多く引き起こされた。「真実と和解委員会」* の報告によると、センデロ・ルミノソによる武装闘争が始まった一九八〇年から、一連の動乱が一応の収束をみた二〇〇〇年までに生じた死者、行方不明者数は六万九二〇〇名以上にも上った。アヤクチョをはじめとする中央アンデスから、暴力を逃れてリマを中心とする沿岸部各都市に人びとが大量に流れ込んだことで、一九六〇年代より爆発的に増大していた地方からの移民の波にさらに拍車をかけることとなった。

子どもたちから批判を受けて

都市部の人びとの中には、暴力の原因をアンデス山岳部の農民や都市貧困層の無知や野蛮性に求める者があり、マントックの活動に対しても差別や偏見の目が向けられることもあった。また、アレハンドロらが、地方の教師たちを集め人権に関する講習会を開いたときには、それだけの理由で反体制組織として疑いの目を向けられることもあった。

真実と和解委員会　一九八〇年代から九〇年代にかけて、数多くの悲劇を生んだ内戦の真相を明らかにし、和解の道を求めようとして、二〇〇一年に設置された。反体制派だけではなく政府軍による拷問や殺害に関しても、証人喚問を通じて厳しい追及がなされた。二〇〇三年に提出された報告書によると、内戦期間中の死者・行方不明者は六九二八〇人に上り、うち五四パーセントがセンデロによるもの、三七パーセントが政府軍によるものと特定された。苛烈な内戦の悲劇を経験した国で、それを終わったあと血で血を洗う報復の応酬になるのではなく、真相究明・処罰・謝罪を経て和解へと至るために試行錯誤する例が多くなったのは、二〇世紀末以降である。微かな、希望の光だろうか。

マントックの子どもたちの中にも、親が殺されたり誘拐されたりした者がいた。子どもたちのあいだで、内戦によって引き起こされる惨劇が話題に上らない日はなかった。日常的に直面する陰惨な暴力によって生じるさまざまな困難を前に、暴力の根源を見つめ直さざるをえない日々が続いた。このような背景の中、マントックでの活動は、正しい政治的・倫理的判断基準を身につけることで、怒りや悲しみが暴力へと転化することを防ぐための不可欠な場となっていた。結果として、兵役に就くというかたちで戦闘に参加せざるを得ない子どもたちはいたが、マントックに参加する子どもたちの中からは、一人として武装闘争に加わる者は現れなかった。

一九八五年一〇月、アレハンドロも創設者の一人である、IPP（大衆教育の普及を目指す教育機関）の主催により、多様な教育実践法のもとに学ぶ子どもたちが一堂に会して、それぞれの学校における取り組みをどのように受け止めているのかを語り合ってもらう機会を作った。この会合には、マントックに所属する子どもたちも多数参加していた。マントックの子どもたちは、それぞれの地区の公立学校に通っていたが、子どもたちのニーズに応じた柔軟な教育カリキュラムのもとで学び、子どもたちの自発性に最大限の重きをおいた学校の存在を知ると、一様に驚きの表情を示した。

後日、マントックの子どもたちは、アレハンドロらに話し合いの場を求め、きつい口調でこう迫ってきた。「あなたたちは、あのような学校があることを知っていながら、なぜ私たちに教えてくれなかったのですか？　年齢にこだわらずに、その子がどれだけ授業を理解しているかに応じてクラス分けがされている学校があることを」。また、それぞれが通う学校が自分たちの生活環境をまったく無視したかたちで授業を行なっていることに対する不満などを、子どもたちはそれぞれに口にした。

この一件を通して、アレハンドロらマントックの活動を側面的に支えていた三名の教師たちは、働く子どもたちの学校作りを子どもらと共に始めることを約束することとなった。子どもたちは、学校がマントックの活動指針が反映されたものとなること、働く子どもたちの生活環境に最大限配慮した教育カリキュラムとなることなどを望んだ。

カリキュラムの作成に関しては、アレハンドロら教師たちが提案したものを、子どもたちが承認するというかたちをとった。仮の学び舎として、リマ南部のサン・ファン・デ・ミラフローレス区に位置するシウダー・デ・ディオス市場に近接した、かつて歯科診療所として使われていた建物を借り受けた。それは、一九八六年、マントック結成後一〇年が経過したときのことであった。

アレハンドロは、マントックの子どもたちと共に、市場で働く子どもたちに学校への参加（当初は「働く子どもたちのための特別教育プログラム」として始動した）を呼びかけたが、最初のうちは、子どもたちの多くが教師に対して懐疑的な態度を示した。市場の子どもたちは、アレハンドロらを、働くことを一方的に否定し強引に学校へ引き戻そうとする大人であると思い込んでいた。しかしながら、大人と共に訪れたマントックの子どもたちがみせる、みんなと共に働く子どもたちの学校を作りたいという熱意ある誘いを前に、市場の子どもたちも、学校作りへの参加に徐々に興味を示しはじめた。

市場で働く子どもたちのほとんどは学校へ通っていなかったが、ほんとうは学校で学ぶことを強く欲していた。しかしながら、彼らの多くは、学用品が買えなかったり、勉強時間がなく試験に落第したりしたために、再び学校へ通うことをあきらめていた。もう二度と同じような挫折や屈辱を味わいたくないという思いが、子どもたちから学びの機会を遠ざけていた。

そんな子どもたちにとって、マントックがもちかけた学校作り計画が持つ意味は、計り知れないものがあった。当初は、飢えを凌ぐために働くべきだ、または働いて家族を助けるべきだといった考えに基づいて、貧しい子どもたちのために始めた学校であろうといった誤解も、一部の人びとにはあった。しかしながら、この学校は、より経済効率の高い仕事を子どもたちに提供することを目的としているのでもなければ、新たな技術を身につけるための訓練を施す場でもなかった。他の子どもたちが公立学校で学んでいることを、働く子どもたちが置かれた状況やものの考え方を充分に考慮した教授法を創り出していく中で、同様に学んでもらうというのがこの学校の目的であった。

同時に、学校に先だって誕生し、学校という枠組みを超越した学びの場としてのマントックでの活動が、社会における主体的存在としての意識を培うにあたって重要な役割を担ったことはいうまでもない。子どもたちは、マントックに参加することで、自らと同じような状況におかれた子どもたちが数多く存在することを知り、話し合いを続けるうちに、それぞれの抱える問題に共通項があることにも気がつくようになった。日常の生業としての労働、学校での学び、運動を通した社会活動という三つの連関がマントックの根幹をなしていった。ここに、従来の学校が担う役割を大きく飛躍させるような要素がかいまみられた。

市場で働く子どもたちと共に試みてきたことが、子どもたちの要請に応えられたかどうか、時折不安を抱くこともあったが、途絶えることなく通い続ける子どもたちの存在や、学ぶことに対する子どもたちの熱意が、アレハンドロら教師を勇気づけてくれた。

働く子どもたちとの協働

働く子どもたちの学校は、最初のイニシアティブより七年の時を経て、政府より正式な認可を受けることとなった。その後、マントックの活動拠点が全国に拡散されてゆくに伴い、ペルー各地において働く子どもたちの学校設立の試みが推し進められていった。一九九四年、ペルー北部のアマソナス県ハエンにおいて、シウダー・デ・ディオスに次ぐ働く子どもたちの学校が創設された。現在、この学校には約二〇〇名の働く子どもたちが在籍している。同様に、一九九七年には、同じくアマソナス県のバグア・グランデにおいて、働く子どもたちの学校が創設されており、現在、マントックの活動に属するかたちで運営されている学校は七校を数えるまでに至っている。

アレハンドロらは、働く子どもたちに対する教育実践を目指した長年に及ぶこの経験を、マントックに属する学校にのみ留まらせずに、一人でも多くの働く子どもたちへと普及させていく必要性を感じていた。その想いを実現すべく、一九九二年には、IFEJANT（働く子ども・青少年のための教育者養成機関。以後、略称イフェハント）がアレハンドロの主導のもとに設立され、以後、教育理論やカリキュラムの体系化および普及や、働く子どもたちに寄り添う教師の養成を担ってゆくこととなった。

その後、教育省が始めた子どもたちのニーズの多様性に応じたオルタナティブ教育を推奨するプログラムの枠組みを利用して、公立校へのカリキュラム導入が開始されることとなった。現在、全国の幾つかの公立校において、イフェハントが考案した働く子どもたちを対象とした教育プログラムが適用されるに至っている。

一九八九年、国連子どもの権利条約が締結されると、ペルー国内においても、子どもの権利に対する認識が急速に高まっていくこととなった。条約に謳われる権利主体としての子どもの認識と社会参画の奨励は、マントックの日々の実践において、すでに二〇年以上にも渡って培われてきた概念であり、アレハンドロとホックの若者たちによる着想は、結果として時代を先行するものとなっていた。以降、マントックは、子ども主導組織のパイオニア的存在として、ペルー各地において生まれくる子ども組織との連帯を強めていくこととなった。

一九九六年、マントックに続くかたちで誕生した幾つかの働く子ども組織の連合体として、MNNATSOP（ペルーの働く子ども・青少年全国運動。以後、略称ナソップ）*が誕生する。ナソップは、ラテンアメリカ各国において同時並行的に生まれていた働く子どもたちによる運動体との連帯も強化していった。また、一九九九年には、ナソップ運動の要請によって、運動を側面的に支援し、主に子どもの諸権利について共に学び促進してゆく場を提供するための機関として、INFANT—NAGAYAMA NORIO（働く子ども・青少年のための教育機関。以後、略称インファント—永山則夫）*が設立された。

その一方で、ILO（国際労働機関）条約一八二号「最悪な形態の労働に関して」が発布された一九九九年以降、学校教師を児童労働根絶主義の言説に引き込むための、ILOによる世界的キャンペーンが大々的に押し進められた。多くの教師たちは、この国の現状にそぐわない現行の教育システムが抱える明らかな欠陥を顧みることなしに、ILOが押しつける西洋主観的子ども観や労働観を無批判に受け入れることで、働く子どもたちが抱える日常に対する無理解を露呈することとなった。文化の多様性を無視した西洋主観的な一方通行の善意の押しつけが、かえって学校に通う多くの働く子どもたちの障害となりさえした。幼少の身でありながら、好ましくない環境下で働くことによっ

ナソップ　Movimiento Nacional de NATs Organizados del Perú の略。詳しくは、本書第四章第二節（二〇一頁〜）を参照。

インファント—永山則夫　インファントは Instituto de Formación de Adolescentes y Niños Trabajadores/as の略。詳しくは、本書補章第三節（二七五頁〜）を参照。

（三七頁の写真）クシアノビッチ師の視線は子どもたちと同じ（イキトス）。義井豊撮影

て精神に変調をきたした子どもたちの姿を直接目にしてきたアレハンドロにとって、子どもたちのおかれた境遇をむやみに理想化することが運動に付き添う目的ではないことは明白であった。

運動は、子どもたちの日常における労働に対して、それが許容範囲のものである場合に限って肯定的意味をもたらす機会を与える場となった。だが、同時に働く子どもたちによる運動体が担わなければならなかったのは、疑いの余地なく、劣悪な労働条件下で子どもたちを働かせないということであった。

しかしながら、子どもの労働を肯定することは、子どもに対する一般化された社会想念に対する挑戦でもあった。多様な文化的背景や生活環境の下に暮らす子どもたちの存在を理解できない人びとによって、しばしば、アレハンドロの言説は攻撃や非難の対象となった。

アレハンドロらは、イフェハントを通した教育者の育成活動を介して、それぞれの教師が、どのような子どもに対する認識のもとに教育に携わっているのかを継続的に調査してきた。結果として、数千枚にも蓄積された調査票が、教師たちの実践と言説の下に流れる子ども観を明るみに出してくれた。

農村で生まれ育ち、スペイン語を母語としないアンデスやアマゾン文化圏から講習に参加した教師たちは、それぞれが持つ固有の世界観に基づく子ども観や社会的役割を通じて子どもという存在を認識していたが、その一方において、大部分の教師は異種混交としたペルーの現実を顧みることなしに、西洋から引き継がれた子どもに対する支配的表象に囚われているという事実を知覚するに至った。

また、「未来」の同義語としての子どもに対する認識も、教師たちの間では一般的でまかりとおった概念となっていた。子どもを未来の同義語として捉えるイデオロギーは、子どもは将来に向かって準備すべきであって、子どもたちが社会的、政治的主体となるのは今というときではないといった考えを正当化するものである。そして、この認識が、結果として子どもたちの権利主体としての社会参画を否定し、その発言に真摯に耳を傾けようとしない大人の態度に直結している。ゆえに、子どもたちを苦しめているこれらの支配的表象を解体してゆくことが、権利主体としての子どもたちの認識を獲得していくにあたって不可欠な作業であることを、アレハンドロは日々の実践を通して感じ取っていた。

二〇〇五年、アレハンドロは過去三〇年におよぶ子どもたちとの協働を通して蓄積された着想と体験を礎として、志を同じくする研究者らと共に、国立サンマルコス大学の修士課程に一つのクラスを開設した。このクラスは、文化人類学や心理学、教育学など多様な専門分野からの今までとは異なった子どもへのアプローチや認識を通して、子どもを取り巻く多様で複雑な生活環境に対するより豊かな理論的解釈を獲得すること、またそれぞれの時代や地域において子どもへの社会政策や教育を方向付けた歴史的・概念的背景を掘り起こすことなどを主目的とした。さらに、ここで得られた研究成果を駆使して、それぞれの背景に応じた多様な子ども観の認識と、新たな子ども観の構築を企図した社会的・政治的・文化的運動を子どもたちと共に創出してゆくことを最重要の課題として定めた。

以後、ラテンアメリカの七ヵ国において、同様の視点に立った大学院修士課程が開設されるに至っており、子どもをめぐった思想学派の構築とさらなる発展に向けた作業が、ゆっくりとではあるがそのかたちを整えつつある。

二〇一三年、サンマルコス大学に続いて修士課程のクラスを開設した国立フェデリコ・ビジャレアル大学より、アレハンドロに対して名誉博士号が授与されることとなった。同様に、教育省からも、ペルーにおけるオルタナティブ教育の先駆者としての過去数十年に渡る子どもとの協働が高く評価され、教育者に対する最高の栄誉である「アマウタ」*の称号が授与されている。加えて、二〇一六年には、サンマルコス大学より名誉博士号が授与されることとなった。

社会の行動主体への転化こそが貧者の解放へと繋がるという信念から、一連の社会実践を継続してきたアレハンドロであったが、その途上において、サレジオ修道会による異端者としての断罪、国際労働機関からの児童労働擁護者としての非難など、無理解な人びとによる幾多の攻撃に晒されてきた。そのような中にあっても臆することなく続けてきた実践に対して社会一般の認識に変化が見られることは、アレハンドロの思想に少なからずとも社会が追いつきつつあることを意味している。

子どもの真の社会参画実現に寄与する教育実践理論のさらなる探究、志を同じくする研究者たちとの連帯を通した新たな子ども観の構築、子どもたちと行動を共にする教育者の育成活動、働く子どもたちによる社会運動への帯同など、アレハンドロの情熱は、八〇歳を迎えようとする現在に至っても留まるところを知らない。

アマウタ　インカ時代から「賢者」を意味する用語として用いられてきた。

アレハンドロとグスタボ・グティエレス（右）国立ビジャレアル大学名誉博士号授与式にて

第一章　自由な存在となるために

【訳者解題】

アレハンドロ・クシアノビッチには、ペルーにおける「解放の神学」運動をグスタボ・グティエレスらと共に立ち上げ、運動の中心的存在としてその言論と実践を牽引してきた過去がある。だが、自らの口から解放の神学者として生きた時代を語ることがないばかりか、カトリック司祭としての立場すら公にしようとしない現在のクシアノビッチにとって、解放の神学時代に殊更に焦点を充てられることは、あまり喜ばしいことではないかもしれない。

しかしながら、クシアノビッチの思想と実践の変遷をたどり、働く子どもたちによる社会運動が誕生した歴史的・思想的背景を視覚化するにあたって、解放の神学時代のクシアノビッチの言説について、僅かなりとも触れておくことは不可欠であると思われる。

「いったい、教会は誰のために存在しているのであろうか。嘆かわしいことに、ラテンアメリカには、企業家や政治家といった搾取する側に立つ人びとと癒着し、私腹を肥やしている教会や司祭が数多く存在している」（『自由な存在となるために』三七頁）。

「支配階層にとって都合のよい政治の道具と化してしまった教会など、われわれにはいらない。キリスト者は、聖書の読み直しによって己のあり方を正すべきであり、福音は人びとを目覚めさせるための道具でなければならない」（同七七頁）。

「被抑圧者の解放に向けた闘い、社会主義革命による新たな社会構築のプロセスに積極的に参加することこそが、信仰の実践へと繋がるのである。今、ラテンアメリカの現実に即した福音の読み直しがわれわれに求められている。不公正との闘いこそが、福音がいうところの愛と平和の実践へと繋がるのである」（同一七〇頁）。

若年労働者をはじめとした被抑圧者の意識化、組織化、政治参画を通して社会の変革主体へと転化させることを目的とした解放の神学者たちの活動において、一教育者として若者たちの解放のプロセスに付き添い、彼らの抱える苦悩と闘いを日々共有していたクシアノビッチは、運動の実践面において、特に重要な役割を担う存在であった。

クシアノビッチは、一九七〇年代に解放の神学に関連した幾つかの著書を執筆している。特に、グスタボ・グティエレスの解放の神学論を若年労働者の現実に即したかたちで、平易なことばに置き換えテキスト化した『自由な存在となるために』（*Llamados a ser libres*）と『私たちは解放された』（*Nos ha liberado*）の二冊は、社会科学を通して自らの置かれた現実を分析し、信仰理念に基づいた社会主義革命への主体的参画プロセスを学ぶための教科書として、ひろく若者たちのあいだで用いられた。

「一部のキリスト者のあいだでは、日ごとに政治意識の高まりがみられ、ラテンアメリカの抱える諸問題の根源をみつめる目が培われつつある。解放は、社会革命を通した現状の打破によってのみ実現可能となることは明白である」(『私たちは解放された』三六頁)。

「しかしながら、福音がいかほどに人々の意識化に貢献するとはいえ、ラテンアメリカの現実を分析し解釈をあたえる、社会科学の存在に取って代わることはできない。福音は、従属、疎外、市場の法則を読み解くことができない。これらは、社会科学、政治科学の領域である」(同一七四頁)。

働く子どもたちが主導する社会運動体、マントックは、一九七六年、キリスト教若年労働者たちの強い要請により、解放の神学運動の一環として、まさにその理論と実践を踏襲するかたちで誕生し、以後、四〇年にもおよぶ独自の道のりを歩み続けることになる。

一九八〇年、カトリック司祭たちによって組織された運動体、オニスの解散により、ペルーにおける解放の神学運動はその終息をみる。それと同時に、クシアノビッチは、カトリック司祭としての立場から社会変革に携わることをやめ、彼の言説からは、信仰を軸とした表現が姿を消すこととなった。

だがそれは、クシアノビッチにとって信仰の放棄を意味したわけではなかった。以後、被抑圧者の解放に向けたクシアノビッチの実践は、一教育者として働く子どもたちの社会運動に付き添うというかたちで、よりいっそう深化の度合いを高めてゆくことになる。

被抑圧者自らが、政治的主体として社会変革に携わることが自己の解放へと繋がるという着想は、「プロタゴニスモ」ということばに置き換えられることで、働く子どもたちの運動に引き継がれた。結果として、子どもの権利条約の誕生に先行するかたちで、権利主体としての子どもという認識が運動内で培われたことで、以後、国内外で生まれくる子ども組織や権利擁護団体のよき手本として、働く子どもたちの運動は重要な役割を担うこととなった。

また、解放の神学論と大衆教育の実践過程で得た経験が、長年にわたる働く子どもたちとの協働を通して醸成されることで、「やさしさの教育学」という、クシアノビッチ独自の教育理論と実践カリキュラムがその結実をみることとなった。クシアノビッチにとっての解放とは、個として、集団としての人間を人間たらしめるための、学びの過程に他ならない。

以下、解放の神学時代の著書『自由な存在となるために』の第一章を紹介しておきたい。

わたしたちは搾取されている大勢の人たちのひとり

わたしたちはどこからやってきたの？

わたしたち女中のほとんどは、遠く離れた村からやってきた。わたしたちは、働き口を見つけるために、ふるさとを捨てなければならなかった。

村を離れなければならなかったのは、街に出たわたしたちだけじゃない。ほんとうに、数えきれないくらい大勢の人たちが、鉱山や漁港、工場や道路建設現場なんかに働き口を求めて、村を離れていった。

自分が生きてゆくために、弟や妹たちを食べさせてあげるために、私たちは村を離れなければならなかった。働き口のない村、未来のない村から、私たちは出ていった。

親たちにとっての唯一の望みは、私たちが、彼らとは違った将来をつかみとってくれること。だから、親たちは、村を捨て街で暮らすようにと私たちをひっきりなしに駆り立てた。

畑を捨て、愛しい動物たちに別れを告げた。街に出るというのはそういうことだった。それは、わたしたちが生まれ育った世界を、すべて捨て去ってしまうことだった。

街に出たわたしたちは、もう農民じゃなくなってしまった。じゃあ、わたしたちは、いったいなんなのだろう。

わたしたちはどうやって暮らしているの？

村で学んだことは、街ではなんの役にも立たない。ただひとつできることといったら、わずかばかりのお給金で、わたしたちの労働力を買ってもらうこと。「若いうちは、体さえ元気なら、飢え死にすることなんてないよ」って、友だちはいうけれども。

今、この国には、二〇万人もの女性たちが、人生を切り売りしながらわたしたちと同じように女中さんとして働いている。私は、シエラ*からやってきた。街には、張り紙が溢れている。「女の子、探してます」、「調理婦、探してます」、「学校に通っていない女の子、求めます」。

仕事には困らない。だって、わたしたちはとっても安いんですから！

わたしたちの多くは、家族や自分自身のオカネの問題を解決しようと思って街に出て来たのだけれど、工場なんかで雇ってもらえることはない。街には、そういった仕事が思いのほか存在しないし、わたしたちは工場で働くための準備ができていない。そして、田舎から出てきたわたしたちのほとんどは、出生届けや身分証明書なんてもってやしない。だから、工場で雇ってくれることなんて決してない。

街に出てきた多くの人には、正規に雇ってくれる場所など存在しない。運が良ければ、お店で雇ってくれることもあるけれど、だいたいは、道ばたで食べ物を売ったり、洗濯物を引き受けたり、行商したり、建設現場で働いたりしながら、毎日をなんとか乗り切っている。

シエラ　スペイン語で、山脈、山地を意味する。首都リマなど海岸部に位置し、ペルーの政治・社会・経済・文化の中枢を担う立場で暮らす上層・中層の人間からすれば、極め付きの田舎＝シエラから来た人間ほど、「使い勝手のよい」ものはいない。この張り紙の文言には、その関係性がにじみ出ている。

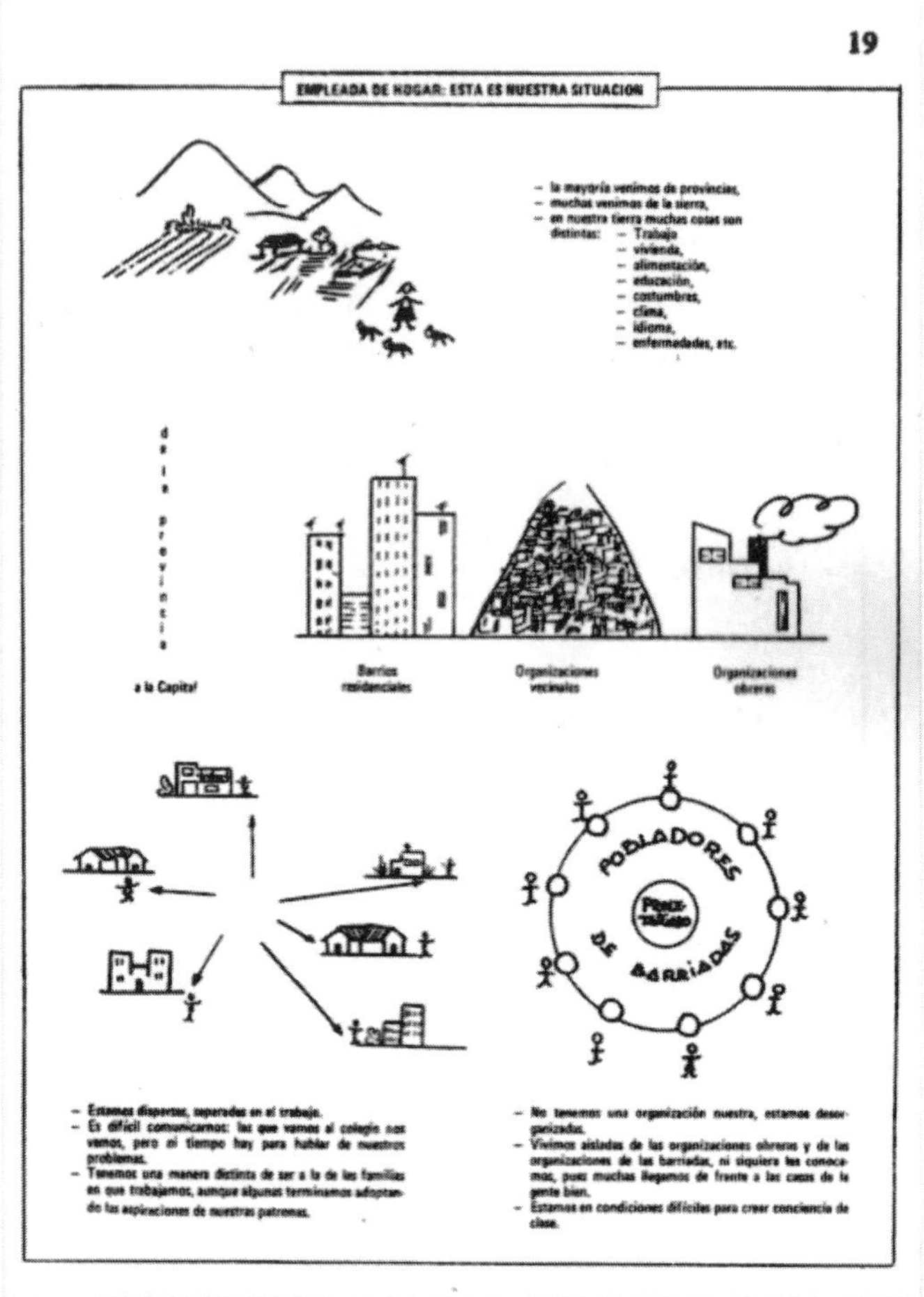

原書に付された図解その一。以下の言葉が書かれている。

これが私たち女中を取り巻く現実

・私たちのほとんどが地方からやってきた。

・とりわけシエラ（山岳部）から来た人が多い。

・都会の暮らしは、故郷のそれとは違うことばかり。　仕事の内容／住まい／食事／教育／習慣／気候／ことば／かかる病気

（縦文字で）田舎から都会へ

（ビル群の絵）住宅街　（丘陵地帯の絵）住民組織　（工場の絵）労働者の組織

（左下の絵）

・私たちは、それぞれの雇い主の家でばらばらに働いている。

・連絡を取り合うのが難しい。夜間学校に通っている子たちは、顔を合わせることができるけれど、私たちの抱える問題について話し合う時間などない。

・雇い主の家族の生活は、私たちのそれとは違っている。けれど、最終的には彼らの生活スタイルにうまく馴染んでしまう子たちも多い。

（右下の絵）

わたしたちは、そういった多くの、ほんとに多くの疎外された人たちのひとりなんだ。わたしたち女中は、工場主や、会社の社長なんかから、儲けの残りかすをお給金として受け取って働いている。けれども、彼らの儲けは、労働者たちの生産によって生み出された利潤の多くをかすめとることによって生み出されている。そうやって得た儲けで、彼らは贅沢な暮らしを楽しみ、わたしたちにお給金を与えて働かせている。

わたしたちを雇っているのは、なにもお金持ちだけじゃない。学校の先生、弁護士、お医者さん、商売人、銀行員など。彼らの稼ぎから余ったほんのわずかなお金で、わたしたちの多くは雇われている。

多くの場合、生産のプロセスで働いている人びとからの搾取によって、彼らの収入が成り立っていることを忘れてはいけない。わたしたち女中は、搾取によって得られた利潤を用いて、さらに搾取されているということになる。

・私たちは、女中としての組織を持っていないのでばらばらだ。
・私たちは、外に出てもまっすぐに雇い主の家に戻らないといけないから、労働者の組織にも、住民組織にも加わることができない。
・私たちは、階級意識を培うには難しい条件の下で働いている。

わたしたちはどんな問題を抱えているの?

街は、とりわけリマは、魅力の尽きないところではあるけれども、それ以上に堪え難いことが毎日のよう身にふりかかってくるところでもある。

食べ物、天気、たくさんの車、暮らしていたところとはなにもかもが違う。田舎ではかかったことのない病気にもかかる。そして、わたしたちの多くは、スペイン語が分からない。

リマには、田舎からやってきた人で溢れている。村で暮らしていた頃よりも、もっと悲惨な環境の中で、毎日を過ごしている人たちが大勢いる。

わたしたちは、女中という仕事を通して、まったく別の現実に暮らす人たちと接している。わたしたちは、お金持ちや外国人の家で働いている。田舎の習慣とまったく違う暮らしをする人たちのもとで。

田舎から出て来た人たちの多くは、そういった勤め先の人をまねて、彼らの暮らしにできるだけ追いつこうと努力している。最悪なことに、そんな彼らの夢は、パトロンになって新しく田舎からやってくる人たちを、お金持ちの人たちがするのと同じようにこきつかうこと。

「文明化」することが、街に出てきた多くの人たちにとっての成功だという。彼らは、自分たちの出自を恥じて隠そうとしたり、村に残った家族や親戚のことを蔑みさえするようになる。地方出身であること、セラーノ*であることは、彼らにとって恥ずべきことなんだ。

わたしたち女中は、それぞれに雇われた家で働いているから、仲間同士集まるなんてこともできずに、いつもひとりで孤独である。ふるさとの家族や同郷の仲間なんかとも、ほとんど連絡をとることができない。こうやってバラバラに働いていることが、仲間たちと問題を共有して、闘いに参加することを難しくさせている。

工場や建築現場、鉱山なんかではみんな組合を作っていることを、私たちはしっている。学校の先生なんかも組合をもっているし、みんな自分たちの権利を守るために組織を作って闘っている。だけど、わたしたち女中は組織していない。そういった動きが、一部においてはみられるようになったけれども、わたしたちのほとんどは、そこに参加することなく日々働いている。

だから、わたしたちは、簡単に搾取されてしまう。わたしたちの労働環境は、目も当

セラーノ　アンデス山岳地方出身の人。シエラ（山岳部）から都会に出た者が往々にして陥りやすい心境を説明している。

（四九頁の写真）
親の仕事を手伝い社会を知る（ピサック・クスコ）。義井豊撮影

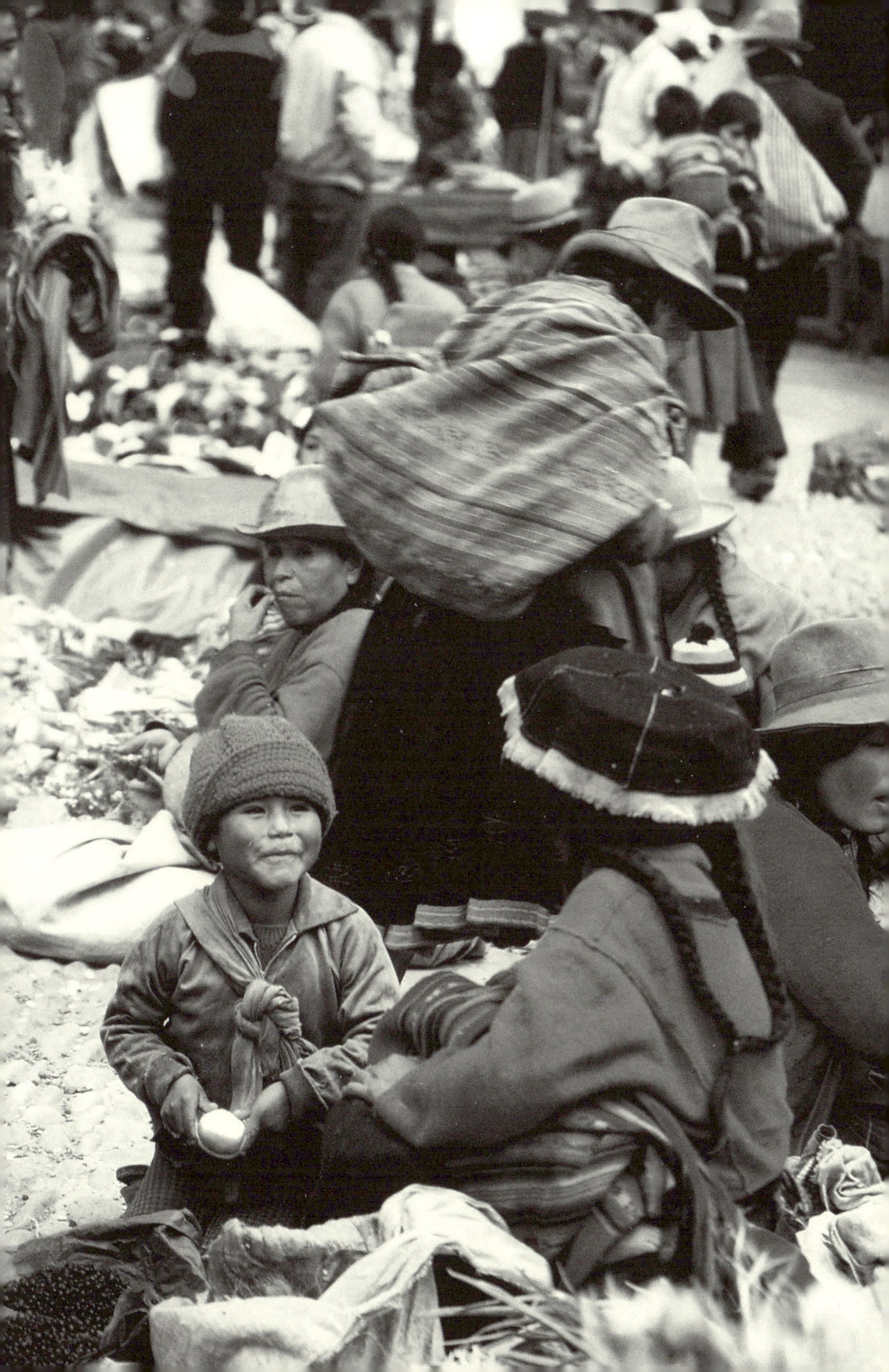

原書に付された図解その二。以下の言葉が書かれている。

私たち女中と生産の関係

（左上工場内の文字）繊維工場　労働者

（囲み文字）富の生産者

（矢印下）生産にかかったすべてのコストと労働者への賃金を払い終わったあとに残ったお金（この儲けを余剰価値と呼ぶ）。

（矢印下）女中や、執事、庭師、運転手などに支払われる。

（右上から）生産手段　所有者　持ち家

（家の絵の下）庭師、女中、運転手

てられないほどにひどいものだ。仲間のなかには、一日一四時間や一六時間も働かされる人たちがいる。わたしたち女中のみなが、学校へ通わせてもらえるわけでもなく、外出さえ許されない人たちも多い。最低賃金なんて、わたしたち女中には、存在しやしない。保険なんて、入っている人はほとんどいない。

けれども、何よりもまして深刻なのは、私たちのほとんどが、この許しがたく搾取されている状況に対して、意識の目を向けていないこと。この、自分たちの状況に対する意識の低さと、それに立ち向かうための組織をもたないことが、わたしたちがモノのように扱われ、法律によって守られることのない状況を作り出してしまっている。

まとめ

①わたしたち女中の立場は、少し複雑だ。わたしたちは、農民でもなければ、労働者でもない。だから、階級意識を持ちなさいといわれても、あまりピンとこない。

②けれども、わたしたちは、この国の大勢を占める疎外された存在であることには違いない。わたしたちは、同じように生活の糧をえようと街へと出てきた大勢の人たちの一部だ。明日仕事にありつけるかもわからないわたしたち。そんな私たちの多くは、寄り集まって組織を作ることを知らない。

③この境遇から抜け出すために、私たちにいったい何が起こっているのかを、しっかりと見つめ直さなければならない。そして、組織することを学び、解放のプロセスに向けて努力を続ける、わたしたちと同じように搾取されている農民や労働者とちからを合わせて闘わなければならない。

【読み物】それは運が悪かったからじゃない

人びとは、それぞれの土地で、異なった習慣のもとに暮らしている。けれども、ラテンアメリカに暮らす多くの人びとが、共通の問題を抱えて、悩み苦しんでいる。私たちは、問題の根っこを見つめることを忘れてしまっている。

私たちは考える、仕事にありつけなかったのは運が悪かったからだって。子どもたちを満足のゆくまで食べさせてやれないのも運が悪かったからだって、金持ちがいて貧乏人がいるのも、みんな運の問題なんだって。

あるご婦人が、お隣さんにむかってぼやいている、「金持ちになるのも貧乏人になるのも、生まれる前から決まっていることなのさ」って。

別の人はこう思っている、「酒ばっかり飲んで怠けているから金に困るんだよ。貧乏で大変なのは、それはお前さん自身の蒔いた種だろうよ」って。

また、多くの人たちはこう思い込みもしている、「神さまは、額に汗して日々のパンを得るよう、私たちをこの世にお送りなさったんだ。だから辛抱して、今日は昨日より一ペソでも多く稼げるようにうんと働くよりほかないんだ。息子たちが、将来おいらよりましな生活ができるように黙って働くしかないんだ」って。

けれども、しっかりと目を開けば、どうしてこのラテンアメリカには、幾百万の人びとが飢えや病気に苦しんでいる一方で、この世のすべてを手にしたかのような大金持ちが存在しているのかが見えるようになってくる。多くの人びとは、カネやチカラのある人びとにもてあそばれて生きている。

カトリックの神父たちは、このような状況をいつまでもほうっておくわけにはいかない。わたしたちキリスト者は、神はすなわち正義だということを知っている。神は、人びとが抑圧の下にあることを、決して好ましく思ってはいない。キリストは、あらゆる貧者たちと共に苦しんでいる。神は、自由を勝ち取れとわれわれを後押ししている。人びとが、神のご意志のもとに苦しんでいるなど、そんなことはありえない。それは、カネやチカラをもつ者たちが己の立場を正当化するために作り上げた大ウソだ。少数の者に人びとが踏みつけられることを、神が望むことなどありうるだろうか。

ではなぜ、これほどまでの不公正が、世の中にはびこっているのだろう。それは、土地や産業（つまりは生産手段）を独占している者どもが、世の中を欲しいがままに操っているからである。彼らは、少数ながらもそのチカラは強大で、いわゆる資本家階級というものを形成している。

わたしたち農民、労働者、給与生活者は、日々これら資本家の利益のために働かされている。彼らは、わたしたちの生産活動によって生み出される利潤を当然のこととして奪い去ってゆく。そして、わたしたちに与えられるのは、家族が食べてゆくのにやっとのお給金である。わたしたちは、資本主義のシステムにおいて労働者階級の一部を形成している。

資本主義社会において、わたしたちは割にあわない人生を押しつけられている。社会にはびこる不公正の根は、資本主義にある。資本主義こそが、わたしたちを日々悩ませる諸悪の根源である。

資本主義は、労働の現場において、敵対する二つのグループを作り出す。それを社会階級と呼ぶ。一方の階級が、他方の階級のカネとチカラを奪い去る。

労働者階級が、自らのちからで、この不当な関係をひっくり返すことで、人びとの暮らしが改善されることになる。そこに、革命が生まれるのである。もちろん、資本家階級や帝国主義者たちは、そのような状況を望むはずもない。

（一九七二年、チリのサンチアゴにて開催された「社会主義を目指すキリスト者、第一回ラテンアメリカ会合」総括の大衆版より）

第二章　子どもは本当に権利の主体として扱われているのだろうか？

一　内戦の傷跡*

まだ、元のわたしを取り戻せない……

「まだ、元のわたしを取り戻せない……」。これは、あの忌まわしい出来事からはや一〇年が経とうとしているのに、未だに元の自分を取り戻すことができずにいる内戦の生き証人である一女性、イーダ・ノラスコ・ベガの心情が実に的確に表されたことばである。考えてみるに、多くのペルー人がその子ども時代に巻き込まれることとなった、あれほどまでに凄惨な内戦を体験しては、誰であろうと、元の自分を取り戻せるはずなどない。しかし、彼女の口から発せられたこのことばは、ペルーという、「まだ、元の自分を取り戻せない」この国の現状を、如実に映し出しているともいえる。

なぜなら、ペルーという国は、国家としてのアイデンティティ、幾多の文化から成る多様なアイデンティティ、全国民に共通の目標、そしてあらゆる人種・民族間の和解を再構築するためのよりよい鉱脈を未だに見つけ出せずにいるからである。「真実と和解委員会」による真相の究明とその後の時間の経過をもってしても、「もっとも苦しかった時代」、「苦渋に満ちた時代」――少なくともアヤクチョ地方の農民たちは、耐え忍んだ時代をこう呼んで「戦争」とは呼ばない――を過ごした人びとが、「まだ、元のわたしを取り戻せない」という状態を抜け出せたとは言い難い。これは、アマゾンやアンデス山岳

内戦の時代　「子どもと内戦の時代」については一一二頁以下に、体験者の証言がある。

部の同胞が味わった謂れのない苦しみや痛みを感じることすらなかった大多数の国民にとっても、同じことがいえよう。

内戦の真相を究明することは必要であり、それが人びとを解放へと導くのは確かであろう。だがしかし、国民の一人ひとりが内戦を引き起こした原因の一端を担っていたことを自覚し、内戦によって引き起こされた痛みの直接的・間接的主体として自己を認識するという努力を介さずして、人びととの間に和解が成立することなどありえない。なぜ現実を直視することもその全容を理解することも避けてきたのか、なぜ再検証する力を見出せなかったのか、未だに自己批判のための理性と気力も、精神的余裕も持てないのは、なぜか。このような問いを自らに突きつけることは難しい。今もってなおこの国に巣食い続け、内戦によってもっとも傷つけられた子どもたちの心に刻み付けられたものが意味したことに、耳を傾けようとすらしなかったのがわれわれの社会であった。この社会は、これからもこのような態度を取り続けるのであろうか?

内戦の中を生きた子どもたちの体験について触れた「真実と和解委員会」の報告書内の一節には、人間の裡に潜む残虐性がこれでもかというほどに描き出されている。犠牲者の正確な数を弾き出したり、内戦が沈静化されて以後一〇年間に資料として用いられてきたさして重要ではないと思われる調査報告を指弾したりするだけで、真相が解明されることなどありえない。とはいえ、報告書はわれわれが先に述べたような痛ましさを伴った複雑な状況をある程度までは説明しており、それぞれの農村共同体や家庭内における人間関係、自然や動物との関わり方、人びとの望み、感情、伝統、信仰など、彼らの生活を取り巻くすべてにもたらした影響、および彼らの内的世界や精神性に与えた影響の大きさを明るみに出している。これは、実際に身をもって体験した者でなければ決して理解することができないであろう。
「真実と和解委員会」による報告書*の要約版——われわれにとっては、出版時期が幾分遅すぎたと思われる——としてふさわしいタイトルが冠せられた『ハトゥン・ウィリャクイ』は、誰がこの野蛮な行為に関わり、もっとも多くの犠牲者や被害を生み出したのかを証明しているだけではない。この『偉大なる叙述』は、沈黙の年月、すなわち、最悪なことにはその声が聞き入れられることなく社会から隠蔽され続けてきたこの数年間に、内戦に巻き込まれた住民自身から紡ぎだされたそのことばを通して、読み解かれなければならない。真実を語ることは、人びとを解放へと導く長いプロセスの萌芽でもある。この叙述が、彼らを理解しようと努力し、内戦が引き起こした被害の大きさを認識し、その修復に努めようとする諸機関の耳に届くことによって、われわれは、和解に向けたプロセスを開始し、公正、相互扶助、永続的な平和の意思に基づいた全国集会の場を設けるよう、国家に対して要請するための客観的可能性を引き出すことが現実となる。この『偉大なる叙述』は、尊厳ある一人の同胞として怯むことない人生を歩みだそうとする内戦の被害者にとって、大きな希望であり続けなければならない。

今日、ペルー社会とその国家は、さまざまな状況におかれた子どもたちとの真の意味での和解をその課題としている。これは、若い世代との間に新たな社会契約、倫理に基づいた契約を取り交わす必要性があることを意味している。すなわちそれは、権利の主体としての子どもという認識に基づいた契約であり、ペルーという多様な文化が交錯する複合社会において、互いに尊重し合い、共栄できる道を模索するための契約でもある。この意味において、「真実と和解委員会」の報告書は、単なる過去の遺物などではなく、国家を新たな土台の上に再構築するための基盤となりうるものである。「真実と和解委員

報告書　二〇〇四年、『ハトゥン・ウィリャクイ』（ケチュア語で、「偉大なる陳述」を意味する）と題された報告書は刊行された。二年間の調査で一万七〇〇〇人から証言を聞き取ったという。『ハトゥン・ウィリャクイ』という書名については、ここに明かされた暴力の犠牲になった人びと、その声によってこそこの陳述は再構成され得た、その人びとに捧げる、とある。本書は「内省を誘い、正義を呼びかけ、二一世紀のペルーに真の民主主義を建設するための支柱となるものである」と序文は述べている。

会」により提出された報告書は、明確なビジョンに基づいた未来を描くために不可欠な材料を、われわれに提供してくれる。報告書内の子どもに関する記述は、内戦の最中に子どもたちの身に起こったことを、将来に渡って記憶に留める以上の役割を担っているといえる。

内戦の最中、メディアを介した潜在的もしくは直接的な映像やメッセージによって大衆を操ってきた者たちは、無益にも内戦によって引き起こされたスキャンダルや恐怖、さらには一連の複雑な事態を、聡明さ・分別・政治的意志でもって解決しているかのように偽り続けた。彼らの理論や実践に染みついた病理的なまでの非常識ぶりや軽率さ、さらにはわれわれの遠からぬ過去を特徴づけた社会の無慈悲さを克服することによってのみ、子どもたちの未来を描くことが可能であることをこの報告書はわれわれに教えている。

内戦の時代、われわれの誰もが、教条主義にしがみつくファンダメンタリスト（原理主義者）であり、さまざまな立場からなるセクト主義者であった。われわれは、内戦の時代を通して、他者に対する非寛容さや憎悪の感情にさえ駆り立てられていた。戦時に用いられる「マニュアル」に基づいて行動した者がいた。テロに関連した事件が頻発する過程でわれわれ自身が作り上げ正当化してきた「マニュアル」――実際には戦時のそれと大した違いのないもの――に従って行動した者もいた。このような見方に立つことによってはじめて、われわれがこの不運な数年間に子どもたちに犯してきた罪と、テロ鎮圧後も内戦時とは異なった形で子どもたちに犯し続けてきた罪を自覚することが、僅かなりとも可能となってくる。

以下は、「真実と和解委員会」の報告書内に書かれた、内戦中、もしくは内戦後における子どもたちの状況に関して、時間をかけた省察の結果生じたいくつかの考察である。

起こったことは偶然ではなかった

内戦中、または内戦後に起こったことのすべてが、内戦によって引き起こされた混乱の結果であるとは言い切れない。事実、戦争の論理は、ペルー中を震撼させた内戦が勃発するよりもはるか以前からこの国に取り込まれていたといえる。一九六九年、地域の住民組織での活動を通して物事に対する考察力と批判的分析力を身につけた、当時一六歳のイカ県在住の少年が兵役に就くことになった。この少年は、最初の休暇が与えられて戻ってくるなり、われわれに向かってこう言った。

「あなたは、物事をよく理解し、原因や結果に基づいた分析を行なうこと、そしてその答えに対して具体的に何を行なうべきかについて考える訓練を僕らに施してくれました。物事をよりよく理解し、判断し、行動できるように僕たちを教育してくれたのです。けれども、あなたから学んだことは、兵舎ではまったく役に立たないんです。中佐はいつも、『物事を分析しようとするヤツなんて、その時点で死んだも同然だ。無心になって相手を攻撃しないとすぐにやられてしまうんだぞ！』と僕らに向かって言うのですから」。

このエピソードからもわかるように、平時においても、戦争の論理は徴集兵たちに教え込まれていた。この出来事から二〇年後の一九八九年、リマのスルキージョ区で働きながら少年時代を過ごした海兵隊員は、われわれにこう述懐している。

「私は、一度、ウアンタ（アヤクチョ県）の駐屯地で夜警をしている間に眠りこけてしまったことがあるのですが、それに気づいた軍曹が私に銃を向けて今にも撃たんばかりに怒ったことがありました。ある日、仲間のうち数人が、用意したビラを広場で配っているのを見かけました。センデロ・ルミノソの支持者を見つけるために罠をかけたのです。そして、ビラを受けとりポケットにしまい込んだ通行人を見つけると、警官たちはその人を捕まえ、広場へと連行したんです。そして、広場の中央で、もしテルーコ（＝テロリスト）に捕まればこのようになるのだと軍曹たちが言っていたように、彼らに見せられたビデオとまったく同じように、捕まえた人たちの首を刎ねたのです。それを見て怖くなった私は、夜中に駐屯地から脱走しました」。

この告白がなされた二年前にあたる一九八七年、われわれも、アヤクチョにあるウワマンガ大学の校舎の窓付近が血塗られていたのをこの目で確認している。その血痕は、テロ組織によりダイナマイトを運ばされた子どもの体が爆発と同時に吹き飛ばされ、脳や体の一部が飛び散った跡だと同行してくれた人に教えられた。

これらのいずれもが偶然に起こったのではなく、市民社会でも、皮肉にも「治安部隊」などと呼ばれる人びとの想念の中でも、戦争の論理が徐々に醸成されていった結果であるといえる。

先住民族の世界に対する社会的・政治的・文化的排除の始まりは、今から二五年どころの話ではない。排除は、過去数世紀に渡って続けられてきたのであり、国家が彼らを忘却の彼方へ追いやり無視してきたこと、そのことが、この内戦の最中、生々しい証拠と共に露骨に顕われた。この国では、先住民族に対する深刻な社会的排除、差別、蔑視、果ては人種差別的な表現までもが、長い歳月をかけて形作られてきたのである。*

間違いを恐れずに敢えて言うならば、貧困者に対する嫌悪感《アポロフォビア》は、いわゆる反テロ組織やペルー国民の大部分が共有している深層文化の要素として表出してきたものであると

先住民族の社会的な排除　一五世紀末から行なわれた、スペインによるアメリカ大陸の「征服」事業初期の段階で植民者たちがなした行動は、カトリック僧、ラス・カサスの『インディアス破壊を弾劾する簡略なる陳述』（本群書第六巻として既刊）に明らかである。日本語訳の問題とはいえ、真実と和解委員会の報告書でもラス・カサスの書でも、「陳述」と表現されている「証言」（オーラル・ヒストリー）の重要性に注目したい。ラス・カサスの書が暴いた征服者たちの価値観は、五世紀以上もの時間を生き延びて、二〇世紀末のペルーでも猛威をふるったのだと著者は言うのである。

いえる。より正確にいえば、排除された人びとに「国民」としての条件を取り戻そうとした者たち、すなわちゲリラ・グループは、村落共同体や、共同体内の若者、子どもたちを強制的に「道具化」した結果、感受性の強い子どもや若者たちがアポロフォビアを糧に成長してしまったという、逆説的な現実を認める必要があるであろう。

さらに、内戦を闘った者たちの子どもへの対応を明るみにするような証言がある。今は亡き、シスネロ将軍の思想面における弟子であり、その当時陸軍中尉であったテルモ・ウルタード氏を、幼児殺しの典型的な象徴、すなわち既存の政治権力を恫喝する目的で子どもたちに死を与えるという、かのベツレヘムの幼児大虐殺で有名なヘロデ王の伝承の再現者とみなすことができよう。これは、子どもを危険な存在としてみなす表象の上に構築される典型例である。

子どもを危険な存在として捉える考え方は、内戦が終息した後も消え去ることはなかった。実際、今から僅か数年前に――それはまさにILO（国際労働機関）による評価に他ならないが――、ILOのウェブサイト上において、ラテンアメリカ各国にとって、働く子どもの運動体は危険構成因子であり、この危険に対してILOに加盟しているNGOは協力して立ち向かうべきであるといった文面が掲載された。

近年、路上における暴力行為の増加と共に――これは疑いの余地なく犯罪行為のことであり、未成年者も例外なくその渦中にある――犯罪者に対しては厳罰をもって対処すべきといった権威主義的な意識が、再びペルー社会の中に生まれている。ラテンアメリカの多くの国々では、犯罪に対する引責年齢を引き下げる傾向が確認されている。今からほんの一ヵ月にも満たないほど前、パナマの国会では、一八歳以下の未成年者に対する死刑執行を認める法案の適用を巡る議論が繰り広げられた。この法案は、結果として僅か二票足らないばかりに可決されるには至らなかったのであるが、これはみせかけの勝利であるといえる。なぜなら、未成年者への死刑適用をめぐってわずか二票の違いしかなかったという事実は、社会の安全の名において子どもたちに極刑を科すことさえ躊躇しない社会が生まれつつあるという、非常に深刻な傾向を明らかにしているからである。事実、子どもの権利条約*やその他の国際条約内においても、このような類の法令を未成年に対して適用することは禁じられているにもかかわらずである。

　つまり、われわれの社会は、自己の安全が脅かされていると感じたときや、将来脅かされる可能性があると感じたときに、躊躇なく軍隊の論理を取り入れ発動させてしまうような社会なのである。また、最近においては、「子どもに物乞いをさせないための法令」*という、物乞いに対する実に父権主義的かつ抑圧的な法令が施行されている。それは、論理的に曖昧なだけでなく、この法令を考案するに至った良心的な意図や慈悲心の向こうにあるもの、要するにその気まぐれな法令の適用過程に、保護という名の衣装を身にまとった、貧困者に対する嫌悪感を包み隠しているのである。この法令に対して浮上する問いは、ペルーが現在直面している深刻な経済危機の煽りを受けている人びとが、命を繋ぐために物乞いを含めたさまざまな策を講じることが果たして処罰に値することなのだろうかということである。

　「潜在的な可能性」、「未来」などの子どもに対するイメージは、結果として子どもたちの「現在」を重要視せず、社会において認識され行使されるべき子どもたちの諸権利に対して何らかの制約を与えさえする文化を育むこととなった。子どもたちに対する社会の認識は、表向きは「保護者」的な性格を帯びてはいるものの、実のところは子どもの「現在」を意味のないものとすることを正当化させる役割を担っている。すなわち、子どもは経

子どもの権利条約　一九八九年、国連総会で採択されたこの条約については、本書九〇頁以降を参照。

物乞いを禁じる法令　政府は、この法令で、路上で子どもたちが物乞いをすることを禁じようとしたが、その実、物乞いをせざるを得ない子どもたちの生活支援には触れることなく、路上の子どもたちを追い払うに留まるものであった。条項内には、働く子どもたちと物乞いを混同するような内容が見られたため、ナソップ運動がこれに抗議し、該当箇所を訂正させた。

済にとって、政治にとって、または「大人の世界」とされているこの社会における重大な取り決めごとに対して、なんら重要性を持たない存在として扱うことを正当化させる役割を担っているのである。

西洋文化では、「大人の世界から子どもたちを保護する」という口実の下、大人の世界から子どもを切り離す傾向が長きに渡って見られた。おそらくこの傾向は、一八世紀末に結ばれた憲章の中によく知られた特徴として見出すことができる。近代社会の憲章は、人権宣言や市民宣言においてすべての人びとをその対象としたのであるが、実際のところ、保護される存在、社会の恩恵を受けるべき存在、またはさまざまな配慮を受けるべき存在とみなされた女性や子ども、先住民族らは、権利能力のある主体として認識されることはなかった。これは、大人中心的、父権主義的、自民族中心主義的なものの捉え方が、社会一般に深く根づいていたためであるといえる。

女性が、女性としての条件を社会から認められるようになるまで、または、世界各地の先住民族が、一度は剥奪された彼らの社会的・政治的・経済的立場を幾分かではあるとしても取り戻すに至るまでに、非常に多くの歳月が費やされた。そして、今度は世界の子どもたちが、具体的なかたちで連帯し、より解放者的なビジョンに立つことによって、この大人中心社会の真っ只中で彼らの尊厳を取り戻すための長い道のりを歩み始めている。

しかしながら、子どもの権利条約の締結から一五年が経った今ですら、割合からして取るに足らないほどの子どもたちが先へと進み得たに過ぎないのである。それは、その道のりの長さのせいだけでなく、過去数世紀にわたって「大人の世界」の中で蓄積されてきた偏見という名の思想的・権力的老廃物によって、彼らの行く先が埋め尽くされてい

世界観　先住民族の世界観については、一一九頁から始まるアンデス山地

るからである。

アンデスおよびアマゾン世界で本来的に存在する世界観*の中には、西洋のそれとは相容れない理論と実践が今もなお息づいている。「真実と和解委員会」の報告書内の子どもに関する記述を読むと、この現実を思い出すことが重要であるということに気づく。なぜなら、アンデスやアマゾンに暮らす人びとにとっては、子どもは共同体を象徴する存在であり、共同体そのものであり、ルナ*だからである。彼らにとって、子どもを虐待することは、大地の神パチャママ*に対して、山々の神アプ*に対して、または子どもがその一部をなしているすべて、すなわち己を含めたすべてに対して虐待を行なうことと同義になる。

われわれは、特にリマを含む海岸都市部全域に見られる子どもの捉え方や、未だに支配的な大人中心主義の文化を引き継いできていると言えるが、そのこと自体が、今日の社会が子どもたちにどう対応しているかを物語っている。そして、内戦により生じた状況が、この社会の裏に潜んだ論理を極端なかたちで導き出すこととなったことは紛れもない事実である。したがって、「真実と和解委員会」が調査範囲を拡大して提供した情報と分析結果さえもが社会の片隅へと追いやられることがないように、国民の精神的な健全さを維持するために必要不可欠な社会変革に着手しないなどという事態が起こらぬように――と意図する強固な意思、すなわち倫理的で、教育的な持久力をもち、相互交通が可能な想像力に満ちた強固な意思が介在しなかったとしても、それは何も驚くには値しない。

出身の女性とクシアノビッチの対談で明らかにされている。

ルナ　ケチュア語で「人間」「ひとであること」を意味する。

パチャママ　ケチュア、アイマラなどのアンデス先住民が信仰する霊的な存在。「大地、母」と訳される。女性的性質を有しており、聖母マリアと同一視されることもある。農作物・家畜の豊饒、繁殖に関わる力としてあがめられ、一年周期の一定の時に、酒、コカの葉、香料、獣脂などの供物を受ける。特に八月は「大地が生き返るとき」として、供物儀礼が重要。供物による「養い」を怠ると、パチャママの力は人間に対し破壊的に働くとされる（平凡社版『ラテン・アメリカを知る事典』の友枝啓泰氏による記述に基づく）。

アプ　プレ・インカ時代から、「神性」「霊性」を有する存在として崇められている。

われわれ人間は、現象を象徴化できる存在である。それゆえに、命のなんたるかを理解することができ、互いに関係しあうことを学ぶ。そして、分析すること、学習すること、コミュニケーションを交わすこと、名前を付け互いに呼び合うことが可能となるのである。これらのすべては、母親の胎内に眠るときからわれわれの眼が永遠に閉じられる瞬間まで続く、終わることのない社会化の過程において習得される。

象徴化できる存在になるということは、個人として、集合体としての生活を通して歴史を積み重ねてゆく過程で、脈々と語り継がれてきた信仰や習慣、伝統や神話、民族の精神や語りを創造的に内在化させていくことを意味する。この過程において感情的均衡、自己に対する信頼、アイデンティティ、他者や自然に対する一体感などが確立され、個的ならびに集合体レベルでの人的資源を育む社会資本が生みだされるのである。

「真実と和解委員会」が明らかにしたのは、人びとが語る対象をめぐって、激しい、かつしばしば根源的な変化がもたらされていること、これである。言い換えるならば、新たに習得されている規範が、従来の規範が持つ意義や意味と一致しなくなったということである。一九八七年より実施されてきた、子どもたちによって描かれた絵や短い語りの研究によって、内戦に巻き込まれたアンデス山岳部の子どもたちに深刻な精神的混乱の症状や特異な性癖などが確認された。自分の日常生活も習慣も勇気ある様も描こうとしないことは、内戦が個人的・集団的主観性に大きな影を落としたことを意味している。

心理学者、精神分析学者、精神科医たちが、限界を超える状況や極限状態に置かれた人びとが受けた心理的影響に関する一連の研究を行なっている。「真実と和解委員会」は、武器を手に反乱を起こしたグループが人間にとって極限の状況を招くようなかたちで子どもたちの権利を蹂躙したのと同様に、国家特殊部隊による子どもたちに対するかつて聞いたこともないような陰惨な扱いや実に組織的な対応についても報告している。無法地帯である戦場は、その場に居合わせた人びとに対して、まさに地獄のような状況を生み出したといえる。

二方向からの炎に周りを囲まれて生きてきた人びとにもたらされたのは、価値観や理想、倫理感などの機能停止を引き起こす自律性の喪失であった。内戦下では、法でさえ人びとを保護するどころか脅威となりさえするのである。

内戦の続いた十数年間において正当化されてきた軍隊の論理には、アメリカ合衆国の心理学者、ブルーノ・ベッテルハイムが暴力の被害を受けた人びとに対して言及したことばを、そのまま当てはめることができる。「ここで私が何をしようが、私の身の上に何が起ころうが、それは何の問題にもならない。ここでは、私が生き残るためならいかなることでも許される」。内戦に巻き込まれた村落共同体の子どもたちは、自分たちの命は、村長《むらおさ》の気まぐれや過ち、もしくはその一声でどうにでもなる一本の糸にかかっているのだと気づくことによって、無力感や極端な閉塞感をその体に染みつけてしまった。

このようにして、内戦によって生み出された暴力は、社会や個人の生活、さらにはさまざまな社会空間へと浸透し、人びとの心にやり場のない怒りを蓄積させた。その結果、人間が持つ攻撃的で暴力的な本性を増長させることとなり、人びとは死に対する悲しみの感情さえ失い、人間の堕落した姿に対する慣れさえ引き起こした。内戦は、従来の世界観とはまったく相容れない論理を人びとの心に植えつけたのである。この事実は、内戦が鎮静化された後、なぜ各村落共同体が、彼らの論理、村長の持つ役割、規範などとはまったく相容れないような、自衛のための夜警団や委員会を組織し強化させていったのかを説明している。

この状況が、従来の生活体験に意味を与えることができない事態を生み出したことは疑いもない。このことが、アンデス特有の相互扶助の関係を崩壊させ、血縁関係を弱め、霊的・超社会的な拠り所を弱体化させる一つの要因となった。子どもたちの生活は、葛藤や矛盾、排他的な感情に挟まれた絶え間ないジレンマの連続であった。子どもたちですらが、目の前で死に絶えたり行方の分からなくなったりした両親や親族に対して、何らかの負い目を感じながら生き続けている。

一九八七年の時点では、アヤクチョ県内の各地でさまざまな祭りが催されているのを確認することができたが、内戦の被害を直接受けたアンデスの村々では、その後の数年間、娯楽や祭りがほとんど行なわれなくなった。内戦が生み出した暴力という怪物、暴力という呪いによって、諸々の関係が乱暴に引き裂かれ、今まで培ってきた社会的な合意が侵されるがままになった結果、人びとは日常の出来事や夢見てきたことを語らなくなり、表現しなくなった。内戦は、人びとの抱く幻想、願い、そして平穏な日々を打ち砕いたために、それらを通して生活に新たなメカニズムや意味合いをもたらし、あらためて象徴化していくことができなくなった。内戦から生き延びた子どもたちも、この状況と無関係ではなかった。

内戦中、リマのチョリージョス区にある軍事施設周辺で、明らかにアンデス特有の顔立ちをした少女たちが、軍人の家で家政婦として働いているのを見かけたことがある。しかしながら、彼女らが内戦により破壊された村々から文字通り「誘拐」された孤児であるのか、それとも親や親族の了解の下、責任を持って引き取られた子どもたちなのかを調査するまでには至らなかった。

この事実は、「真実と和解委員会」の報告書には記載されていなかったが、本来ならば取り上げられるべきであった。なぜなら、同様の事例は、武力衝突が起こるたびに発生していると推測されるからである。

報告書内の子どもに対する暴力についての章に記されたような、悲惨極まりない状況が存在したにもかかわらず、大多数の子どもたちが危険に対して正常な反応を示したことは特筆に価する。子どもたちに負わせた苦痛を過小評価しているわけではないが、内戦をじかに経験した子どもたちは、多くの支援機関が子ども時代の内戦体験をことばにして伝える過程を見いだすきっかけを与えてくれたおかげで、元の自分を取り戻すことができ、結果として内戦のトラウマから驚くべき回復力を示すに至った。

おそらく、被害者やその家族の証言をおおやけにすることは、それだけでは不十分ではあるものの、国家というレベルで第一義になされるべき治療実践であった。なぜなら、最終報告書が提出されてすでに一年が経とうとしているのに、国が依然として内戦中に起こったことに対して背を向け続けたのと同じ理由で、テレビが被害者たちの証言をどれだけ放映しようとも、国民の多くが「暴力によって引き起こされた悲劇」に対する「飽き」を示しているからである。内戦に関連するニュースが視聴率の何位にランクインするのかは知らないが、これも内戦に対する国民の意識を反映するひとつの指標となりうるであろう。

アンデスとアマゾンの文化に宿る叡智こそは、村落共同体やそこに住まう人びとがこの逆境を克服していくための大いなる源泉であるということが確認されている。過去一五年間にわたって、ペルー各地において国内の武力衝突が家族・共同体・個人に対して与えた影響に注目した一連の価値ある研究報告が存在する。それは結果として、アメリカ大陸における精神衛生（メンタルヘルス）の保護・予防・改善に重要な進展をもたらすこととなった。おそらく、非西洋社会の持つ文化的現実は、グアテマラやペルーに見られるように、からだとこころの健康、教育と芸術、またはレクリエーション活動などに焦点をあてた近代の西洋科学が持つ治療理論とその実践に対して、より豊かな解釈をもたらしてくれるであろう。

自己のアイデンティティ、帰属意識、社会関係などの規範に歪曲をもたらした要因のひとつは、おそらく、壮絶な痛みに耐えていけるために人びとが硬く心を閉ざさねばならなかったという事実に映し出されている。農村社会の受けた衝撃は、アメリカ合衆国の医療人類学者キンバリー・セイドンが指摘しているように、社会における人間関係の混乱をもたらすこととなった。その衝撃のひとつは、オルランドという若者が彼らの仲間に語ったことと関係があるといえよう。

「私たちの心が、記憶が、私たち自身を苦しめます。私たちが変わっていくために、悲しみに明け暮れる生活に留まらないためにも、まずは、この硬く閉ざした心を何とかしてほぐしていかなければなりません」。

おそらく、内戦の苦しみに耐え忍ぶための手段であったものは、内戦後を生き続けるための条件とはなり得なかった。しかしながら、サラチャクイな時間、つまりは、「困難に満ちた年月」に立ち向かうために石の心を持たざるを得なかった後に、血の通った心を取り戻すことは容易ではないということを、この体験は物語っている。

子どもたちは、この困難を乗り越える力を持っていたが、大人たちは自らを守るために硬く心を閉ざし続けなければならなかった。だが、沈黙とコミュニケーションの断絶

（七一頁の写真）
アンデス先住民共同体は互酬関係を維持している（チンチェロ・クスコ）。
義井豊撮影

により心を閉ざすことになったのは、おそらくアンデスやアマゾン各地の共同体に属する人びとだけではなかった。ペルー社会の大部分は、彼らとは非常に異なった理由で、ある場合には無関心や人種差別の意識に従うというかたちで、またある場合には、社会的重要性を持たず、政治的にも無価値であるとみなされる人びとを蔑むというかたちで、硬く心を閉ざしたという印象を受けた。

内戦に巻き込まれた子どもたちがたどった不幸な運命は、それらの偏見を取り払うには至らず、社会はこの経験を通して何らかの教訓を得る機会を失った。結局のところ、内戦の落とし子である子どもたちは、子どもに対する支配的なビジョンを変えるまでには至らなかった。

ペルー人が子どもに対して抱いているビジョンは、内戦を経験した後どのように変化したのであろうか？　もしくは、変化するどころか子どもたちに対する権威主義的・保護主義的、さらには救済第一主義的な傾向を増大させてしまったのであろうか？　こういった問いが、われわれに突きつけられている。

子どもを保護するという機能を放棄した国家

内戦による武力衝突がその激しさを増し、その範囲を拡大してゆくにつれて、法的枠組みの再検討を求める声が政府各機関から起こった。労働基準法の見直しは、グローバル化した国際経済秩序の順調な発展に向けた修正主義的な意味においてなされるだけではなく、しばしば国際金融機関によって掲げられた条件や、国内の投資家や企業家たちの圧力によってなされている。

同時に、反体制組織に加担する人びとに対しては、年齢を区別することなく最大限の厳罰を科す法令の可決を、彼らは欲した。つまり、当時の法律は、あらゆるものは危険な存在であり処罰されるべきだという論理を再生産していたのである。年齢は、科されるべき処罰を幾分軽減するためにのみ役立つのである。ペルーの法令は、子どもの権利条約第三七条「拷問などの禁止と人道的扱いを受ける権利」を認めてはいるが、実際においては、それを遵守していない。事実、逮捕された子どもたちは、捕まえられたその時から警官による暴行を受けている。

法律では、未成年者には責任能力がないと条件付けているにもかかわらず、彼らのもっとも基本的な権利は尊重されることすらなく、まるで犯罪者であるかのように扱われるのである。そして、未成年者を拘留した際には、過度の運動を課したり、罰を与えたり、辱めたりとさまざまな拷問を加えている。この事実を書き綴ったある著者が、「少年院内での未成年者に対する拷問は、半ば日常的に行なわれている」と語るとき、それは少し誇張しすぎではないかと思ってしまうほどであるが、事実、拷問は行なわれているのである。

それは一九六九年の出来事である。私が教師を務めていたウワマンガ(アヤクチョ県)の学校に通う生徒の一人で、リーダー的存在の非常に活発な男児が、同年六月、学校教育を無償で受けるための闘争に関連した勉強会に参加していた時のことであった。その日、彼は夕方の五時までしか集まりに参加することができなかった。私は、教室を出て行こうとする彼に向かって、ガールフレンドが外で待っているのかいと冗談のつもりで冷やかした。すると彼は、「違うよ! 僕は警察に出頭して署名をしなければならないんだ。そうしないと、奴らは僕を牢屋にぶち込んで水をぶっかけたあと、小さな鞭で僕のペニスを叩くんだ。それはとんでもなく痛いんだよ、先生……」と言い返してきた。

一九七四年一二月、国連により「緊急事態、もしくは武力衝突の最中にある女性と子どもの保護」に関する声明が出された。その声明の第五項には、以下のような記述がみられる。「女性や子どもに対するいかなるかたちでの抑圧的行為や残酷かつ非人道的な扱いも、犯罪行為とみなされる」。おそらく、この声明には法的に従わせる効力がなかったがために、上記のような、子どもや女性たちに対する抑圧的行為が黙殺されることを許したのではないかと思われる。

一九八五年、警察組織を対象とした人権に関する講習会の場において、賞賛されるべきイニシアティブが取られた。およそ八〇〇〇人近い警察の幹部がスウェーデンに本部を置く非政府組織、ラッダ・バルネンの協賛のもと、子どもの権利に主眼をおいた長期間に渡る講習会に参加した。これに続くかたちで、他の政府関連機関においても同様の講習会が相次いで開催された。その結果、一九八六年、国家警察が働く子どもたちと共に「コリブリ」*という名の団体を結成したことは、講習会を通して得られた意義深い成果のひとつとして挙げることができよう。「コリブリ」は、現在ではペルー各地に支部を置くまでに成長している。

これら一連の動きにもかかわらず、一九九二年四月には、対テロリスト法なるものが可決されてしまう。テロ行為の氾濫を前にして、国家は、テロリストに対して厳罰を科すことに合法性を与えるためにもっとも効果的な環境が確立されることを期待し、ひとつの法令を設けた。それは、テロリストに対してもっとも重い刑罰を科し、迅速な訴訟手続きを実行するための法令モデルであった。しかしながら、ペルー社会の暴力に対する真っ向からの戦いは、刑法の厳罰化によってなされるのではなく、社会全体の問題で

コリブリ　警官の横暴なふるまいが目立つペルーにあって、子どもの権利を尊重する機運の高まりとともに、女性警官、警官有志、若い弁護士らが連帯して、子どもたちと協働してさまざまな社会事業を行なう団体として、各地に形成された。従来の警察のイメージを変えることにも貢献した。コリブリは「ハチドリ」を意味する。

あるということを理解することによって、暴力を生みだす構造そのものと対峙していくことによってなされるべきであったと思われる。

この厳罰化のより深刻な傾向の一つとして、一九九二年六月二〇日に発布された大統領令第二五五六四号内に、テロ活動に参加している子どもたちに対して、刑事責任が問われない年齢を一五歳未満にまで引き下げることを意図した「未成年者の刑事責任に関して」という条項を見出すことができる。このようなかたちで、国家は子どもたちを保護する立場にあるという論理を倒錯させて、抑圧の論理を子どもたちとの間に築き上げようとしたのである。その当時作成された子どもと武力衝突に関する法令は、実のところは、実証主義的犯罪学の理論から着想を得たものであった。この理論によると、未成年者は危険な存在であり、寮生活などを通して制度に対して従順な存在へと変えてゆく必要があるのだという。われわれは、今まさに、国家の安全の名の下に築かれた、矯正主義的・抑圧主義的な社会に居合わせているのである。

この流れに準ずるかたちで、ペルーの「児童法」は改正され、生徒たちに対してテロリズムを擁護する教師を告発することを認め、告発された教師を二〇年以上二五年以下の懲役刑に処すべきという条項が新たに盛り込まれた。だが、この条項はそれから数年の後には削除されることとなった。これとほぼ時を同じくして、社会に危害を及ぼす非行グループに関する法令、第二七三三七号が施行され、「児童法」第四章一九三条から一九九条にかけてその内容が盛り込まれることになった。この法令は現在に至るまで有効であり、今日においても削除されないままでいる。児童法は、子どもの権利条約第四一条「子どもの権利擁護」にその着想を求めるべきであって、罪を犯した子どもたちを処罰することに主眼を置かず、常に「社会教育的」な尺度に基づいて子どもたちを扱っていくべきであろう。

同様に、自らに影響を及ぼすようなことに対して意見を表明する権利が子どもたちにあるということに留意せずに、大人だけで子どもに関する法律を制定できると考えている人びとを説き伏せることは容易ではない。以下に挙げる三つの事例が、この如何とも し難い現実を明らかにしてくれる。その一つは、当時の国会議長、ヘンリー・ピースによって考案された「物乞いをする子どもを保護する」ための法令が、子どもたちを代表する機関である学童市議会*やナソップ（ペルーの働く子ども・青少年全国運動）に相談を持ちかけることもなく、彼らの意見に対して背を向けたかたちで施行されているという事実である。

二つ目は、刑法に未青年者に対して性的搾取を行なった者が処罰されるという一条項が盛り込まれるまでに、国会において大変な労力を要したことである。もしもこの議論の中に女性議員の参加がなかったならば、おそらく女性に関連したこの一条項の適合性をめぐって未だに議論が続けられていたことであろう。そして、もう一つの事例は、二〇〇四年の九月、労働省が各国の副大臣を招いた会合の内で、「児童労働根絶のためのアンデス諸国プラン」の提案を政策アジェンダに掲げるに至ったことである。彼らは、アンデス諸国（ベネズエラ・コロンビア・エクアドル・ペルー・ボリビア）の働く子どもたちに、このことをただの一度も相談することはなかった。しかしながら、ベネズエラの代表団のおかげでこの法案の可決は持ち越されるに至り、このプランを承認させたいのであれば、プランに関係する子どもたちにまずは相談を持ちかけるべきだという提言がなされた。

ここでは、以下の二点について注意を払う必要があると思われる。一つは、子どもに

学童市議会　子どもの権利意識の高まりに促されて、一九九九年に各学校に設立された子どもたちの団体。「市長」や「議員」の名づけも用いながら、各校・地域・全国のレベルで、子どもたちの自主性に基づく活動に取り組む。教師たちの権限が強い支配的な学校文化の制約は大きいが、子どもも大人も大事な経験をここで積んでいる。

対する社会の対応には、いまだに信頼感を寄せることができない点である。これは何もアンデスやアマゾン世界に限定して言及しているのでも、貧困層の子どもに対する社会の態度にのみ言及しているのでもない。そしてもう一つは、今日に至るまで、内戦の中を生きた人びとの体験を充分に生かそうとしないこの国の態度であり、内戦がもたらした暴力が、社会と子どもたちとの関係に急激な変化をもたらすことによって、いかに子どもたちが残酷に扱われたかについてである。

「真実と和解委員会」の報告書は、わが国の子どもたちとの間に新たな社会契約、つまりは、権利の社会的主体として選挙で投票したり立候補したりという法的権利を身につける以前に、社会的・文化的一市民として子どもたちを認めるという契約を取り交わすチャンスをわれわれに与えてくれている。まずわれわれは、この倫理的契約を通して、子どもたちとの間に結ばれるべき社会契約に対する認識を高めていかなければならない。この契約は、「まだ、元のわたしを取り戻せない」という意識から「私たちはすべての人と共に望むべき自分へと向かっている」という意識への変化を可能にしてくれるものである。

われわれの前には、すでに研究されていなければならないはずの問題が山積している。以下、それらを列記しておきたい。

①内戦の後に生じた強制移住の結果としてもたらされた家庭内構造や家族関係の変化、加えて、強制移住させられた人びとに関して。農村部から都市部へと移住した結果、路上での暮らしを余儀なくされた子どもたち、さらに強制的に施設に収容された子どもたちについて。

②内戦によって生じた悲劇に対して、罪の意識を抱えながら生きる子どもたちについ

て。自警団のメンバーとして組み込まれた子どもたち、そして、共同体がこの現実をどのように受け止め、最終的にはごく日常的なこととして受け入れるようになったのかについて。若い男女にとって、自警団のメンバーとして銃を抱えながら隊列を組んで行進するという現実が意味したこと。

③不十分な形でしか果たされていない被害者に対する賠償の問題。

④内戦のあった地域に住んでいる今日の子どもたちにとっては、もはや大きな混乱をもたらす要因ではないものの、内戦の中を生きた人びとの痛み、未だもって忘れることのできない痛みを、遠い過去のように語ることの意味。

⑤自身の文化が生かされるような社会や個人間のつながりを再構築する役割、またそれをどのような条件下で担っていくかについて。

⑥犠牲者としての存在から自己の将来を築く中心的主体への転換。再び理解され、受け入れられ、尊重される存在となるための原動力について。

……等々。

二　出生証明書を持たない子どもたち

見えなくされた子どもたち――国家が抱える由々しき問題

さて、内戦が生み出した傷痕についてはここでいったん筆を擱き、話題を代えよう。

この国における子どもが抱えるひとつの現実として、出生証明書を持たない子どもに関する情報が、その量も少なく、いい加減で、数年来更新されておらず、信用するに値しないものしか存在しないという状況がある。さらに、この問題に関する研究も驚くほどに少ないのが現状である。

出生登録されていない子どもたちは、社会から、または国家が果たすべき責務からも見えない存在となっている。もし、すべての子どもたちが人類という種の欠くことのできない一部である以上は、公の存在、つまりは人類に帰属する一員であると考えるならば、子どもたちが身分証明書を持たない存在として社会から姿を消してしまうことが、なぜ政治的隠蔽であると同時に「私圏の文化」の強化、つまりは非政治的存在や重要性のない存在として家庭や家族という枠組みの中に子どもたちを幽閉してしまうことに繋がるのかを、われわれは理解することができる。

不平等・貧困・疎外を重要な特徴とする階層の子どもたちに関しては幾多の研究がなされているにもかかわらず、非常に重要な問題であるはずの出生登録されていない子どもの存在についての言及は、ほとんどみられない。子どもたちの苦渋に満ちた現実を映し出す個人史を収集した念入りな聞き取り調査においてさえ、出生登録や社会的認知、もしくは彼（女）のもつ二つの姓が共に彼（女）の母親の姓である（男親が認知せずに逃げ去るなどしたため）、または、出生登録の際にサインをしたのは両親かどうかといったような問題に関係した、個人の歴史について質問する必要性が少しも考慮されていない。

おそらく、これは、出生者の身分証明の問題が、社会全体の常識的な通念の中にあっては深刻な問題として認識されていないことが原因であろう。現状を改善しようと努力する一部の人びとにとって、これを国家の問題として認識させることは大きな壁として立ちはだかっている。ごく当たり前の常識を取り戻し、これを国家社会の問題として認識させることは、この問題を解決するにあたっての大前提である。

社会や制度、法令の各分野、または人権問題を扱う教育実践の場などでは、さまざまな進展が得られているにもにもかかわらず、ペルー国民の中には、未だに一八世紀末の近代化による社会契約の負の遺産を背負った階層が存在することを、不公平にならぬように付け加えておく必要がある。

実際、人権宣言や市民宣言は、その法律の文言においていかなる者も排除することはなかったが、女性、先住民族、子どもたちは排除された存在として扱われた。いわば、権利の主体となるための実行力や権利の要求を行使する力を奪い去ることによって、国家による庇護の下に保護の対象として迎え入れたのである。

フランス革命から二〇〇年が経ったにもかかわらず、特に、子ども、農村に暮らす人びと、先住民族やこれらに属する女性たちにとっては、真の意味での権利主体となるために歩き続けなければならない長い道のりがある。われわれが今までに手にし得たものは、誰かが言うように「排除し得る存在を手放さない近代」という経験であった。このことは、法的側面を改善していくことは必要であるが、社会的排除や貧困といった複雑な問題に立ち向かったり、不平等の再生産に歯止めをかけたりするためには、それだけでは不十分であることを示す動かぬ証拠でもある。

社会的排除——国家の問題

出生登録されていないということは、その者が社会から排除される状態にあること、社会的に無価値な存在として扱われること、政治に関わる諸権利を与えられないことなどを意味している。出生登録されていない者は、その年齢がいくつであろうとも、国家にとっては存在しないのと同じである。

ここに、社会的排除の具体的なかたちがみてとれる。ちゃんと名前を持っており、現に一人の人間として存在し、家族や共同体の一員であったとしても、おかしな話ではあるが、出生登録がなされていない者は、存在はするが実在していないことになる。

子どもの出生登録がなされていないという問題は、家庭内に存在する、さまざまな「遅れ」（克服しなければならない問題）とも無関係ではない。多くの子どもたちがおかれたこのような状態のすべてが、貧困にのみ起因しているのではないとしても、出生証明を持たない子どもたちの問題は、貧困や地方性（農村部特有の傾向）、そして機能的文盲を含めた非識字者の間により多く確認されている。

排除というのは一つの社会構造ではあるが、それは意図的に生み出されたものでもなければ、誰かが望んだ結果でもない。身分証明を持たない人びとが世代を超えて繰り返し生まれる事実を問うためには、農村社会に暮す女性たちの個人史の数々を拾い集めるだけで充分であろう。出生証明を持たない子どもたちの問題を取り上げる必要があるのは、まさに農村社会においてである。しかし、社会的排除は、同時に、その裏に潜んださまざまな不平等の象徴であるとも理解することができる。

それゆえ、出生証明、または身分証明を持たない女性や子どもたちの存在は、結果として民主主義の信頼性を損ね、その脆弱性を暴くことになる。国家または政府は、この闘いを前にその義務を怠ってはならない。若い世代は、社会は今後このようにあるべきだ（皆が出生証明を持つこと）と要求する権利があり、市民としての存在や、公共の福利を獲得するための中心的存在として社会に参画する可能性を模索していかなければならない。

出生証明を持たない子どもが多く存在するというのは、実に深刻な事態である。排除され、孤立し、その声が届くこともなく、存在にさえ気づかれず、余剰な人口として扱われ、認知もされず、本来の自分に立ち戻る権利も与えられないような人びとを詰め込んだ大きな空袋をその背中に抱えた民主主義は長くは続くことはないという意味において、この問題は政治的問題へと転化するであろう。

以下の二つも、出生証明を持たない子どもたちの問題と何らかの関連性があるように思われる。一つは児童遺棄の問題であり、もう一つはそのインフォーマル性である。出生証明を持たない子どもたちは、愛情を受けておらず、ぞんざいに扱われていて、感情的に遺棄状態に置かれ、しかも法的にも保護されていないということをその肌で感じとっている。子どもの歴史は、社会的隠蔽の歴史であると同時に、社会的排除の歴史でもある。ただし、経済的な理由によってのみ身分証明を持ち得ない場合は、スコットランド出身の法律家、ジェイムズ・ボズウェルがいう児童遺棄の問題にはあてはまらない。

しかし、過去の歴史において、また近代においてさえ、出生証明を持たないことや戸籍登録されていないことと、児童遺棄の問題とは何らかの繋がりを有していた。その一方で、正式な存在ではないこと《インフォルマリダー》が一つの生活形態としてさまざまな側面で一般化している国々では、国家に対して自分の存在を公式な者＝一国民として認めさせることの重要性を軽視する傾向が生まれている。これらの人びとにとって、国家は多くの場合何の役にもたたない存在であり、関わりがあるとすれば、手続きの際に非効率的な対応しかしてくれない小役人ぐらいである。

アイデンティティ——書類上の二義的な問題が本質的な問題を生み出す場合

「僕のパパは僕を認知しなかった。書類にもサインしたがらなかった。僕はパパの苗字とママの苗字でサインをする。けれど、僕は出生登録されてないんだ。パパは仕事をしにヨーロッパへ行ってしまった。向こうからパパが電話をかけてきても、僕はパパと話したくない。もう電話してこないで欲しいんだ」。（リマ在住、カルロス、七歳）

アイデンティティは、生活におけるすべての瞬間に確立され、人生の各段階において新たな要素を獲得し、その連続性を再現する。さらに、アイデンティティの確立は、社会的認知の結果であり、帰属意識や自分が他者にとっても重要な存在であることを理解する力と併せて、人間として存在するためにも必要不可欠なものである。

アイデンティティの認識のあらわれは、良きにつけ悪しきにつけ、誰かが言うように人間の根幹をなすものである。つまりは、アイデンティティはわれわれを成長させてもくれるが、路上で生活をしている子どもや盗みをはたらく子どもたち、非行少年、または出生地の言語のみ話す人びとや、何らかの障碍をもつ人びとのように、第三者から汚名を着せられた場合にも、否定的な意味でのアイデンティティが確立されるという側面をも携えているのである。

出生証明を持たないという問題は、われわれの社会で支配的な立場にある西洋文化の到来によってもたらされ、それを所有することは、自分の子どもを一市民として社会に紹介するための必要条件となった。エクアドル憲法に記されているように、「エクアドルにおいて出生した者は、一人も余さずエクアドル市民としての権利を有する……」のであり、ＬＯＰＮＡ（子どもを擁護するための組織法）として知られるベネズエラ・ボリーバル共和国の法令では、子どもが出生登録された時点で発行される市民登録証によって、子どもを一市民として認識している。

ペルーにおいては、恥ずかしいことに、大人たちのみならず子ども自身も本来的に身につけた常識にもなっていないが、子どものためのＩＤカードが、二〇〇二年になってようやく発行され始めたばかりである。この国においては、これらの事実に対しても市民権とはただ単に法的なものだといった社会通念が未だに支配的である。つまりそれは、公的な場での登録において、または銀行などでの手続きの時にだけ有用であるといった認識である。

多くの女性たちは、単なる形式的な手続きとして提出される身分証明書が生活する上では本質的なものでありながら、それを手に入れるためには金がかかるし手間もかかるという点で、ひどく落胆した経験を積んできている。出生証明を持たない未成年者も、彼らが若者、もしくは大人になったときに女性たちと同様の経験をするであろうことは確実である。出生証明を持たないということは、子どもの権利条約が承認した、一国民として登録され認知されることは子どもの権利であるという公的な約束を、自分の味方につけて生かすことができないことを意味する。

しかしながら、出生証明の交付を国に対して要求することは、母親や父親にとってだけでなく、国家の提供するサービスやそれに相当するものに対して子どもが思いがけず不利な立場に立たされないために必要な圧力を確立する。同時に、ただ出生証明を手に入れるだけでは充分でなく、「理解と愛情の場を共有し、あらゆる人を私たちの一部として認識することを要求する」ことも忘れてはならない。

早急な解決を要する未解決の問題

①子どもの国民登録に関する法の空白部分を埋めることの可能な、新たな法制度の確立を進める。

②アンデス山岳部やアマゾンにおいて、出生証明手続きの完全無償化を優先的に進める。これは、子どもたちの中にペルー国の一市民としての自覚が芽生え、国家に対する負い目をなくすための一条件である。もっとも、排除された国民に対して罪の意識を持たねばならないのはむしろ国家の方ではあるが。

③市民社会や国の諸機関により始められた出生登録を促すためのネットワークやキャンペーンは、一時的にではなく、定期的にメディアを通してもっと宣伝されるべきである。この問題は、政治的問題や国家の問題へと転化しなかったし、公的な問題としても視覚化されていない。

④子どもたち自らが組織している学童市議会やボーイスカウト、マントックのような働く子どもの運動体、コリブリ、ナソップ運動、ヘネラシオン*などは、特に、未登録者が多く存在する地域においてこの努力に参加すべきである。出生登録に関する問題は、今日に至るまで社会的通念の一部を形成しないままでいる。

ヘネラシオン　首都リマで、路上生活を営む子どもたちに一時的に宿泊施設を提供し身心のケアを行なうとともに、ナソップ運動への参加などを通して、子どもたちが社会的主体に転化できるよう活動する団体。一九八八年創設。

三　危機の時代の子どもたち

子どもに向けられる暴力

今日、社会的弱者や肉体的・精神的に制約のある人びと、または傷つきやすい人びとに対して向けられる暴力が日常生活の一部となりつつあることが世界中で確認されている。これに対して憤りを感じたり関心を惹かれたりはするものの、目新しい事実として驚くことはできない。暴力は、いまや家庭や学校、コミュニティー内において子どもたちの日常生活の一部を形成している。

子どもの歴史とは大人により酷使されてきた歴史であるという事実は、何の根拠もなしに書かれたわけではない。子どもに対して向けられる暴力の多様な形態を明らかにすることばは、数多く存在している――児童虐待、家庭内暴力、酷使、搾取、肉体的・心理的・性的嫌がらせ、強姦、体罰、育児放棄、児童遺棄、権利の剥奪、肉体矯正……等々。暴力とは、弱者、自分より下の立場にある者、自分より劣った者、不利な状況にいる者に対して行使される、強者による権力のさまざまな形態のことである。

暴力が人間にとって生まれつき備わったものであるのか、もしくは環境が人間にそうしむけるのか。その答えがどうであれ、暴力が潜在的に社会崩壊や反応的攻撃を生み出し、他者の尊厳を蹂躙する一因となることを自覚しないことがさらなる暴力を生み出すということを理解し、なんらかの行動を起こすことが必要である。
身体になんの痕跡も残すことなしに、自尊心を打ち砕き、主体性を傷つけるような拷問が存在することを、われわれは知っている。

「真実と和解委員会」の報告書はいう。「暴力は私たちの一部であり社会の一部を成している。これは人間の本質が持つ悲劇的側面であり、私たちはみな暴力の一部なのである」と。そうである限り、暴力は、消極性や諦め、あるいは間違った考えを生みだしながら、終わりのときを迎えることはないのである。われわれは、恐怖と非人間的ななにものかによって暴力に駆り立てられた人びとが、それ以外の扱いを受けるに値しないとわれわれが判断した人びとに対して揮う、嘘のような暴力の数々の中を生きてきた。

「真実と和解委員会」の報告書は、これほどの痛みに対してわれわれがいかに鈍感であったかを明らかにしている。海岸都市部に住むわれわれは、われわれの同胞であるアンデスやアマゾンの人びとに背を向け続けて生きてきたのである。

より極端な言い方をすれば、都市部や特定の社会階層が持つ型にはまった習慣や人としてのあり方に比べて異質、無関係、奇異とみなす人びとに対して、われわれは背を向け続けてきたということである。したがって、われわれにとって、彼らに対する責務を放棄し、権利を有しているにもかかわらず適切な保護を提供しない社会や国家によって、その体躯やまなざしに至るまでスティグマ（負の表象）を背負わされた子どもたちを同胞として認識することは、非常な困難を要するのである。

子どもの権利に対する軽率な態度のすべては、暴力と同等の影響力を持っており、それは結果として、象徴的暴力、経済的暴力、社会的暴力、さらには「文化の植民地化」に向けたあらゆる企みを具体化する暴力の痕跡となる。

不幸なことに、われわれは、路上に生きる子どもたちや、社会や身の回りに対して常に問題を起こし暴力を働くような子どもたちをめぐる問題で、彼らが直面している状況それ自体を問い質すことなく、その状況を正当化する傾向にある。空腹をしのぐために、時には暴力的なかたちで生活の糧を得ることで生き延びている子どもたち、他人にけんかをふっかけたり、法に抵触するような行為を犯したりする子どもたち、もしくは、向精神性の薬物利用に逃げ道を求める子どもたちを目にする時、彼らの置かれた境遇は彼ら自身が生み出したものだとして、同情の念すら抱かないのがわれわれなのである。

このような考えに従えば、法に抵触する子どもたちや他者の権利を蹂躙するような子どもたちを対象とする場合、子どもの人権に関わる言説に基づいた対応を難しくするどころか、そうすることがとっぴで逆効果であるようにさえ聞こえる。個人としての条件がいかに損なわれていようとも、そして歪んでいようとも、いかなる者も人間の条件を失うことはないという倫理的・法的原則を、このような状況下にある子どもたちにも適用させるべきである。もしも、このような考えの上に立てるのであれば、子どもたちに対するいかなる種類の拷問に対しても断固とした拒絶の態度を示すべきであろう。

イギリスの著名な社会学者であるアンソニー・ギデンズがいうように、いまや家庭は子どもにとってもっとも危険な場所となった。確かに、家庭内における児童虐待問題に取り組んでいる人びとは、この社会学者のことばに対してその根拠たるものを提供できるであろう。日々生み出されている子どもへの家庭内暴力や校内暴力を報告する文献は、日を追ってその数を増している。

しかしながら、権利の主体として子どもを認識することは、しつけるためにとか、「男の子」にするためにとかいう口実や、子どもに体罰を与えるのは彼らを愛しているからであり、彼の人生においてひとかどの人間に育って欲しいと願うからであるといった言い訳によって、子どもに対する体罰や暴力に「市民権を与えている」われわれの社会のベールを剥ぎ取ることになるであろう。

権利の主体としての子どもという視点に立つ言説は、ありきたりの常識やしつけの基準、学校教育および家庭教育、大人および子ども自身さえもが持つ否定的な社会通念などの中に定着させてきたものから「市民権を剥奪する」ために必要な対抗手段となりうる。今日では、住民が一体となって子どもたちを教育、指導していけるような性格を帯びた都市や市町村を確立する必要性が論じられるようになった。それは、暴力は暴力を行使する当事者だけに限定できる問題ではなく、暴力を引き起こす要因でありえたり、平和的共生の文化を建設するために必要不可欠な要素でありえたりする社会や諸機関（家庭、学校、会社など）の問題でもあると認めることにひとしい。

あらゆる不公正や不平等、または差別も、暴力がとる一つの形態である。家庭、学校、地域社会、各市町村の自治体が、社会の隅々において平和と相互理解の文化を育む苗床となることが望まれる。

子どもの権利に関する国際条約——歴史的重要性をもった倫理的史実

あるペルーの詩人は、その適切なインスピレーションでもって、子どもの権利条約を「愛の宣言」と表現している。この条約の誕生により、われわれ人類は二〇世紀末におけるもっとも重要性の高い倫理的な出来事の主役となった。実際、この条約を子どもたちに対する心からの愛にもとづく行為、子どもたちに恩恵をもたらす行為として解釈しないのであれば、条約はその社会的影響力や政治的使命、ユートピア的展望を失ってしまうであろう。つまり、人間を人間たらしめるための世界的な動きを作り出すための、特筆すべき要素としての意味を失ってしまう。われわれは、諸民族が形成している今日のグローバルな舞台を支配する社会的・政治的・経済的・文化的構想を認識し解釈するうえでの中軸として、子どもの権利条約を理解している。

つまり、この条約が子どもたちを権利の主体であると宣言したことによって、今日に至るまで、権利能力を持つ存在として、人として、社会的な当事者として認識されることのなかった子どもたち自身の手によって、この条約が守られ進化していくことになるのである。

この条約は、ただ単に世界各国の関心を集めただけではなく、国家の官僚たちに世界の子どもたちが抱える過酷な現実が映し出された鏡を見つめ直すこと、直接的・象徴的権力の行使によって引き起こされた深刻な矛盾について自らの態度を問いただすことを約束させた。既存の社会の周縁部より、排除された者、存在しないものとして扱われている者、何の役にもたたないと思われている者、日常的に物事を決定する場から疎外されてきた者から発せられる問いかけは、その本質において倫理的なものであり、さまざまなかたちでの支配や排除の根幹をなす価値観や、あらゆる種類の画一化・絶対化の試みに対して疑問を投げかけるものである。

だからこそ、子どもの権利条約は、その法的重要性を損なうことなどは論外であり、権利が本来もつより深い意味合いをその条文内容に反映させた倫理的な規範とみなされるべきである。すなわち、日常生活における人と人との関係や、人を取り巻く環境がより人間的なものとなり、互いに認め合い、尊重しあい、人間を人間たらしめることのできるようなもろもろの価値の有効性が保障されるような状態を維持することである。

われわれにとって、この条約は、社会がなすべきことの全体像へと分け入るためのまたとない入り口であり、人類の成熟の度合いを推し量るための規範でもあって、人間性の発展にとって欠くことのできない要素である。より厳密にいえば、条約内で規定された内容を遵守することは、それ自体がこの地球上において幸せで喜びに満ちた生を全うすることを目指した、人類の願いと構想を実現していくことに等しい。

この条約は、それを現実のものとする努力がすべてそうであるように、提案し擁護すること以上の価値を次第に得ていこう。その内容は今後も常に完全なものへと近づけていくこと、場合に応じて修正していくことが可能である。なぜなら、権利はそのものであると同時に、ひとつの社会表象であり文化的産物だからである。

権利条約が定めている諸規範は、単なる社会的支持のみを必要としているのではない。法令が制度として施行されるために、かつ法的ならびに法の枠組みを超えた意義を確実なものとするために、社会諸集団が積極的に口出しすることを必要としている。つまり、法は自らの力だけでは奇跡を起こしえないのである。

子どもの権利条約は、天から降ってきたものでもなければ、一握りの専門家たちの手によって生み出されたものでもない。この条約は、疑いの余地なく、独自の権利を有した主体として子どもたちが認識されるまでの、長く苦しい、世代を超えた過程を経て生み出されたもっとも完成されたかたちだということを忘れてはならない。人権、女性の権利、先住民族の権利を獲得するための忍耐強い、大きな努力を要した闘いが、子どもの権利条約の誕生に深く貢献している。これらの勝利なくしては、われわれはこの千年紀《ミレニオ》の終わりの時期に、これだけの進展を内包した子どもの権利条約の成立にたどり着くことはできなかったであろう。

もし、子どもの権利条約が与え続けてきた意義を総括したいと希望するなら、子どもたちにとっての文化変容、主観的条件、社会的な想像力、さらには物質的条件などの大いなる進行過程に対して条約がいかに貢献したかを推し量ることができるような、優れて実情に合った報告書を必要としよう。

残念なことに、説得力があり信用に足る総括を提供できるだけの充分な能力を有し、条約が持つこれらの側面を報告しているような指標を、今のところわれわれは持ち合わせていない。しかしながら、すべてのラテンアメリカ諸国において、子どもたちに対する処遇が大幅に改善されている事実を各分野において確認することができる。子どもに対する既存の社会的な通念や、大人中心主義の社会に特徴的な偏見がゆっくりとではあれ氷解してゆく中に、前向きな変化を感じ取ることができるのである。

これは、子どもの権利条約に基づくさまざまな行動計画の目的を達成するうえでの必要条件である。現在、子どもの権利を擁護する多様な社会運動が生まれている。弁護団*やそれに似た機関が創設されたラテンアメリカの幾つかの国においては、それはまぎれもない社会運動となって、子どもの尊厳を明らかに冒瀆した者を免責するような文化を退けつつある。

これらの成果に加えて、当事者間に信頼の雰囲気が強められつつある。子どもたちを公平に扱うことは可能であり、共同体が真剣にその責務を果たすことによって、子どもたちを公正に扱うことが可能となる。

子どもの権利条約締結後の最初の一〇年間の功績は、この他にもたくさん挙げることができる。しかし、われわれは同時に、子どもたちにとって複雑かつ不公正な社会環境

子ども弁護団　国際的なレベルでは、一九七九年の「国際児童年」に、子どもの権利擁護・啓発などを目的として非政府組織・国際子ども弁護団が設立された。ジュネーブに本部を置き、その後は世界六〇ヵ国以上で活動を展開している。

を改善していくには、未だに程遠い所にいるということも自覚している。

子どもの権利条約は、子どもたちが抱える貧困、疎外、社会的排除と闘うための一つの誘因であり道具でもある。さらに、この条約は、民主主義、市民権、社会参画、国家の責務、社会が担う役割、家族の役割、価値観、生きることの価値や第一義とみなすべきもの、社会的仕組みと個人間のネットワークを再構築するための司法管理システムの必要性などについて再考するにあたって、必要不可欠な創造の源でもある。

しかしながら、子どもの権利条約が政治家たちの意識変革をどの程度達成したかについて真剣に議論することは重要である。国連発足五〇周年の機会において、各種フォーラムや討論会の場など国連の活動によって達成されたさまざまな成果を総括する場面において、子どもの権利条約の締結こそは、人類に対して国連が行なった貢献のうちでもっとも意義深いものの一つだという言及を、ただの一度も聞くことがなかった。この意味では、今後、われわれが巡り歩かなければならない道のりは、遥か長いものとなろう。

子どもの権利条約の影響力や重要性、さらにはそれが子どもの環境をどれほど改善できる可能性をもったものであるのかを、わが国の教職者たちは未だ不十分にしか理解していない。これは一般化して言っても、事実に反することはないだろう。わが国の教師たちは、ただ単に子どもの権利条約の内容を知ればいいというだけではなく、新たな子ども文化を築き上げる一要素としての権利条約が担っている、子どもに対する捉え方と基準の変化を身につけることが必要である。

子どもの権利条約は、普遍的な地平を包摂しようとするその他の国際条約と同様に、文脈に即した解釈がなされるべきである。それぞれの文化が持つ独自性にこだわる場合にも、条約が求める水準を下げることなく、効果的に機能することを目指した条文の解釈を必要とする。

この試みを通じて、子どもの権利条約の条文内容とその精神を豊かなものへと進化させ続ける可能性が生まれる。ラテンアメリカ諸国間で生み出されている法律や条例に反映されつつある、子どもの権利条約の歩みから遅れを取ってはならない。前進し続けることは、それぞれの国家によって自発的な判断に基づいてなされるべき一つの挑戦であり責務でもある。

ペルーの場合、児童法によって一二歳から一七歳の子どもたちの働く権利を認めている。しかしながら、これは子どもの権利条約第三二条の条文内容*に反しているわけではなく、第三二条には見出すことのできなかった、ペルーという国の独自性を鑑みた上での判断である。同様に、子どもの参画権を認めたり、子どもの権利条約には存在しないストリート・チルドレン（路上の子どもたち）の権利を擁護する法令を明確なかたちで打ち立てたりした国々も存在している。

もし、子どもの権利条約が「愛の宣言」として理解されたのであれば、批准後一〇年が経った今、この条約を一つの「宣言」から「愛の約束」へと昇格させる決意をわれわれは固めることができる。宣言の中に、個人的にも専門的にも集団的にも画期的な地平を切り拓くための示唆とエネルギーを感じ取った世界中の多数の男女の中では、それをいっそう推進する意志、知性、叡智、情熱が深く交錯しはじめている。

*三二条　子どもを「経済的搾取・有害労働から保護」することを定めた条文で、「最低就業年齢を定めること」としている。

子どもの人権——未来へ向けたビジョン

①われわれは、一般的な人権をめぐる視角、展望、理論的な枠組みと呼ぶべきものと、

子どもの権利をめぐる概念およびダイナミズムとを結びつけることを意図している。

②この試みにはいくつかの課題が伴う。それには、理論的・学術的なものもあれば、応用的・教育的なものもある。

③概念上の挑戦として、次の課題がある。人権というものは、国家がそれを保障するという条件で組み込まれている、とする考え方である。人権というものを、国家の責任として、また市民社会がそれを要求するものとして捉える考え方は、人権をめぐる古典的理論の視角である。人権に対するこのような解釈の仕方は、一九八〇年から一九九五年にかけての内戦の最中、多くの人権団体に一連の困難さをもたらした。実際、これらの人権団体は、国家が市民の人権を侵害したときは必ず抗議を行なったが、その逆の場合は人権を口にすることはなかった。その当時の世論の趨勢も、「警官が誰かを殺したらそれは人権侵害だ、しかし逆の場合はそうではない」、「テロリストたちによって殺された警官や兵士たちは、人権侵害の被害者ではない」といった表現の中に浮かび上がる。すべての人は等しく人間であるのだから、この論理はいささか理解に苦しむ。それゆえ、われわれは、「人権《ロス・デレーチョス・ウマノス》」ということばを用いずに、「人間としての権利《デレーチョス・デ・ロス・ウマノス》」という新たな概念形成について議論を進めるのがより正しいのではないかとすら考えている。

あらゆる人、個人、人間は、公的性格を有していることを思い出す必要がある。この意味において、個人の権利の侵害は、それが市民としてであれ、個人としてであれ、公的性格を帯びたものである。だから、国家や市民社会は、その役割を怠ることなくそれぞれの責務をまっとうすべきである。

④われわれは、子どもの権利をめぐって、一般的な人権にどのような「独自性」を付け加えるべきなのか、という問いに応えてゆく必要がある。

a　子どもたちの権利は、人間にとっての基本的人権を明文化し、敷衍化し、合憲化するための長い過程の中で産み出されたものであるということを理解することが重要である。同時に、特異性と具体性を子どもたちの権利に付与することによってはじめて、人権に関する一般的な言説をより豊かにすることができる。

b　同様に、子どもの権利を一般的な人権の視角で、かつそれとの関わりで焦点化することで、子ども全体の、また個々の子どもの権利に関わる議論を、公的な水準に据えることになる。

c　子どもたちの法的市民権の行使を認めるにあたって、年齢や法的責任能力を超えて子どもを一市民として認識する必要がある。

d　人権の視角は、子どもの社会的・公的立場を認めることによって、子どもたちの政治的権利と参画権を回復させるものであるとわれわれは考える。

子どもの権利――未来に向けたオルタナティブなビジョン

①子どもの権利は、子どもに対する既存の社会通念を解体し、子どもたちを主体として、権利と社会的責任を備えた存在として捉えるオルタナティブな考え方を打ち立てるための現代にふさわしい見通しと概念的な手立てを提供してくれる。既存の社会通念を解体することは、慣習化している人びとの意識、欲求、期待、感情、振舞い方などを同時に解体していくことを意味している。

②子どもを権利主体として捉える視角は、一連の理論的な枠組みの解体を伴う。

a　認識論的断絶――世界全体を、そして異なる社会に住む人びとを見ることで、われわれが今とは異なる社会、世代、感情、人間に触れる度合いに準じる形で、われわれ自身についても別な視点をもつようになる。認識論は、単に新たな概念をもたらすものとして理解されるだけはなく、われわれの今までの感情、欲求、意味に付随している既存の視点を打ち砕くものとして理解される必要がある。

b　文化人類学的断絶――既存の関係を解体し、大人と子どもの間に新たな社会的な諸関係を構築するという課題で、われわれはどこに位置しているのか。文化は、子どもの状態、立場、社会的役割をどのようにして割り当て、確立するのかという問いかけの入り口を作り出す。これは、人間の学としての人類学が有する固有の楽観主義に基づく新たな取り組みであり、すべての人間に対する「教育可能性」へ向けたわれわれの賭けに対する支えとなるものを指している。

c　イデオロギー的・文化的断絶――これは、権利の主体としての子どもという観点から権利を語る言説が、個として、また集団としての子どもを単なる客体とみなすような視角とは異なる学術的視点を提唱するイデオロギー的・文化的機軸を作り出すという意味においてである。

d　倫理的・政治的断絶――子どもを単なる代理人としてではなく、権利の主体として、行為者としての性格を強調する。子どもは、生産者であり、構築者であると理解される。子どもは一市民であり、単なる従属者ではない。子どもは、権利の政治的主体であり、政治的権利の主体でもある。

③確かに、子どもの権利という視角は、自己の意見を表明する権利、結社・集会の自由、子どもにとって最善の利益といった諸権利を通して、子どもの社会的存在意義に重点をおいており、子どもを取り巻く社会関係や力関係などについて考え直す機会を与え

てくれる。言い換えれば、今日の民主主義が何たるかを問い直し、将来の民主主義について考えるようわれわれに警告しているのである。子どもの権利という視角は、社会的、制度的側面におけるシステムとしてのみではなく、主体とその社会的意義に重きをおいた文化としての民主主義に対しての理解を、われわれに促すものである。しかし、さらに、この場合は、子どもの市民権を反故にする既存の民主主義の内容をこそ問題視する必要がある。

④だが、子どもの権利という視角は、参画というものを、妥協や譲渡の結果としてではなく、子どもたちの持つ権利として明確に捉えていることに疑問の余地はない。子どもは参画権を享受している。おそらくこの権利は、大きな文化的インパクトや歴史的影響力を持つものである。なぜなら、いかなる排除や差別も許さずにあらゆる社会の構成員を能動的な主体として取り入れるという挑戦は、民主主義や自由、権利を尊重する社会の言説の中核に参画権を位置づけているからである。

それゆえ、参画権は結果としてその実践においてもっとも論争の的となり、時によって、その重層的で矛盾する複数の立場からの標的となって、イデオロギー的・政治的にヨリ脆さのある権利となる。

権利としての参画

子どもの参画が持つ際立った重要性を考慮にいれて、子どもの権利条約より着想を得た参画についての言説のうち三点を、以下に記述することが適当だと思われる。さらに、子どもが主役《プロタゴニスモ》であることを推進してきた経験と振り返りから得られる、参画ということの捉え方についても論じてみる。

（1）参画――その漸進性と危険性

子どもの権利条約が持つ概念的・実践的枠組みは、子どもたちのあるべき参画の形を指し示すだけでなく、子どもの参画を促進するうえでの優れた方法、および子どもの参画を促進する言説が孕む危険性を見極めるための地図を描くにあたって、有効なひな型を提供している。

長年に渡って子どもの社会参画というテーマに取り組んでいるアメリカ合衆国の環境心理学者にして発達心理学者のロジャー・ハートは、子どもの社会参画は、躍動的かつ建設的な過程を伴うべきだと喚起し、その獲得に向けた子どもとの協働プロセスに真剣に関わることで、われわれ大人も真の意味での参加へと至る道に投企することができるとしている。

彼は、子どもの参画の範囲を特定するために、子どもの保護に関する三つのアプローチを挙げている。その一つは、子どもの意志表明権として、子どもの権利条約の条文内に反映され強調されているものである。二つ目は、子どもの保護という概念をさらに飛躍させたアプローチであり、子どもを自身が持つ権利の主役として言及するものである。ここに、ペルーやニカラグアに見られるような視角を伴った思想も含まれている。そしてもう一つは、子どもの潜在能力を過小評価する、またはほとんど認識しないアプローチである。ここでハートが語っているのは、子どもの市民参画についてであって、子どもの法的手続きへの参画についてではないことに留意しよう。

さらにハートは、環境問題は、子どもの社会参画のきっかけを作り発展させていくにあたって、また、子どもの「意識化」を主な目的として子どもの社会参画を真に促進していくにあたって、ふさわしいテーマであると考えている。ハートは、子どもの社会参画が孕む危険性について、二つの大きな段階があると言及している。その一つは、非参画という段階であり、これは、「操り《マニプレイション》」、「お飾り《デコレイション》」、「かたちだけの平等主義《トケニスム》」の段階に相当する

子どもの参画に関する危険のもう一つとして、子どもたちの持つエネルギーに注目してなされる、子どもの社会動員について言及している。なぜなら、ハートにとってそれは、既存の政策課題を軌道に乗せるために、人びとを活性化させ社会動員するのに子どものエネルギーを利用するという側面も含んでいるからである。「社会動員に年齢を問わずすべての人びとが参画することによって生じる大きな価値は、当然、単に無償の労働力を用いて共同体の問題を短期的に解決することではなく、長期的な意味合いで市民権の発展を目指すことにある。つまり、共同体全体としての責任意識が芽生えることである」。

（2）プレ市民権、もしくは先延ばしされた社会参画

フランス革命に端を発する市民権から生じた文化が抱える悪しき慣習は、子どもを市民として認めること、厳密にいうならば、社会現象としての子どもを市民として受け入れることを阻んでいる。この概念の枠組みにおいては、子どもたちは、女性や先住民族と共に受動的市民へと追いやられている。もっとも、その当時においては、これらの社会層や年齢層に属する人びとに対する市民権の問題など取り挙げられることすらなかったのであるが……。

この点に鑑みて、チリの社会学者ゴンサロ・ガルシアとセルヒオ・ミッコは、子ども

の「プレ市民権」という考えを提唱している。社会参画と市民権の概念は互いを補完しあうものであるが、双方は区別されなければならないことは明らかである。

否定され、先送りされ、制約の多い子どもの市民権、もしくは「プレ市民」なる権利の根幹をなす概念とは何かを考えるにあたって、以下の省察を記しておく必要があろう。

①市民権に関する支配的な法的概念、および子どもの地位に関わる概念の否定。

②「活動的な」、すなわち納税もし、選挙権も被選挙権も有する市民権という概念に基づく法規範的な否定。

③特に、働く子どもたちの場合、間接的な形で国の経済やGNPに対して「納税」しているにもかかわらず、その貢献を評価できない、もしくは数値化できないことによる、法的・文化的側面からの否定。これは支配的な経済文化と統計文化が、児童労働を見えないものにしたり、経済的に無意味なものとしたりしていることの帰結である。

④子どもであるがゆえに、無知で大人に従属した存在として、または無知ゆえに常に脆弱な状態におかれている存在と捉えることによる否定。これは、過去において、その脆弱性や、農場領主《アシエンダ》による策謀の結果として先住民族が受けた制約と同様である。

⑤肯定的差別としての否定。これは、イタリアの社会学者、ジャンジー・シボットが子どもに対する救済ビジョンと呼んでいるものである。これは、保護のメカニズムとなって子どもたちの参画を否定する。

これらの言説においては、子どもに対する常識的な捉え方や社会的な受容のされ方に根拠を持つことで、子どもの参画を妨害していると言うべきだろう。

（3）参画――市民としての権利・政治的権利

ラテンアメリカ諸国における子どもに関する法令の中には、子どもの権利条約がむしろ不明瞭な形でしか明文化していない子どもの参画を、よりはっきりとしたかたちで認めているものがある。今日、子どもの権利条約に対する解釈学が必要とされている。子どもの参画について言及する際に、市民権および政治的権利の観点から条約の精神を解釈することは、権利条約により定められた内容をより豊かなものへと変えてくれる。

ユニセフのアフガニスタン事務所長、ピーター・クローリーは、社会参画を義務ではなく権利として、基本的な市民権および政治的権利として捉え、すべての子どもたちにとって、その他の諸権利の有効性を握る鍵となる「促進者的な役割《ファシリテーター》」を担った権利であると指摘している。さらに、社会参画は一つのプロセスであり、必要条件であるがゆえにそれ自体が一つの目的であるとも述べている。

この参画の視点に立つと、エクアドル国憲法が承認しているように、単に社会的な意味合いにおいてだけではなく政治的な意味においても、子どもたちの市民としての条件を認識することが重要性を帯びてくる。あらゆる権利に言えるように、この権利もまた、その享受が損なわれることなく、行使にむけて調整していく必要がある。社会的市民権を認識されるに至った女性や先住民族のように、また子どもの政治的市民権が認められるために日夜努力を続けている人びとのように、われわれには躊躇している余地はないのである。

子どものプロタゴニスモを伴った参画を目指した権利

主体的参画についての言説は、子どもの組織、とりわけ働く子どもの組織による過去数十年にわたる経験、つまりは社会的・政治的諸権利を備えた存在として認識されるために彼らが努力してきたという経験に裏打ちされている。

子どもが「主役であること《プロタゴニスモ》」の理論的な枠組みからすれば、参画は、社会的行為者としての権利行使をめぐる過程全体に影響を及ぼす諸要求によって、深い意味合いを持つようになる。権利に関する諸言説は、社会的・政治的責任に関する言説を含んでいる。今日において、「ほら、義務としてそれをやらなければならなかった」という表現に見られるように、「義務」は、確信に基づくよりも強制に対する態度として理解されているような常識が常にある。この「義務」概念は、法的な要求には応えてはいるものの、すべての権利がその相関物としてもっている社会的責任に結びついた言説に対しては、なんら説得力をもたない。

ただ単に「参画」という場合、その概念に空白が残り、子どもの存在や行為を「道具化」するような参画を公に受け入れている現実が蔓延る余地を残してしまうことになる。これでは、大人中心主義の構造も、常に甚だしい不均整を増長させている不平等な構造自体も是正することができない。それゆえ、「プロタゴニスモを伴った参画」という場合、それは単に参画を「形容詞化」しているだけではない。子どもたちを、言われたことを実行するだけの甘やかされた存在としてではなく、社会的行為者として位置づけたいのであれば、参画のもつ本質的な意味を変革していくことが望ましい。概念的・理論的な枠組みとしてのプロタゴニスモは、家族や共同体、またはその他の諸制度において、子どもの立場の再定義する方向へとわれわれを導いてくれる。

プロタゴニスモの視点に立てば、参画とは力関係の問題、または権力行使の問題であることが明るみとなる。すなわち、参画とは社会的関係を構築する一つの要素であり、市民社会・国家・社会的諸勢力間の関係を構成する一要素である。しかし、プロタゴニスモを伴った参画をその政治的側面にのみ閉じ込めてしまうことはできない。プロタゴニスモを伴った参画は、子どもの社会的、法的条件として理解されることを要求し、子どもの生活様式、個人的・社会的アイデンティティ、その精神性、すなわち彼らの持つ尊厳、社会的感受性や意識、神話や社会意識に反映されるものである。

子どものプロタゴニスモを伴った参画は、新たな子ども文化の一部分を形作るだけではなく、人と人、人を取り巻く環境との間における社会関係を新たな形で繋ぎ合わせ再生産する基軸を生み出す。この視点に立てば、子どものプロタゴニスモを伴った参画は、独自の倫理的性格を伴った文化現象と成り得る。

以上のことを要約して、プロタゴニスモを伴った参画とはなにかを説明するための概念的提言を以下に挙げてみる。
①子どもを社会現象として理解することは不可欠である。つまり、子どもの年齢やその社会的意味を含めて、子どもであるという個人的経験を超えた社会的現実として理解されるべきである。一つの社会現象としての子どもを捉えることは、真の意味での権利主体、または独立した権利主体として子どもたちを認識するための論拠となる。
②ゆえに、権利主体としての子どもは、あらゆる人を主体として、権利を享受できる存在として認めるような社会関係を志向する人類という共同体にとって、象徴的な存在へと転じ得る。

③この意味において、主役としての子ども、諸権利の行使において主役と呼ばれるようになった子どもは、あらゆる人間にとって、または未来に向けたオルタナティブな展望にとって、ことさらに象徴的な存在となる。このことが、あらゆる人が単なる権利の実行者ではなく、行為者となれるような生活様式に対する意識や欲求を伴った新たな領域を作り出す。

さらに、子どもの権利の視角は、子どもたちの多様性に対する認識、不平等やその結果として生みだされるものに対する闘いを通して培われる社会としての未来を希求する。来るべき未来に果たされるべき三つの課題について、以下に記しておく。

われわれの社会において、今日に至るまで支配的な大人と子どもの関係を再定義する必要性。法的言説と直接に繋がりのある、文化的に築かれてきた社会的年齢の問題は、何らかの形で再考されてゆくべきである。なぜなら、現状は不平等な役割を割り当てるようにし向けているからである。それゆえ、子どもや若者が、子どもの人権を尊重する文化に基づき、大人世界と新たな協力関係を結ぶことが急務である。

これは、力関係、権力行使の関係に対して抜本的な変革をもたらし、既存のシステムと行為者間の断絶を克服し、単一思考から脱却することを意味する。

子どもを権利主体として認める宣言に秘められた諸価値を基軸に据えることで新たに切り拓かれる精神の領域。その諸価値とは、公明さ、公正さ、個の超越性、倫理的責任としての社会的主観性などを指し、これらは、社会と国家が子どもと共に構築する関係、連帯、参画、民主主義、人権の尊重などを謳う諸言説の実践やその信頼性に対して、計り知れない影響を及ぼすものである。

子どもの権利条約――必要ではあるがそれだけでは不十分なツール

①子どもの権利条約が一つの道具であると認めたところで、その重要性や文化的・政治的影響力を否定することにはならない。それどころか、この条約がもつ主導的役割や適用が可能であることを認識することにつながる。子どもの権利条約は、テクストそれ自体として、ことば、意味、対話能力を支え、かつそれを広げていけるような、教義・論拠・人間的な着想・倫理を携えている。だが、これは条約内で用いられている専門用語―法的用語が、条約を調印、批准し国内法令に適用させるにあたって求められる要件を逃れるための企みとして相対化されるものではない。子どもの権利条約は、それ自体最終目的ではなく、当面における到達目標であることに違いはない。

②子どもの権利条約は、調印国、批准国間の連帯を強めるだけでなく、子どもの人権を認知し、その遂行と遵守を保障するにあたっての最低限の基準を確立する。それゆえ、子どもの権利条約は、より普遍化の可能な合意の足場を保障し、まさに権利主体という社会現象としての子どもを認識するための、必要かつ不可欠な手だてを生み出すことになる。子どもの権利条約は、今日その教義内容において基本条件であるが、後退は許されるものではない!

③しかしながら、子どもの権利条約は、あらゆる法的手だてと同様、移ろい続ける時代のその時々が抱える特性に呼応するかたちで作り出される。ゆえに、複雑で変わりがちな状況を解決するには不十分である。子どもの権利条約の限界は、ある特定の文化・社会・経済的空間において、子どもにとっての独自の状況下で生み出される、条項内で考慮されていない状況や、社会的、政治的、文化的プロセス、もしくは何らかの重要な

プロセスの枠組み内で浮かび上がった状況に置かれた場合にみられる。

しかし、子どもの権利条約の有効性は、それぞれの批准国がもつ状況によって条件づけられる。この意味において、われわれは次のように言い切る必要がある。「条約からの後退は『否』!、条約より先へ進むことは、『諾』だ!」。この立場に立てば、子どもの権利条約の基本的方針を尊重しながらも、補完し、より明確なものとし、発展させることを目的とした国連子どもの権利委員会からの勧告を支持することができる。権利のグローバル化は、それぞれの地域が抱える独自性に対する認識と尊重を否定することにもならなければ、その差異を例外もしくは妥協として受け入れることにもならない。それぞれがもつ特異性は、真正の権利として認識されるべきである。

いくつかの変則性

①現在、社会契約から子どもが排除されているのは、近代の社会契約がもつあからさまで計画的な排除の結果として生じている。それは、実際上の場面のみではなく権利上における市民権の行使に対する排除である。子どもたちは、社会契約の産物として社会による保護を受けることができるが、彼らが一市民として数えられることはない。これが一つ目の変則性である。
②対等の権利をめぐる子どもたちの闘いは、彼ら相互間の差異を認めさせる闘いと結びついていないことから、二つ目の変則性が生まれる。
③子どもおよび青年たちによる権利をめぐる闘いは、同じように社会から排除されているその他の集団の場合と異なり、彼ら自身のイニシアティブによるものではなく、大

人たちの言説と行動に従属したものであったことから、三つ目の変則性が生まれる。

この意味において、子どもたちが積んだ経験は極めて高度な質をもちながら孤立したものに留まっていいたために、集合的主体、つまりは大衆運動を形成するまでには至らなかった。その必要性をひとつの権利として再定義する言説を確立し得なかったのである。

これらの変則性が、子どもの権利を求める運動と、その運動が得ることとなった結果を強烈に条件づけた。運動を担った大人たちは、子どもたちの市民としての権利や経済的権利および社会的権利に対して大きなスペースを与えた。だが、政治的権利や政治参画に対するそれは非常に小さなものであった。

しかしながら、子どもの権利条約は、この制約を越えた新たな舞台へとわれわれを誘うことになる、理論的かつ法的言説を構築するための重要な要素を内包している。その他のあらゆる権利を条件づけ、保障するのは、政治的権利または参画権の行使にあるという事実を忘れてはならない。

しかしながら、子どもの権利条約は、オルタナティブな子ども文化の輪郭を描き出すことを可能にする一連の要素や、幾つかの視角をわれわれに提供してくれる。それは、未だ強烈かつ色濃い特徴を残したままの支配的で過去より引き継がれた子ども文化に対抗する、オルタナティブな文化である。おそらく、子どもの権利条約の条文に書かれたことのすべてが、それほどに斬新なものであるとはいえない。むしろ、その功績は、子どもの人権や子どもに関する現代的な捉え方に対して、最良の関連素材を用意したことにある。

子どもの権利条約の遵守を促進する

子どもの権利条約締結から十数年がたった今、条約の内容がどれだけ達成されたかを評価する必要に迫られている。同様に、ラテンアメリカ諸国は、各批准国が条約内容をどれだけ遵守した政策をとっているかに関わる報告書を作成したが、ペルーにおいては、その報告書がまるで公的な問題を扱っていないものであるかのように、一般には公表されず、その存在すら知らされることがなかった。

この現実が、子どもの権利条約の締結から一〇年以上が経った今も、同条約が国民に認知されず、不十分な形でしか普及されていないという事実を明らかにしている。教職者レベルでさえも、今日に至るまでこのような悲しい現実におかれているのである。子どもを扱う他の専門分野においても、この状況に変わりはない。

このような状況ゆえに、以下の課題に早急に取り組んでいく必要がある。

①子どもの権利条約の条文内容と併せて、特に条約の流布を目的とした社会的・文化的動向を広く一般に知らせること。だがそれは、条約内容が書かれたパンフレットをただ単に配るということではなく、条文の意味内容を説明し、学習機会を提供し、秩序だった省察の対象とすることである。

②集団として、子どもの権利条約の持つ価値と妥当性を、充分に理解していること。この理解に到達するためには、子どもを尊厳ある存在として扱うための真のプロジェクトであるこの条約が、われわれに示している内容と照らし合わせて、子どもたちの置かれた状況を常に分析し続ける必要がある。

③子どもの権利条約の国内法令への適用に向けて、有効化したツールを作成し利用す

ること。この例として、条約の各批准国が条約の要求を国内の法令に反映させることを約束し、実際に施行されることとなった、子どもに関する諸条例の存在について言及しておくことができる。同時に、子どもの権利を遵守させるという、明確な役割を担った社会運動や諸機関による活動を奨励すること。それらの諸機関として、子どもの弁護団、子どもの権利問題を扱う諸団体によるネットワークなどを挙げることができる。

④そして、子どもの人権擁護と改善における、子どもたちの組織的参画へ向けてことさらに力を注ぐこと。人間開発を希求するファクターとして、新たな市民社会構築に向けたファクターとしての子どもの人権に関する闘いに社会が挑み続けるために、時流や社会背景に支えられたイニシアティブを取るのは、子どもたち自身なのである。子どもたちの主体的存在なくしては、未来の状況は現在とさして変わりのないものとなろう。

【訳者解説】働く子どもたちの運動と内戦の時代

働く子どもたちによる運動体、マントックが誕生して間もない頃、ペルー南部の山岳地帯に位置するアヤクチョでは、反体制武装組織「センデロ・ルミノソ」（輝ける道）が、「人民戦争」による国家転覆を具体化するために、農村部を拠点とした勢力の拡大を開始した。

奇しくも、働く子どもたちの運動の黎明期は、十数年に渡って癒し難い傷をペルー社会に刻み付けることとなる内戦が勃発し、激化してゆく時期と符合することとなった。もっとも、当時の歴史的背景を顧みれば、それが必ずしも偶然の産物であったとは言い切れない。

一見したところ、子どもたちの運動とは関連のないように思われる内戦下の描写を、原著の第一章にアレハンドロ・クシアノビッチが置いているのは、まさにこの時代背景によるものである。

解放の神学運動によって培われた経験を礎としながら、子ども向け大衆教育の実践の場として誕生した働く子どもたちの運動は、内戦によって日々不可避的に突き付けられる現実に煩悶を強いられることで、逆説的にも、その実践と言説をより研ぎ澄まされたものへと昇華させてゆくに至った。

センデロ・ルミノソは、アヤクチョにおいて、国立サンクリストバル・デ・ウワマンガ大学の哲学科教授であったアビマエル・グスマンの主導により、既存のペルー共産党と決裂するかたちでその誕生をみた。アビマエルは、ペルーの傑出した思想家、ホセ・カルロス・マリアテギ*の思想を歪曲したかたちで毛沢東主義と結び付け

マリアテギ（一八九四〜一九三〇）
ペルーが生んだ、広い視野をもつ独創的な社会主義者。学校教育とは無縁に、独学で学び、早くからジャーナリズムで活動。祖国を追われ、一九二〇年代前半の数年間をヨーロッパで過ごす。グラムシ、バルビュスらと知り合い、マルクス主義に接近。帰国後は、政治と文化の双方の分野で旺盛な執筆活動を続けた。ペルー社会党、労働総同盟の結成にも関わった。邦訳された著書に本群書第一六巻の『インディアスと西洋の狭間で——マリアテギ政治・文化論集』（現代企画室）と『ペルーの現実解釈のための七試論』（柘植書房）がある。

ることで自らの言説へと取り込み、大学の教授や学生たち、小中学校の教師などを中心に、暴力革命を是とする屈折したイデオロギーを植え付けていった。*

学生たちに対するアビマエルらの「啓蒙」活動は、その後のセンデロ・ルミノソの急速な勢力の拡大に大きく活かされることとなる。セクト的かつ独善的思想の伝達者となり、各村におけるセンデロの拠点作りの中心を担ったのは、皮肉にも村の希望の星として街へ送り出された若者たちであった。アビマエルのもとで学んだ学生の多くは、意図的にも自発的にも教育者を志すように仕向けられ、卒業後、アヤクチョ各村の学校に主に中等教育の教師として派遣されていった。

「人民戦争」による体制の転覆と新たな国家の樹立こそが、世にはびこる不平等を解消し、貧農を救う唯一の道と信じて疑わない若き教師たちは、「キョウイク」を通して子どもたちを取り込み、センデロの拠点として各村に設けられた「人民委員会」の主要メンバーに仕立て上げることで、上層部の意志に従って村人を統制する役割を担わせた。また、内戦が激化してくるにつれて、多くの若者や子どもたちが、死の脅迫を楯に親元から引き剥がされ、否応なしにセンデロの戦闘員として徴用されていった。

センデロ・ルミノソによるテロリズムの行使が激化してゆく中、危機を感じた政府が二〇〇〇名の兵士を投入して制圧に掛かった時には、すでに手がつけられないほどにその勢力は拡大していた。充分な諜報活動を行なわず、その実態を把握することなしにセンデロと対峙した兵士たちは、その初動において、無垢の農民たちに対して取り返しのつかない人権侵害を犯した。恐怖政治によって従属を強いられていた人びとをことごとくセンデロの支持者とみなすことで、虐殺、拷問、略奪、レ

センデロ・ルミノソの活動　センデロ・ルミノソの活動実態については、前出のデグレゴリ編『センデロ・ルミノソ――ペルーの〈輝ける道〉』（現代企画室）があるが、同書に収録されているペルーの研究者、ネルソン・マンリケの「恐怖の時代」が、センデロ・ルミノソの理論と実践に孕まれる諸問題を鋭く指摘している。また、同書には、センデロに一定のシンパシーを持つ米国の社会学者キャロル・アンドリースが、センデロには、なぜ女性メンバーが多いのかの謎を解明する論文も収録されていて、この「暴力」の時代を多面的に捉えることができる。

イプなど、センデロによるそれと異なることのない甚だしい蛮行が兵士たちによって繰り返された。

内戦が苛烈を極める中、リマ以外では初となる活動拠点を敢えてアヤクチョに設置することで、マントックが内戦に生きる子どもたちに対して連帯と協働の意志を示したことは、特筆に値する。

完全な終息をみるまでにほぼ二〇年の歳月を要した内戦は、結果として七万人近くにおよぶ死者行方不明者を出すこととなった。また、内戦により命を失った人びとの大半を働き盛りの男性が占めたことで、およそ二万人の未亡人と四万人の孤児が生み出された。

同様に、目の前で家族が惨殺されたり、家族の離散を経験したりするなどして精神的トラウマを負った子どもたちは、五〇万人以上にも達したとされている。

戦渦を逃れて生まれ故郷を捨てた人びとは、六〇万人を超えると推測されており、その多くがリマを中心とした沿岸部諸都市に流れ込んだ。夫を失い、絶望に浸る間もなく都会に逃げ延びてきた多くの女性たちにとって、日々の糧を確保しながらも子どもたちを守り育てねばならない労苦は、言語に絶したであろうことは想像に難くない。母親を支えるために、あるいは大人たちの支えなしに自力で生き延びてゆくために、農村のそれとはまったく異なる環境の中を、子どもたちも懸命に働いた。

折からの不況も相俟って、街の路上には働く子どもたちの姿が溢れた。また、多くの女児は使用人として雇われることで、家族から離れて一人孤独な日々を過ごすこととなった。そんな子どもたちに対して、哀れみの一瞥こそくれさえするものの、今この瞬間にも、同じ国の中で多くの農民たちが戦渦に巻き込まれているという現実にすら無自覚な人びとにとって、目の前で働く子どもたちの中に、殺戮から逃げ延びてきたばかりの子どもが存在しようとは、想像することすらできなかった。

その一方で、国内外の多くの人権団体や非政府組織などが子どもたちを救うために活動をはじめた。都市郊外に活動拠点を持つマントックも、これら諸団体や住民組織との協働を通して、内戦を逃れてきた子どもたちとの連帯を強めていった。多くの子どもたちがマントックの活動に参加し、仲間と痛みを共有しあうことで、街での新たな生活に立ち向かうための肯定的な力を獲得していった。

以下、内戦を生きた幾十万の子どもたちの一例として、現在アヤクチョにおいて人権派弁護士として活躍しているアニバル・ゴンサレス氏の証言を掲載しておきたい。

「私はカジャラ村の出身で、家族は小麦やトウモロコシの畑を所有し、僅かな家畜を育てることで、慎ましやかに日々を過ごしていました。私が二歳の時に、母親は病気で亡くなりました。事件が起こった時、私は六歳でした。成人した兄弟たちは街に移り住んでおり、村に残っていたのは、父親と継母、そして一六歳の兄と一一歳の姉でした。

一九八八年五月一三日の明け方ごろ、隣村の方で大きな爆発音がしました。幼い私は、そのとき隣村で何が起こっていたのかを知りませんでした。その翌日、私は、トウモロコシの収穫をしていた父親と兄のもとへ、継母と食事を運んでいました。なにも変わらない、普段通りの時が流れていました。日が暮れかかった頃、馬に乗った兵隊の一群が村の方へ向かってゆくのが見えました。

村人のひとりが、息を切らせながら畑の方へ走ってきました。村にやってきた兵隊たちが、意味の分からないことを口走りながら村人を殺していると、走って来て言いました。とても嫌な予感がしました。兄は、父親に畑の脇にある洞穴に隠れるように言いました。しかし、何も悪いことをしていないのになぜ逃げないといけないのだと言って、父は農作業を続けました。

兵士たちが畑の方へやってきました。あたりで農作業を続けていた村人をすべて捕まえ、一ヵ所に集めました。父親もその中にいました。兵士たちは、一人一人の名前を確認すると、まるで動物を殺すかのように、取り上げた鎌や山刀を振りかざして、村人を殺しはじめました。ある者は腹を切り裂かれ、ある者はこめかみを銃で打ち抜かれました。遺体は、サボテン畑や傾斜の茂みに投げ込まれました。兄は、雑木の陰で執拗に踏みつけられ、蹴り飛ばされていました。

結果として、二〇人近い村人が殺されました。兵士たちは、次にここへ戻って来た時に残っている者がいたら、全員殺すといいました。私たちは、父親の遺体を運ぶことさえままならず、家畜をすべて放して村に戻りました。私たちは泣き崩れ、それから意識を失ったように眠りました。

翌日、数機のヘリコプターが村に飛んできました。ヘリから降りて殺戮現場に向かった人びとの中に、当時の大統領アラン・ガルシア*の姿を見たと多くの村人が言っていました。その後、村で起きた殺戮は、センデロとの闘いで生じた正当防衛であったと発表され、長きに渡って真実が国ぐるみで隠蔽されました。メディアに真実を証言した村人たちは、何者かの手によって次々と誘拐されたり、殺害されたりしました。殺戮に加わった兵士たちは、誰一人として罪に問われることなく、現在に至っています。

アラン・ガルシア（一九四九〜　）
ペルーの政治家。大統領を二度歴任（一九八五〜九〇、二〇〇六〜一一）。

事件から二日後、当時空軍で働いていた兄が、私たちをリマへ連れてゆくために、仕事を辞して村へやってきました。一一歳の姉は、勉学を続けさせてもらえるという条件で、使用人としてある家族のもとへ送られました。私は、空軍を辞した兄と共にリマで暮らしはじめした。

リマでの生活は、経済的にとても苦しいものでした。兄は、昼夜関係なく働き続け、心身ともに疲れ切っていました。兄は、ことあるごとに私を殴りつけました。外出して他の友だちと遊ぶことさえ許してくれず、テレビも見せてくれませんでした。それでも私は、兄を憎む気にはなれませんでした。

私も、成人するまでの一二年間、毎日のように働きました。主に、中央卸売市場で野菜の荷運びを手伝って稼ぎました。家に帰らず、市場の脇で寝て過ごすこともありました。夏には、新学期の学用品を買うためにアイスを売ってお金を貯めました。一度、夜中の二時から二〇時間近く働き通して稼いだお金を、家に帰る途中に奪われたことがありました。それからしばらく、護身用のナイフをポケットに忍ばせていたこともありました。

ある夜、中央市場に兄の作業道具を運んでいたのですが、眠気に耐えられずに店の軒先で眠り込んでしまいました。目が覚めたとき、兄の道具はすべて盗まれていました。兄は、道具をみつけるまでは絶対に戻ってくるなと私にいいました。私は、どうしていいかわからず盗まれた場所へと戻りました。

途方に暮れて泣き腫らしていると、警官が近寄ってきて、なぜ泣いているんだと私に尋ねました。動揺していた私は、とっさに迷子になったと嘘をついてしまいました。すると、警官は私を派出所へ連れてゆき、そこから児童養護施設に移送されました。施設では、テレビも自由に見せてもらえたし、他の子どもたちとも遊べたし、とても楽しくてもう家には帰りたくないと思いました。しかしながら、ある日本当のことを話すように施設の職員に諭され、結局、兄の元へと戻ることになりました。

その後私は、慈善団体による支援によって勉学の機会を得ました。苦学の末に大学を卒業し、最終的には弁護士の資格を取得するに至りました。現在は、内戦中に行方不明となった人びとの親族により設立された団体の青年部代表として、政府に対して過去の過ちを認めさせ、被害者やその親族に対する補償を要求するなどの活動に携わっています」。

【訳者解説】働く子どもたちの運動とアンデス・アマゾン世界

多様な自然環境に応じて構築されてきた幾つもの「世界」が、雑多に混じり合いつつ、かろうじて共存を続けているのが、ペルーという国である。

アレハンドロ・クシアノビッチにとって、この国に遍在する多様で色濃い生のあり方への認識を高めてくれたのは、まぎれもなく運動を通して関わる子どもたちであった。クシアノビッチは、子どもたちを通してアンデス・アマゾン世界に触れることで、人間にとって「働く」という行為がいかに豊かな精神性を内包するものとなりうるのか、さらに、子どもに付与される表象や役割がいかに多様であるのかを知るに至った。論考の随所にみられる、アンデス・アマゾン世界に暮らす子どもたちのあり方や労働観をめぐる幾多の省察は、働く子どもたちの運動が、安直で狭量な子ども観や労働観に基づいた活動へと堕してしまうことを防ぎ、価値観の異なる他者に対して常に対話を通した相互理解を試みることの必要性を、子どもたちに理解させるうえで役立った。

同時に、各論考において見られる、ＩＬＯ（国際労働機関）の児童労働根絶プログラムに対する峻烈な批判は、独善的・西洋主観的・一元的な価値観に囚われて生きる私たちに向けた警鐘でもあるとの認識に立った上で、読み進めることが肝要かと思われる。子どもたちの生きる背景を理解することなしに、哀れみの対象としてのみ彼（女）らを捉え、一方通行の善意を押し付けてしまうといった愚行を、私たち自身が犯してしまわないためにも。

以下に続く対話に登場するのは、ペルーでもっとも貧しい地域であるアヤクチョ

*県出身のタニア・パリオナである。彼女は県都ウワマンガ市からマイクロバスで二時間ほど田舎に入った、人口一五〇〇人の小さなカジャラ村で一九八五年に生まれた。一九八〇年代、反政府ゲリラのセンデロ・ルミノソはアヤクチョ県を中心に自分たちの主義・主張に抵抗する住民や地域責任者を殺戮していった。政府軍も、センデロを殲滅しようとして、彼らが「疑わしい」と認定した住民を見境なく秘密裏に殺していった。トウモロコシやジャガイモを育て、羊やヤギを飼って細々と生活を送っているアヤクチョ県内の多くの村人は、恐れ戦きつつ日常生活を送らざるを得なかった。タニアはそのような環境の中で育ち、人間の尊厳と権利の大切さに早い時期に目覚めていた。

　タニアは、二〇〇〇年、アヤクチョの働く子ども運動の代表として推薦され、リマのナソップ本部で全国代表に選出された。一五歳の時だった。タニアは、このリマでの体験を通じて、ペルー全国から集まったさまざまな地域の子どもたちと交流し、ペルーの広がりを実感した。全国代表の仕事が終わった一七歳の時にインファント－永山則夫の奨学金を得て大学受験の予備校に一年通い、国立サンクリストバル・デ・ウワマンガ大学社会学部に入学した。その後、二〇一六年の総選挙では、ベロニカ・メンドサが率いる左派「拡大戦線党」から立候補し、当選した。働く子どもたちから初めて出た国会議員だ。

　以下は、タニアとアレハンドロ・クシアノビッチに、アンデスの子ども観や労働観をめぐって語り合ってもらった記録である。

タニア　私は、働く子どもの運動に参加してはじめて、祖父母や両親、近隣の人た

アヤクチョ　ペルー・アンデスの最深部ともいうべき町で、一八二四年、スペインからの独立を目指す解放軍が、支配側のペルー副王軍と会戦し、勝利した場所として有名。原義は「死の－片隅」ないし「死体の－隠れ場」を意味するケチュア語。インカ帝国が支配した時代、これに抵抗した地元民の流血の闘いに由来する地名、とする説がある。

二〇一四年九月、ニューヨークの国連で開催された第一回世界先住民会議で発言するタニア。若者先住民のコーディネーター役として選ばれたのは、世界中から三名だったが、彼女はそのうちの一人だった。

ちとやってきたことが、近代社会の視点から見れば「労働」と呼ぶものの範疇に入るのだということを認識するようになりました。農村においては、生活空間そのものが生産と再生産を営む場なわけですから、子どもは、大人たちの働く姿に日常的に接することで成長を重ねてゆきます。

家庭や共同体内での日々の生業に参加し、生活に必要な技術を身につけてゆくプロセスは、往々にして子ども自身の好奇心や自発性に基づいてはじまります。私自身もそうでした。父親が、麦を脱穀したりすり潰したりするのをまねるのが楽しくて、そうしているうちに自然とそれらが身に付き、いつしか役割として担うようになっていました。

畝をじょうずに作るための鍬の使い方だとか、布の織り方などといったものは、日々、大人たちと時間を共有するなかでおのずと習得してゆくものであって、一人前に作業をこなせるようになるまで、手取り足取り教えてもらったという記憶はありません。たしかに、沢での水汲みや薪割りといった骨の折れる単調な作業は、めんどうでやりたくないなと思うこともありましたが。

そもそも、アンデスのコスモビジョンにおいて、働くことと学ぶことを隔てるような概念的境界は存在しません。ゆえに、子どもは大人になるための準備期間であり、未熟であるがゆえに生産活動に参加すべきではないといった近代固有の考えは、私たちには相容れないものです。また、人間の成長段階に対する概念も異なるわけですから、何歳になるまで働いてはいけないといった制限もありません。

日常の生業に参加しているうちに、家族や共同体への帰属意識が芽生えてきます。いつまでも大人たちの仕事を眺めているわけにはいかないということを、子どもたちは自然に思うようになります。自分は、互いに補い合うことで構築される世界に生きているのだという意識を、理屈ではなく、体験として培ってゆくのです。

アンデスの農耕社会には、アイニ、もしくはミンカと呼ばれる互酬関係にもとづき労働力を無償に提供するシステムが存在します。残念なことに、貨幣経済の浸透により、このシステムはかなりの程度崩れてしまいましたが。家屋の新築や作物の収穫時など、家族では人手が足らないときに村人が作業を手伝います。それに対して、労働力の提供を受けた側は、食事やトウモロコシの発酵酒であるチチャをふるまうなどして返礼しますが、労働の対価として金銭を支払うのとはニュアンスが異なります。仮に、提供された労働力を市場の金銭価値で換算したとすれば、食事程度では決して見合わないものでしょう。

作業を手伝った側も、自分が必要な時に村人の助けを請うことになるのですが、そこには、恩を売っておけばいずれ有利に働くであろうといった、打算的な損得勘定は限りなく稀少なわけです。お年寄りや身体の不自由な人など、返礼を期待できない人びとに対しても、アイニの意識に基づいた労働力の無償提供が当然のこととして行われます。

もっとも、アンデスの民が博愛の精神に満ちたすばらしい民族であるがゆえに、アイニのようなシステムの構築が可能だというわけではありません。たとえば、親や兄弟に対してならば、金銭や財を共有することになんのためらいもないと思いますが、その意識が村人にまでおよんでいると思ってもらえばわかりやすいかと思います。私たちは、地縁や血縁にもとづいて、近代のそれよりも広範におよぶ家族の意識を持ち合わせているのです。しかしながら、このような理想的人間関係は、今日の貨幣経済の浸透により往々にして崩れ去りつつあることを、繰り返し述べておかねばなりません。

もうひとつ、ファエナについて言及しておかなければなりません。ファエナとは、スペイン語で村人総出の共同作業を指すのですが、ファエナは、単なる公共事業の枠組みに留まらない、アンデス独自のゆたかな精神世界の発露であるといえます。なかでも、毎年八月頃にアンデスの各所において執り行われる「水の祭り」は、その象徴ともいえます。

アンデスでは、雨期の始まりを前に、土地を耕し種を蒔くために水路から水を引き込むのですが、そのために村人総出で灌漑用水路の掃除と修復作業を行います。作業はまず、水源となる沢のほとりに供物を備え、大地の神パチャママに対して来る年の豊穣を祈ることからはじまります。そして、作業と並行するかたちで、人びとに食事や酒が振る舞われ、音楽を奏で、踊り舞うことで盛大な祭りが執り行なわれるのです。

人びとは、ファエナに参加することで、村の共有材の獲得や維持に留まらず、自然や神々との一体感を通した精神的な充足を得ることになります。そこには、同じ作業であったとしても、賃金の獲得のみを目的とした公共事業への参加とはまったく異なった意味合いが、個人や集団にもたらされるのです。

ファエナの習慣は、地方から流れ出た大量の移民によって形成される、リマをはじめとした沿岸部都市周縁に遍在する低所得者居住区においても、生きた文化として引き継がれています。地方からの移民たちの多くは、都市郊外にひろがる不毛な大地を占拠することで、まったくのゼロの状態からまちづくりをはじめてゆきます。

不法に占拠した土地が行政から居住区として認められるまでは、道路や集会所といった生活インフラを住民みずからのちからで整備してゆくのですが、そこにはまさに、ファエナのシステムと精神が踏襲されているといえます。

このように、アンデスやアマゾンで培われた協働や相互扶助の文化が、かたちをかえつつも都市部において息づいているという事実は、私たちの文化が、ただ一方的に消費経済の浸食を受けて飲み込まれているだけではないという、ひとつの証でもあるといえます。

このようにして、アンデスにおける子どもたちの表象や役割、または「労働」をめぐった世界観は、近代西洋社会がもつ諸概念とは相容れないものであるということを、理解してもらえればと思います。それぞれの暮らす自然環境に即して、いかに多様なコスモビジョンや人間関係が、この地球上において構築されてきたのかということを意識的に知ろうとしない限り、自分とは異なる「世界」に生きる人びとを無自覚のうちに否定し、排除する側に回ってしまってしまいかねないということを、心に留めておかなければなりません。この認識は、働く子どもたちの運動を理解する上でも同様に不可欠であると、私は思うのです。

クシアノビッチ　昔、当時のマントック代表であったファン・ゲバラという子が、チチカカ湖畔にあるマクサニという村に、子どもたちの生活環境を知る目的で訪れたことがある。ファンは、働く子どもの価値について、組織することの大切さについて、村の子どもたちに向かって演説をぶったわけだ。すると、村の子どもたちは、こいつは何を言っているんだという怪訝な顔をして、ファンをみはじめたんだ。な

（一二五頁の写真）
祖母カラヤ・アヤクチョと話し合うタニア・パリオナ。二〇一五年一二月、郷里のアヤクチョ県カジャラ村にて。祖母は二〇一六年五月に亡くなった。

にを言ってるんだ、お前は。世の中に働かないヤツなんているのかい？　僕たちは、そんなことを言われなくとも毎日普通に働いているよ、それが生活だろう？　組織するって？　お前たちには、村もなければ、仲間もいないのかい、って。

つまり、ファンが斬新なアイデアとして息巻いて話しに行ったことが、アンデスの子どもたちにとっては、なにも目新しいことではなかったわけだ。マントックの子どもたちの考えは、違うかたちですでに存在していた。これは、ファン個人にとっても、マントックにとってもとても大事な体験だった。この体験を通して、マントックの言説や行動は、都市の貧困のなかで闘う子どもたちの中で生まれたものであって、生きている現実が異なるアンデスの農村では、通用するものが少ないということを知った。斬新だと思った自分たちの言説が、農村では当たり前なんだということを知らされることで、都会では、労働の意義や子どもの在り方が、どれだけ蔑まれているのかということに気づくきっかけにもなったんだ。

マントックは、運動結成後一〇年が経った一九八六年になってはじめて、アンデス山岳部の都市、アヤクチョのウワマンガにリマ以外の拠点をもった。だが、ウワマンガは、アンデス世界への入り口ではあるものの、農村ではないよね。結局は、独自の文化を色濃く残す豊潤なアンデス世界と直接に接し、新たな価値観を運動の中へ取り込んでゆくまでには至らなかったわけだ。

ごく近年になって、インファント－永山則夫がアマゾンの都市、イキトスで活動を展開するようになった。これだってまた都市なわけだが、河沿いに移住してきた先住民の子どもたちと活動を通して関わり合うことで、完全なかたちではないにしても、アマゾンという新たなコスモビジョンに触れる機会を、子どもたちの運動は獲得している。西洋のそれとは異なる、独自の世界観に生きる存在と出会うたびに、子どもたちの運動は、その言説と行動において進化し続けることになる。それは、子どもたちだけに限らず、運動に関わるわれわれ大人にとっても終わることのない学びのプロセスなんだ。

タニア　学校が、「キョウイク」を通して西洋主観的な観念を子どもたちに押しつけることで、無自覚にもアンデスにおいて培われてきた叡智の破壊に加担してしまっているという現状を、私は由々しい問題として捉えています。

村で日常的に行なっていること、沢の水を汲んだり、家畜の世話をしたり、畑仕事をしたり、そういったことが悪いことなんだという意識を学校で植えつけられることで、子どもたちは混乱してしまいます。農作業への参加が、子どもたちのまなぶ権利を奪っているなどという教師さえいるのですから。また、親たちの多くも、充分な学校教育を受けることなく街に出て、不等な扱いを受けることで屈辱を味わった世代ですから、教師たちと一緒になって、自らの存在や文化を否定し、子どもたちを学校へと押しやる傾向にあります。

現代教育が、あらゆる問題を解決してくれる万能薬ではないし、学校に通わなかった人間がまったくの無能だなんて、どうしてそんなことが言えるのでしょうか。村人の多くは、農業の知識に長けているし、家畜の育てかたもよく知っている。そしてなにより、自然に対する畏れや感謝の気持ちを失うことなく、近代のそれよりも遥かに豊かな精神世界を生きています。これら長きに渡って培われてきたアンデスの知性を、学校に通うことで習得できるとでもいうのでしょうか。

多くの子どもたちが、学校に通いはじめた途端に自分たちのあり方を否定される。アイデンティティの構築期にある子どもたちの心は、大きく揺らぎます。その結果、子どもたちは村に誇りを感じなくなり、遅れた村から離れたいという想いを強めてゆくのです。もっとも、教師の側にはなんの悪気もなく、むしろ、将来、街に出た子どもたちが辛い想いをすることのないよう、しっかりと教育を施して送り出してあげることに一生懸命なんだと思います。

私は、自分の村に戻るたびに、積極的にお年寄りとはなしをするように努めていますが、まさに、お年寄りたちの心配事はこの問題に集約しているといえます。なぜ若い子は、畑で働くのをいやがるようになったんだ。なぜ若い子は、わたしたちのすることを恥ずかしがったり、バカにしたりするようになったんだ。いったいなにが起こっているんだって。わたしは、学校なんて一度も通ったことはない。

けれども、今の子どもたちは、学校へ通えば通うほど怠けものになってゆくじゃないか。わたしが子どもの頃は、なんでもテキパキと親たちの仕事を手伝ったもんだよ。親が畑に行っている時は、家畜の世話をしたり、弟や妹の面倒をみたりして、空いている時間はいつも何かできることを探したよ。今の子どもたちは、ほんとうに変わってしまった。

今は、ほとんどの村に小学校があり、中学校もなんとか通える範囲にはある。けれども、それ以上の教育を受けたければ、街へ出て行かなければならない。親たちは、一緒に暮らしているうちは、食べるくらいはなんとかしてあげられるけれども、街で暮らすお金を工面してやることなどできない。だから、街に出た若者は、働きながら学校へ通うという生活を余儀なくされます。しかしながら、街に出た大半の若者たちには、街で学び得たものを村の発展に還元するといった意識はなく、専門を身に付け人並みの給料がもらえる職に就くことが、彼らにとっての最大の目標になります。そして、都会の生活へ順応してゆくに従い、生まれた土地に対するアイデンティティが無自覚の裡に揺らいでいきます。

しかしながら、若者たちにとって、好奇心や将来に向けた自由な選択の可能性を押さえ付けてまで村に留まり続けることは、大いなる苦痛が伴うということも、私は充分に理解しています。このようなテーマについて話し合うたびに、村の仲間からいわれるんです。ねえタニア、あなたはそんなことをいうけれども、結局のところ運良くいろんな教育を受けてこられたからこそ、今のあなたがあるわけでしょ？ 村に何があるっていうの？ あなたは、村を出たからこそ自分の想いを実現できたわけじゃない、って。それを言われると、私も返すことばがないのですが。

クシアノビッチ　学校教育が農村で引き起こしている問題は、まさにペルーの社会学者、アニバル・キハノが、「帝国の戦術」という概念を用いて説明している現象と符合している。人間は、こんなにも大勢に従いやすい存在であるがゆえに、一見して魅力的な支配する側の主観に相手を引き込んでしまえば、あとは放っておいても自己を否定し、征服する側の主観に取り込まれるようになる。親みずからが、自己のあり方や文化を否定し、無批判に子どもたちを学校へ差し出すようになるというのは、まさにこのパターンに当てはまっている。その意味において、学校というのは、あまたの世界を破壊しこの世から葬り去ってきた共犯者であることは疑いの余地がない。

タニア　しかしながら、都市に移り住んだ若者のすべてが、先住文化に対するアイデンティティを完全に捨て去ってしまうわけではありません。アマゾン・アンデス世界にルーツを持つ彼らが、ジーンズをはいたり、携帯を持ちたがったりと消費社会を享受すること自体は、何の問題もないと思うのです。むしろ、都市での生活を、自己の文化を見つめ直す機会として肯定的に活かしてゆくことも、村落における消費社会への抗いと共に重要なことではないかと考えています。

ただ単に、自分たちの祖先の文化を懐古して称揚するだけの行為に留まるのであれば、地球上における多様な物質世界や精神世界の存在に対する認識と理解が著しく欠損した、自民族中心主義者に堕してしまいかねません。その意味でも、今後はアフリカやアジアといった私たちから遠く離れたところに暮らす人びととも交流を深めることで、新たな叡智を学び得てゆく必要があると思っています。

クシアノビッチ　もうこれは、五〇年以上前のはなしだが、君の話しているテーマは、アンデスから女中として働きに街にでてきた大勢の女の子たちが直面した体験そのものなんだ。女の子たちに、リマにきて何が一番辛かったかと聞いたとき、三つ編みを切れと言われたことだといったことを、私は今も忘れることができない。

リマのような人種差別主義に満ちた街において、どのように差別的な攻撃から自分のこころと体をまもり、抵抗し、自己を保ち続けてゆくのか。街へ移り住んだ女の子が、髪を染めたり、背を高く見せるためにハイヒールを履いたりすることは、都会での差別から身を守るための無意識の手段と捉えることができる。しかしながら、そのことが結果として、自らのルーツとなる文化を捨てることにも繋がってゆくのだが。

タニア　街に出た人の中には、村に帰りたくても帰れない人たちがいます。街では、村とはまったく違った都会での暮らしに身を置きながらも、なんとかふるさとを思い出そうと音楽を聞いたり、同郷人が寄り集まって村の守護聖人の祭りを開いたりと、自分の一部であったものを失わず、保ち続けようとする姿もみられます。

最近では、ことばを学び直して自己のルーツを辿ることで、祖先の文化をアイデンティティとして取り込んでゆこうとする若者たちもみられるようになりました。また、以前のように、自分の出自を隠すことなく、むしろ誇りに思って話す人たちも増えてきています。これは、以前では考えられなかったことです。その意味においては、なにか、新しい空気が生まれているような気がします。

先住民が、時間が止まったかのようにいつまでも同じ生活様式や文化を維持し続けているわけはなく、現代社会との接触によってめまぐるしく変化を続けています。私たち人間は、日々新たな人びとと接し、互いに影響を及ぼしあうことで成長を続けゆく存在です。文化が人間による日々の自己表現そのものだとするならば、文化そのものも生きているわけですから、かたちを変え続けるのは当然なのです。

クシアノビッチ　今後は、西洋社会とアンデス世界を、不純なものと純粋なものというように区別してしまうのではなく、互いの良い部分を選択し、融合させてゆくことによって、自らがルーツを持つ物質世界・精神世界をより豊かなものへと変容させてゆく努力が必要となってくるのではないかと思う。

タニア　まさに、その意味において、いくつかの先住民共同体において、西洋の知性を用いて自らの文化をより豊かなものへ変えてゆこうという試みが進められています。たとえば、コロンビアのアンティオキア大学では、先住民共同体に出自を持つ教授らよって、「大地の母の教育学」*なる学科が新設されました。この学科では、先住民の叡智を体系化・理論化することで、まなび、習得するための科目が幾つも作られました。先住民の叡智と近代の知性とを融合させることによって、あらゆる専門分野から得られる技術を、先住民共同体の発展のために充てようとしているのです。ほんとうに画期的なことですよね。

アルコール依存者の増加やマチスモと呼ばれる男尊女卑の問題などは、西洋の侵略によってもたらされたのではなく、アンデス社会が抱える固有の問題です。このように、私たち自らが共同体の良き側面を破壊している部分も往々にあるわけですし、それを自覚し正してゆくことができるのは、共同体に暮らす私たち以外の誰でないと思います。

この意味において、先住民共同体にユートピアを求め、神話化し、理想化することは間違いであると言わねばなりません。私たちの属する文化において、かたちを変えつつも残してゆかなければならないものは何なのか、そして、これらの良い側面を次代に繋いでゆくために不可欠な、私たちの内なる闘いはどこにあるのかということを、同じ共同体の仲間内で語り合い続けなければならないと、私は思っています。

大地の母の教育学　コロンビアは、他のアンデス諸国に比べて、総人口に占める先住民族の比率は低いが、一九六〇年代から、先住民族の復権運動が目覚ましい展開を見せていた。詳しくは、本群書第一八巻のビクトル・ダニエル・ボニーヤ『神の下僕かインディオの主人か』（現代企画室）の解説を参照。これは、アマゾン地域でペルーと国境を接するコロンビアに入り込んだカトリック教会による、先住民族に対する驚くべき搾取・虐待の実態を描いている。なお、インターネット上では、アンティオキア大学に設けられた学科「大地の母の教育学」の様子を見ることができる。http://pedagogiamadretierra.org/

働く子どもの運動が持つ独自の行動理念である「プロタゴニスモ」にみられるような、社会の行動主体としての子どもたちを認識し、子どもたちの発言に真摯に耳を傾けることでより豊かな社会の構築に活かしていこうといった意識は、残念ながらアンデスの共同体においても欠落しています。もっとも、都市の子どもたちに比べれば、農村の子どもたちにはより主体的な行動と発言が許されていますが。

これは、都市と農村に共通していえることですが、大人たちは、子ども独自の受け取り方、感じ方、見つめ方があることを完全に忘れて、自分が見て感じるのと同じような世界に子どもたちも生きているのだと錯覚しがちです。子どもは、一つの個として、自己の考えや価値観に従いながら、失敗を繰り返すことでまなび成長してゆく存在であるという、自分に置き換えてみれば当然のこととして理解できるようなことを、子どもと接する際には忘れてしまっているのです。

以前、私の友人が、アヤクチョのある農村の学校で、ホセ・マリア・アルゲダスの『ヤワル・フィエスタ』*の映画を上映したことがあります。すると、一人の教師が、子どもたちの前で批判めいた口調でこう言ったそうです。なぜあなたは、今さらこんなビデオを子どもたちに見せたりするのですか。これは、遠い昔に起こった現実であって、今の私たちには関係のないことばかりじゃないですか、と。すると、ひとりの女生徒が唐突に言ったのです。先生、映画の中でやっていることとまったく同じことが、村でもしょっちゅう起こっているじゃないですかって。

「キョウイク」を受けて一角の大人でいたつもりの教師が、現実を客観的に見る目を失ってしまい、そのことをみすかした子どもたちにいとも簡単に批判されてしまったわけです。ときとして、子どもたちの方が、現実に対してより理性的な判断を下

『ヤワル・フィエスタ』　このケチュア語の原題は『血の祭り』を意味する。原作は一九四一年に出版されている。現実のアンデス世界で有名な闘牛は、牛とコンドルの戦いだ。牛はスペインから持ち込まれ、コンドルはアンデスの象徴だと気づけば、この闘牛に込められた意味が理解できる。アルゲダスはここで、先住民と荒牛を戦わせる〈フィクション〉を創り出している。ペルー社会が抱える「民族」問題は、このメタファーから何を読み解くかにめぐって作品の評価が二分されるような、厳しさがあるのだと言える。日本語訳は現代企画室刊。

す力を持っていることがあります。まなびとは、大人から子どもに対して一方的に与えるものだといった思い上がりが、子どもたちとの対話をさえぎり、大人にとって貴重なまなびの機会を奪い去ってしまうのです。

クシアノビッチ　四〇年にわたって経験を積み重ねてきた働く子どもたちの運動は、今まさに転換期を迎えているといえる。「労働」ということばが、この複雑かつ多様な子どもたちの行為を表現しきれなくなっているのであれば、「労働」ということばによって、これら多様な行為の意味を減じ歪曲してしまっているのであれば、子どもたちの運動から「Trabajo ＝労働」ということばをはずして、あらたなことばに置き換えてもよいのではないかということを、いま仲間内で話し合っているところなんだ。

運動が拡大してゆくに従い、アンデス、アマゾン世界との出会いを通して、この場合は再会というほうがふさわしいのかもしれないが、われわれは「働く」という行為の再定義を余儀なくされてきた。今後においても、都会のそれとは異なる子ども観や労働観に積極的に触れ、独自の物質世界と精神世界の生産と再生産を繰り返す存在と出会い、解け合うことによって、子どもたちの運動がさらなる深みを増してゆくことを多いに期待したい。

第三章　働く子どもたち

——それはスキャンダルか、憐れみの対象か、尊厳ある存在か

一　働く子どもたち、それは二〇世紀末の特筆すべき社会問題

働くということ、それは僕たち子どもにとっての権利なの？　それとも、呪われているの？（ペルー、一一歳の子ども、一九八七年）

一つの社会現象としての子どもという存在

これは、倫理的・空想的・政治的な性格をもつ社会問題である。もしわれわれが、機関誌『ナッツ（ＮＡＴｓ）』*でしばしば取り上げられるように、「路上で物売りに励む子どもやストリートチルドレンと呼ばれる子どもたちが、どんな事情でそのような境遇に身を置いているのか」を理解したいのであれば、それぞれの子どもが働くに至った経緯やエピソード、個人史などを明らかにする分析視角を持つ必要がある。つまりは、「働く子ども」という、この実に複雑なモザイクを構成するピースの一つ一つを丁寧に拾い集めていくことが不可欠となる。

しかしながら、ただ単に働く子どもたちの抱えるコンテクストを分析し、描写するだけのレベルに留まるのであれば、「児童労働」というこのきわめて重要な社会問題に対して議論が交わされている今日において、「働く」という行為に子どもたちが感じ取っているアイデンティティを理解し損なう恐れがある。それは、まさに、木を見て森を見ずの

機関誌『ナッツ』　ＮＡＴｓは Niños y Adolescentes Trabajadores（働く子ども・青少年たち）の略語。クシアノビッチのほか、イタリアの教育学者ジャンジー・シボット、ドイツの社会学者アンフレッド・リーベルらが中心になって一九八六年に創刊した論集。不定期刊だが、ラテンアメリカの働く子どもたちの生活環境、教育、権利、社会政策などを論じて、課題の共有化に努めている。

状態となろう。

あらゆる人びとにとってインパクトがあり、際立った特異性を持つ社会問題ではあるが、この現代文明社会において重要視されることのない働く子どもたち。そんな彼らを取り巻く世界レベルの情勢に関する大まかな描写を、本稿を通して試みてゆきたい。

一九世紀後半から二〇世紀初頭にかけて、すなわち、ひとつの世紀が終わり新しい世紀が始まる時期の産業革命の中で、労働問題は、新たな経済的・社会的・政治的・文化的・イデオロギー的特徴を伴った現象となって、立ち現れた。このコンテクストにおいて、資本と労働の関係があらゆる状況を特徴づけ、階級闘争という場を用意し、渦中にあるそれぞれの集団の利益を守るための組織化の過程が進んだ。労働問題は、きわめて明確なかたちで社会問題の核となった。

ラテンアメリカに見られる児童労働という社会現象は、他の地域でも同じだと思うが、新たな世紀を迎えるに当たっての、大きな社会問題である。社会問題というのは、ある国民の生活の一側面にすぎないという特異な問題なのではなく、より全体性の高い問題であり、つまりは社会的な構想と歴史的な提案の中核をなすという意味である。社会的なものとは、生命を保障するもの、集合体の存在意義そのもの、文化的再生産と歴史的アイデンティティの整合性、経済的側面を促進するものなどを指す。一言でいえば、社会的なものとは、一人ひとりの個人の生活を集団的に映し出したものであるといえる。

この新たなコンテクストで、多くの国々が、そして、これら諸国の圧倒的多数の人びとが耐え忍んでいる社会問題は、われわれの将来に暗雲をもたらす従属・低開発・貧困・悲惨な諸状況として、多面的に現れている。この意味において、働く子どもたちがラテンアメリカ地域における社会問題の核を構成していると断言することは、これら幾百万の働く子どもたちの置かれた境遇が、無視することのできない倫理的問題であり、ユートピアの希求や政治の責任に関わる事柄だと強調することと同義である。

働く子どもたちが、いわゆる発展途上国に集中して存在していることは、この現象が、ごく僅かな人びとにのみ富をもたらし、残りの大多数を貧困へと追いやる、昨今のグローバル化された構造となんらかの連関を持つということを意味する。したがって、発展・正義・公正・生活条件の改善の名の下になされる諸活動の根底に流れるものを問い直すことができれば、子どもに関するあらゆる言説、なかでもとりわけ働く子どもに関する言説は、倫理的な言説へと転化しうるであろう。なぜなら、倫理とは、疎外された者、排除された者、存在価値を否定された者、取るに足らないと見なされた者たちの中から生まれ、われわれの確信を、絶対的だと思い込んでいるものを、絶対化されたものを、問い質すものだからである。だが、それは問い質すのであって、裁くのではないことに留意しよう。

働く子どもという現象は、われわれの理解する限り重要な倫理的問題であり、いままでにないかたちで物事を進めていく可能性を引き出し、社会に大きな変革をもたらすような提言のみならず、より具体的で個別の事象に対してもオルタナティブを構築する可能性を引き出してくれるものである。

しかし、われわれが社会全体として何をなすべきかを深く問うたとしても、そこに、人びとの期待に新たな形と内容を与えるような、ユートピアへの志向も、想像力の飛翔も、概念上ばかりではなく人間の感受性を含めた地平の拡張も見られないのであれば、それは不十分なものとなろう。

子どもたちの置かれた状況に応答するのは、政治の意思の問題だと言われてきたことには道理がある。子どもに関するあらゆる言説、とりわけ働く子どもに関する言説は、普遍化できない私的言説として理解されるべきではない。子どもを一つの社会現象とみなさずに、子どもの抱える問題を個別のものとして捉え、私的領域に閉じ込めるときにのみ、そんな言説が可能になる。

働く子どもの問題は、政治の意思のみならず、この問題が政治的・公的問題として理解され位置づけられることを求めている。これが、われわれの理解するところでは、子どもの権利条約がいうところの「子どもの最善の利益」を引き受けるうえでの、解釈の要をなすものである。実際、法解釈学者たちは、子どもの最善の利益とは具体的に何を意味するのかを定義するに至っていない。われわれは、「子どもの最善の利益」を、子ども全体にとっての、したがって一人ひとりの子どもにとっての最善の利益であると捉える。したがって、子どもの最善の利益とは、社会と共同体にとっても歴史的重要性をもつ利益と合致するものである。働く子どもたちを一つの社会現象として捉えることは、それぞれの子どもが持つ個別性を減じることには繋がらない。むしろそれは、子ども一人ひとりを丁重に扱うことをよりいっそう要求することになる。なぜならば、一つの社会現象として捉えると同時に、一つの個として尊重することによって、子どもは私物化されなくなるし、社会的に見えない存在となることを免れ得るからである。

このような問題の広がり、倫理、ユートピア、政治――これらのいずれか一つに対してでも正しい認識がなされないならば、われわれは、哀れみ主義や歴史的ペシミズムの立場に陥ってしまうだろう。それればかりか、子どもの問題、なかでも働く子どもの問題をごく少数が抱える特異な問題として片づける立場に与してしまうことになるだろう。

貧困の蔓延と働く子どもの爆発的増加

ラテンアメリカにおいて、貧困こそが、家族の窮状を少しでも和らげるために働きに出ざるをえない子どもたちを生み、増やしている原因であり、そのことを指摘しない研究者などいないであろう。貧しい者たち、または近年の経済危機や構造調整*の煽りを受けた者たちは、今日、鬱積する貧困と惨めさの中、さらなる苦境に立たされている。

貧しさについて何かを語る際には、社会の開発モデルについての言及は避けられない。それは、そのモデルが福利厚生や幸福を得るために本当に効果があるのかを問い質すことであり、国家計画に盛り込まれた価値基準や既存の国際経済秩序に疑いの目を向けることを意味する。

貧困こそ、多くの国々が抱える最大の課題であり歴史的挑戦であり続けたことに、疑問の余地はない。しかしながら、資本主義、社会主義のいずれもが、貧困に対して真の解決をもたらすことができなかった。貧困という問題をめぐっては、異種混交性と生活の崩壊の度合いが刻み込まれた、社会的・文化的・経済的・政治的地図がつくられることで、個別の過程が明らかになる。この第一の地図には、富の分配地図を付け加えなければならない。実際、貧困からこそ、いくつもの問いかけが設定されてきたが、それは単なるレトリックに終わるものではなく、われらが地域で行なわれている経済政策の経済的な合理性を問うものである。

人間にとってもっとも陰惨な貧困とは、おそらく労働の貧困であろう。つまり、そこでは、人間の労働がその本質を失い、堕落してしまうからである。この意味において、児童労働は最悪で悲劇的な表現のひとつであろう。倫理と経済と労働がうろこ状に錯綜

構造調整　一九八〇年代、対外債務を抱えた南の諸国に対して、世銀などの国際金融機関が押しつけた開発モデル。国営企業の民営化、公務員削減、金融の自由化、規制緩和など新自由主義の教義を強要し、〈南〉の貧困問題の解決をいっそう困難にしている。

している現状こそ、こんにち人類が関わっているこの問題の本質を見極めるべき場所を提供している。われわれには、これを基軸として、政治、政策、理論的な枠組み、グローバルな構想などを、改めて問い直していくことが求められている。

いわゆるインフォーマル経済*の驚異的成長が指し示しているのは、極小規模の表現でありながら、多くの人びとが生き永らえている、かつ自らが市民であり、社会的なアイデンティティと文化的生産を特殊な形でではあるがそこで担っているという、経済的・社会的・文化的・政治的空間を形作っている、ということである。現行の経済システムは、なんらかのかたちで成長を続けている場合も含めて、同時進行で成長を続ける失業問題に歯止めをかけることもできなければ、その理由を説明することすらできない。それでいて、労働市場は、人びとの独創性、相互扶助経済、いわゆる大衆経済の躍動、「裸足の経済学」*などに貧困の解決を押しつけている。しかしながら、インフォーマル経済は、――当然蔑むことなどできないが――蓄積と余剰の創出に関しては僅かな力しか有さないものである。

さらに、多くのラテンアメリカ諸国でみられる、再分配の手段としての政治経済政策を放棄し、公平な富の分配を否定し、急場しのぎの社会政策を介して構造調整により生じた弊害の埋め合わせにばかり力を注ぐような傾向も見逃してはならない。今日、構造調整プログラムは、貧困の緩和に向けた施策としては不充分で、信頼性や戦略的能力に欠けたものであることが実証されている。

近年のラテンアメリカ地域における児童労働の爆発的増加は、当然のごとく貧困の爆発的増加と一致し関連性を持つものである。貧困が、働く子どもの増加を説明する構造的要因の一つであるからだ。むしろ、われわれに驚きをもたらしているのは、近年にお

インフォーマル経済　行なわれている経済行為が国家の指導や規制の管理下にはなく、国家統計にも反映されないもの。露天商、行商、資源再利用のためのゴミの収集などの「地下経済」ないし「闇市」的なもの。〈南〉の貧困層が従事できるのは、この種の仕事である場合が圧倒的に多い。

裸足の経済学　チリの経済学者、マンフレッド・マックスニーフはペルーの「シエラ」の貧民窟で出会った極貧の男を前に、言うべき経済学の言葉を失った。メタファーとしての「裸足の」経済学の試行錯誤を彼は始めた。新自由主義はもちろん、経済学的「常識」を厳しく批判し、あるべき経済学の模索を続けている。ネット上では、「デモクラシー・ナウ！　ジャパン」の「裸足の経済学」を検索すると、このタイトルのブックレットのダウンロードが可能である。

ける働く子どもの量的増加だけでなく、この現象が抱えている新たな本質である。近年にみられる諸研究が――それらの多くは、すべての問題領域を包摂してはいないが――、この事実を明るみに出している。

①農村部同様、都市部における働く子どもの絶対数の増加は、各家庭の生活条件が著しく崩壊していることを表している。

②しかしながら、新たに労働に従事することとなった子どもたちのすべてが、必ずしも貧困家庭から出ているわけではないことが、少なからず確認されている。実際、少なくともペルーにおいては、急激な構造調整の煽りを受けて著しく減少した中産階級からも、働く子どもたちが出現している。その一例として、七〇年代半ばより増加した、首都へと移民し、家政婦業に従事する女児たちを挙げることができる。

③労働へ参入する子どもたちの多数を占めるのは、年端のゆかない年少者ではない。

④たとえ、年少の子どもたちがより労働に従事しているわけではないとしても、働く子どもの多くが極貧家庭の子どもたちであるというのは、疑いようのない事実である。彼らの外見や服装は、人びとから哀れみをかい、危険な存在であるという感情を抱かせる。その結果、彼らに対する差別や、強権的な児童労働根絶主義者の姿勢を正当化させることになる。

⑤近代経済における子どもの雇用労働者の相対的減少とは対照的に、社会保険やその他労働による社会からの便益を望めないインフォーマル・セクターに属し、自ら作り出した仕事に従事する働く子どもたちの劇的な増加は、彼らをより深刻な問題へと導いている。

あらゆる形態の労働市場においてみられる子どもの人口爆発は、現代社会を支配する経済構造、経済政策、開発モデル、経済戦略などと本質的に結びついている。問題は、一国における開発モデルが、社会を発展へと導き、貧困の悪循環を断ち切るだけのインパクトを実際に有しているのかということである。そして、同様に問われるべきなのは、それぞれの開発モデルが持つ、社会的・文化的・人道的・政治的能力についてである。

興味深いことに、社会は未だに子どもを犠牲者とみなす偏ったビジョンに固執し続けている。子どもをめぐる問題は、常に人間開発に関する報告書などで取り上げられはするものの、世界中に幾千万と存在する働く子どもたちが、経済的主体として法的に認められることは難しく、彼らの声がなんらかのかたちで各国の政策決定に反映されることすらない。特に、政府や国際機関の公式文書において、働く子どもたちの貢献を認めることは、子どもたちに対する悪行や搾取を擁護しているかのような語弊を生み出しかねないがために、容易なことではない。

働く子どもたちに関して論じる際には、働くということ以外に、年齢とジェンダーの問題を同時に扱うことを忘れてはならない。とりわけ、働く子どもに対するこれら三側面の統合的研究は、未だ不充分なかたちでしか行なわれていないといえる。これら三側面の統合的研究は、経済、開発、貧困に対する概念をより豊かなものへと変えてくれるだけでなく、貧困に対する闘いに挑み続けるための新たな枠組みを与えてくれることとなろう。

しかしながら、児童労働にアプローチする際のいかなる過ちも、分析と実践の構築と再構築という、終わることのない連鎖の始まりとは真逆の結果を引き起こす危険性を充分に孕んでいるということを忘れてはならない。

労働が抱える、現実的・日常的・具体的に鬱屈とした状況は、あらゆる知的・人間的エネルギーを用いて、世界の至る所でみられる非人間的な条件下での労働を拒絶し続けることを求めている。これを拒絶することなく、児童労働を何らかのかたちで賛美してしまうような状況に対しては、警告が発せられるべきである。

ゆえに、この章の巻頭を飾った、リマのシウダー・デ・ディオス市場で働く子どものことばは、彼にとってはそれが呪いの経験であったがゆえに、労働がひとつの権利であると捉えることに対する戸惑いとして、うめき声として、拒絶としての響きをもつのである。権利が貶められていることを認識していないこの呪いは、二重の意味において災厄である。われわれは、多くの人びとが、ある時には権利として、またある時には呪いとして、矛盾し互いに相容れることのないかたちで、労働を経験していることを知っている。この意味において、労働は、真の苦悶《アゴニア》――ギリシャの語源的な意味合いにおける――であり、同時にラディカルな闘いであるといえる。この呪いと闘い続けることによってのみ、自由・自律・アイデンティティを構築するための一要素として、自己の尊厳を保つための一つの要素として、働く権利を獲得することができるのである。

おそらくわれわれは、この弁証法の中に分析と実践の豊穣な結合を見出すことになるであろう。しかしながら、一方では児童労働根絶派として、他方では子どもの労働を擁護する存在として自らを位置づける者同士が、それぞれの解釈に基づいて、児童労働を呪いとして、または権利として言い争っているうちに、未解決の課題に向けられるべきエネルギーを霧散させてしまうことをわれわれは危惧している。

（一四五頁の写真）
観光客向けモデルを生業にするアンデスの子ども（クスコ）。義井豊撮影

働く子どもたちの、プロタゴニスモとしての登場

確かに、児童労働という現象は、工業化の出現とその初期的発展に特徴づけられたものであったが、現在のラテンアメリカ諸国にみられる児童労働という現象に関していえば、働く子どもたちによって組織された「主役であること《プロタゴニスモ》」が、脆く壊れやすいものでありながらも緩やかな萌芽を始めているという点に、その特異性を見てとることができる。

社会的主体による「プロタゴニスモ」の発露は、社会的空間・公的空間の獲得に向けた長きに渡るプロセスの結実であることに違いはない。だがそれは、同時に社会的アイデンティティの確立と、自己が担うべき社会的役割の認識と特定を経て生み出されたものでもある。われわれは、過去二〇年間において働く子どもたちによる運動体が担ってきた象徴的意味を再認識すべきであろう。

一九八八年のリマにおいて、ラテンアメリカ及びカリブ海諸国の働く子どもたちによる第一回目の会合が開かれて以降、一九九五年にボリビアのサンタ・クルスで第四回目の会合が開かれるまでの間、子どもたちは実に意義深い道のりを歩んできたといえる。国内レベルにおいても、ラテンアメリカ全体を見ても、これらのプロセスは依然として萌芽的なものである。しかしながら、これは、アメリカ大陸の子どもの歴史においても特筆に値する出来事であり、前例のない経験である。会合の実現は、緩やかなプロセスの結実であって、大人による操作や官僚主義に染められたボランティアによるものでは決してない。働く子どもたちによる「プロタゴニスモ」構築のプロセスは、ラテンアメリカ諸国において、かつて存在することのなかった新たな側面をもたらしている。

働く子どもたちによる「プロタゴニスモ」の体現を可能にした諸要因として、以下のも

「インディアス群書」通信 15

2016年10月

現代企画室

ペルーをめぐる断章

「インディアス群書」編集部

一

編集子がペルーのリマに数ヵ月間滞在していたのは一九七五年だった。四〇年ちょっと前のことだ。閑静な住宅街の、とある家庭に下宿していた。本書で、子ども労働に触れているアレハンドロ・クシアノビッチは、シエラ（アンデス山地）に生まれた、年端もゆかない子どもが、都会の中流や上流の家庭で「使用人」（日本の昔風に言えば、女中さんとかお手伝いさん）として働きに出るケースが多いと述べている。多くの場合は、女の子なのだろうが、私の下宿では違った。一四、五歳の男の子が働いていた。私が「トウキョウ」から来たことを知ると、男の子は、心底心配げに言った。「トウキョウは、いつも、怪獣にビルを壊されて、大変だね。大丈夫だった？」

彼は、「ウルトラマン」をテレビで見ているようだった。一九六〇年代～七〇年代の日本の学生の下宿などにはテレビはなく、私はテレビを見る習慣をほとんど身に付けることもなく日本を脱出していたから、実際にはテレビで「ウルトラマン」を見たことはなかった。しかし、放映開始から一〇年が経って、その評判と人気ぶりを聞く機会は幾度となくあったから、大体のストーリーは想像がついた。現実とフィクションの裂け目を知らず、そこに映し出されることを（本当のところ、半信半疑だったには違いないのだろうけれども）「真実」と受け止めているらしいアンデス山地出身の「初心な」少年の、心配の仕方を、私は、幼くもかわいいと思った。

どこの街でもそうするように、リマの書店・古書店をよく見て回った。本書にも登場する社会主義思想家、ホセ・カルロス・マリアテギの新書版全集（全二〇巻）や、作家、ホセ・マリア・アルゲダスの作品はできる限り揃えた。それは、帰国後（ずいぶんと時間はかかったが）マリアテギ論集『インディアスと西洋の狭間で』（本群書第一六巻）やアルゲダスの『深い川』『ヤワル・フィエスタ』を刊行するときに役立った。すでに過ぎ去っていた一九六〇年代の、反体制ゲリラ闘争の記録も、目につく限りは買い集めた。本書がいうように、一九六〇年代前半、「解放の神学」者であった若きクシアノビッチらのもとに、コロンビアの司祭、カミロ・トレスが「反体制武力闘争を一緒にやらないか」と勧誘に来たような時代である。カミロのようにその後戦闘で死んだ異国のゲリラの遺著も、ペルーでいえば、同じくゲリラ戦で死んだ詩人で、バルガス・リョサの親友だったハビエル・エラウドの詩集も、そしてELN（民族解放軍）の指導者で、獄中にあったエクトル・ベハールが執筆した敗北の総括の書も入手できた。同じ時期に私はボリビアの映画集団ウカマウのホルヘ・サンヒネス監督と知り合って、やがて帰国後の一九八〇年には、その作品『第一の敵』の自主上映運動を始めることになるが、六〇年代アンデスでのゲリラ闘争の経験から教訓を引き出そうとするその映画の重要なエピソードのひとつは、エクトル・ベハールの書から引かれていることを知って、不思議な「縁」を感じることになる。

いま振り返って、ペルーで買い求めた本でもっとも感慨深いものは、「アメリカニスモ」の辞典である。ペルー・アンデス最深部の街、アヤクチョは本書にもたびたび登場する。一九八〇年、反体制武装組織、センデロ・ルミノソが誕生したのはこの地であり、ここにこそそのもっとも重要な支持基盤はあった。本書の主人公というべき働く子どもたちが集うナソップ運動に関わり、二〇一六年の総選挙に左派「拡大戦線」から立候補し当選したタニア・パリオナが、三〇年前に生をうけたのもこの地である。四〇年前リマを離れてアンデス山地を歩いていた私は、このアヤクチョにも数日間滞在した。アヤクチョの街を歩いていると、小さな書店があった。書店と見ると、ともかく入ってみるのが長年の習慣である。私の気を惹くものはほとんどなかった。ただ、書棚の高い片隅に、他と雰囲気の異なる一冊の本が目についた。"DICCIONARIO DE AMERICANISMOS"であった。

植民者の言語＝スペイン語には、アメリカ大陸各地の先住民族言語に由来する表現が多々混じり込んでいる。イベリア半島では決して作ることのできないその辞典は、アルゼンチンで発行されていた。アンデスでいえば、ケチュア語やアイマラ語起源の単語が目立つ。アメリカ大陸に固有に生まれ〈スペイン語化〉した単語の辞典、それが「アメリカニスモ」辞典である。使う当てが具体的にあったわけではないが、もともと辞書というものが好きなので、買った。結果的に、それは役立った。想像を超えて。

まずは、先に触れたウカマウ集団の映画に字幕を入れるときに。その映画のスクリーンでは、アンデス先住民の母語が炸裂する。耳で聴きとった単語をこの辞書で調べた。大いに助けられた。その後も（今回のクシアノビッチの本も含めて）六〇〇頁近いこの辞典があってこそ、理解できたり、脚注を付すことができたりした箇所がある。

今回、クシアノビッチの本の翻訳者、五十川大輔氏と話していて、今はアヤクチョに住む氏に、この辞典にまつわるエピソードを話した。氏は即座に言った。「その辞典がアヤクチョの書店にあったのには、アビマエル・グスマンらの影響がありますね。一九七五年のことなのですから。」

アビマエル・グスマンとは、センデロ・ルミノソの創始者であり、イデオローグである。

彼らがいうところの「人民戦争」を開始したのは一九八〇年だが、その五年前の七五年当時は、グスマンはアヤクチョの大学の哲学教師として、地域の学校教師や学生などを集めて、読書会などを組織しながら、〈来るべき闘争〉に備えていた時期である。先住民色の色濃い土地で、住民の間に地主や役人に対する反抗心を煽るためには、何事にせよ先住民族の歴史・文化・言語・現状に関する関心を掻き立てるような工作が行なわれたことだろう。アヤクチョの小さな書店に、先住民の母語に由来する表現を集めた、専門色の強いアメリカニスモの辞典があったというのも、その影響だったろうという五十川氏の説明は、納得がゆくものだった。

さて、そのセンデロ・ルミノソの動きが、遠い日本にも伝わり始めたのは八〇年代半ばころだったろうか。まだソ連体制崩壊の前ではあったが、二〇世紀を特徴づける大きな出来事であった「社会主義の実験」はすでに「危機」に瀕していた。それが掲げた、資本主義の不正を正す理想主義的な夢にもかかわらず、実現したのは抑圧的な一党独裁体制、反対派を粛清するか、もしくは収容所に幽閉する暴虐、検閲で萎縮する文化表現……などの現実であることが、顕わになっていた。

社会主義と並んで、一時期目覚ましい展開をみせた第三世界解放の動きにも、混迷と停滞が、そして逆流さえもが目立っていた。ベトナムのカンボジア侵攻やカンボジアのポルポト体制下の恐怖支配は、その顕著なる一例だった。遙かペルー・アンデスから届くセンデロ・ルミノソに関わるニュースからは、ポルポト体制が彼の地で再現されているという印象を強く受けた。初心における「解放の思想」が、こうして、最悪の「抑圧の現実」へと反転してゆくのは、なぜなのか。

現実に訪れて、少なからぬ関心を持ち続けてきたペルーの出来事だけに、編集子にとっても切実な問題として迫ってきた。ペルー内外のすぐれた論考を編集し、それに自らの解説を付け加えて『センデロ・ルミノソ――ペルーの〈輝ける道〉』を刊行したのは一九九三年だった。そこでの主要な関心は、次のことだった。すなわち、センデロ・ルミノソの路線には共感を持つことはできない。だが、同時に、その「千年王国」的な思想に、土地の先住民農民、とりわけ女性たちが惹きつけられてゆく現実は十分に分析されなければならない、そこには重大な悲劇が孕まれているだけに、と。

二

ラテンアメリカへ向かう前には、各地のできる限りの情報に接するよう努めた。だが、ペルーに関しては、決して多くはなかった。インカ帝国を軸にしたアンデス文明もののほかには、前出のマリアテギ思想の紹介書、同じく先に触れたゲリラ指導者ベハールの獄中での総括文書をそれぞれ英語版で読んだ。加えて、政治組織・第四インターに属しつつ、クスコ周辺の先住民貧農の土地占拠闘争を率いるウーゴ・ブランコという人物が書いた冊子も読んでいた。第四インターは世界的な連携が取れた組織なので、そのメッセージは直ちに英訳されて、米国の同系統の出版社が刊行していたのだ。ウーゴ・ブランコは、私のペルー滞在時にはどこかへ亡命していて、会うことは叶わなかった。一九七四年、私が不在中の日本では、ウーゴの本が翻訳・出版されていた。『土地か死か――ペルー土地占拠闘争と南米革命』（柘植書房）である。

それから二〇年後の一九九六年、私はウーゴ・ブランコと、メキシコ南東部チアパスの、とある村の川べりで話した。その二年前の一九九四年一月、チアパスに住む先住民族はサパティスタ民族解放軍を名乗り、「反グローバリズム」の鮮烈なスローガンを掲げて、武装蜂起した。サパティスタの理論と行動は、グローバリゼーションの趨勢が世界を制覇することに疑問と批判を抱く、メキシコ国内のみならず世界中の人びとに深い刺激を与えた。彼らが発するメッセージでは、言葉・文体・視点、総じて「表現の革命」が試みられており、地域《ローカル》に根ざした視点から世界《グローバル》的な構造を批判し抜く立場も明快だった。クシアノビッチは本書で、グローバリゼーションの一つの具体的な表われとしてメキシコを巻き込んだ北米自由貿易協定に触れているが、サパティスタはまさにこの協定の発効日を蜂起の日として選んだのだった。サパティスタは、自らの蜂起が世界中に与えた衝撃に力を得て、九六年七月、「人類のために、新自由主義に反対する大陸間会議」を開催することを世界中に呼びかけ、自分たちが自主管理するチアパス州の複数の村でそれを開いた。日本からも私を含めて十数人が参加した（この時のチアパス紀行や、サパティスタ蜂起以降書き連ねていた一連の文章は、太田昌国『〈異世界・同時代〉乱反射』（一九九六年）に収められている）。

ウーゴ・ブランコもそこへ参加していて、或る日の休憩時間に私たちは偶然にも顔を合わせたのである。私たちは、サパティスタをめぐって意見を交わした。ウーゴは大要次のように言った。一九六〇年代のペルーで、私は指導者として農民に問題提起を行なって、闘争方針を示した。情報は指導部が独占して分析するのだから、誰も反対できない。それがいかに一方的な関係に基づく組織のあり方であるかということに、当時は気づかなかった。われわれの運動は、実のところ、民主主義を欠いていた。少数派の意見も十分に汲んで討議し、全体的な合意形成を行なうことよりも、早く決定することを急いだのだ。その点、サパティスタの合意形成の努力は目覚ましい。また、軍隊というのは本質的に非民主主義的な存在だ。サパティスタ軍とて例外ではない。だが、彼らはそのことに自覚的だ。武装が必要な段階にあって、それを自覚しているか否かは、決定的な問題だ。総じて、われわれが担った六〇年代～七〇年代の闘争の敗北を総括し、これを克服して新しい道を模索しているのがサパティスタなのだ、と。

私が展開してきたサパティスタ論とウーゴのそれとが、ほぼ重なり合うことに驚いた。彼は、若い日に依拠していたトロツキズムの立場がもはや有効ではないことに気づいていたようだ。このサパティスタ運動に関しても、私たちは、マルコス他『サパティスタの夢』（本群書第五巻）など幾冊もの本を出版してきた。

ウーゴに伝えたいことがあった。先の本でウーゴが、『深い川』の作家、アルゲダスに敬愛をこめて「先生《タイタ》」と呼びかけていることに深い印象を受けた、と私は言った。何者にも代えがたい師なんだよ、私にとっては、とウーゴは答えた。社会運動家、ウーゴ・ブランコと、作家、ホセ・マリア・アルゲダスの「接点」を知って、この世の広がりと深さを実感した。

いま、インターネット上で検索すると、ウーゴ・ブランコは"Lucha Indigena"（「先住民の闘い」）というウェブマガジンの編集長を務めている。六〇年代の闘争の地であったクスコ周辺の村に戻っているようだ。思えば、亡命の身であったボリビアのホルヘ・サンヒネス監督とウカマウ集団が一九七四年に『第一の敵』を撮影したのは、そのクスコ周辺の村であった。サンヒネスの話では、シナリオを創作するにあたって、前出ベハールの本に加えて、ウーゴ・ブランコの本も参照したという。重ねての言い方になるが、「縁」というものは、まことに不思議なことに、こんな風にして繋がっていくものなのだ。

三

メキシコのチアパスでウーゴ・ブランコと会ってから半年と経たないうちに、私は「別な貌」をしたペルーとみたび会うことになる。本書補章の「ペルーの働く子どもたちが永山則夫を知ったとき」で触れたが、一九九六年一二月一六日に在ペルー日本大使公邸占拠・人質事件が起こったからである。この占拠・人質事件は、フジモリ・ペルー大統領が鎮圧部隊の武力突入によって問題の「解決」を図った九七年四月二三日まで、およそ四ヵ月ものあいだ続いた。その間にも、また事後的にも、編集子はこの問題についての発言を続けた。それは、九七年八月に、太田昌国『「ペルー人質事件」解読のための21章』として刊行されることになる。

編集子の論点は、主要には、ふたつあった。ひとつには、日本のマスメディアは、その洪水のような人質安否報道の中で、このような政治的な性格を有する事件が起こるペルー社会の背景についてはほとんど関心を示さなかった。当時の大統領が日系人のアルベルト・フジモリであったこと、リマの日本大使公邸が事件の舞台であること、人質には多数の日本の外交官、駐在員、日系人が含まれていること――大量の報道がなされる要件はそろっていた。それだけに、事件が起きたペルーの政治的・社会的な背景にはまったく迫ろうとしない報道のあり方は、ヨリいっそう異常に思えた。

ふたつめには、「テロリズム」の事件をいかに解決するかという問題に関わってくる。多く見聞されたのは、次の意見である。大使公邸を占拠し、多数の人質を盾に要求項目を掲げたMRTA（トゥパク・アマル革命運動）が行使しているのは「テロリズム」であるから、一も二もなく非難に値する。これに対して国家（政府）が駆使するのは、仮に武力を伴う場合であっても、それは疑う余地もなく正当なものである――この立場に拠る人びとが、九七年四月二三日の、フジモリ大統領による武力「解決」の手段に喝采をおくったことは言うまでもない。これに対して、私は、国家（政府）が対外的に発動する戦争や国内的に駆使する武力弾圧を「国家テロ」と位置づける立場から、個人や少数派が駆使する「テロリズム」と「国家テロ」とを同次元で捉え、その双方を廃絶する道を求めなければならないと主張した。センデロ・ルミノソが行使した恐るべき暴力に対して、その鎮圧のために投入された政府軍もまた底知れぬ暴力の泥沼に落ち込んでいく過程は、本書でクシアノビッチも触れている。この時代を受け継いで一九九〇年に大統領に就任したアルベルト・フジモリも、占拠・人質事件が起こる九六年～九七年へと向かう過程ですでに、際限のない国家暴力をふるって反体制運動を弾圧した。

「テロリズム」を真に批判し、その廃絶を志すならば、「国家テロ」だけを都合よく批判の対象から外してはならない、とするのが私の考えであった。だが、現実にこの社会に溢れているのは、「テロリズム」を断罪し、「国家テロ」は称揚する言論である。国家は国家であるがゆえに、たとえ戦争に訴えても武力弾圧を行なっても正しい、という信仰がこの世を覆っているからである。フジモリ大統領の武力行使の直後に吐かれた次の言葉を見よ。「フジモリ氏の姿を見ていて、つくづく、われわれの祖先である侍というものの立ち居振る舞いとは、こういうものだったのではないか、と思います」（福田和也）、「フジモリ大統領は、まずテロリストと妥協しないという強い原理原則を内外に向かって鮮明にした。フジモリ大統領は〈将に将たる器〉にはちがいない」（山内昌之）等々……。

私は、この事件を契機に台頭した国家テロ肯定論が、その後の日本社会のあり方を大きく規定したと考えている。世界的に見るなら、四年後の二〇〇一年「9・11」に起こったニューヨークの世界貿易センター・ビルやペンタゴンに対するカミカゼ攻撃後の状況を重ね合わせることができる。米国はこの攻撃に対して「反テロ戦争」を発動した。米国がその近現代史において世界各地で思うがままに行使してきた戦争・暴力行為を顧みるなら、このような攻撃を受けて「報復戦争」に走るのはもっとも愚かな選択であることは自明のことだった。

それから一五年が経過した。アフガニスタンに対する一方的な攻撃から始まった「反テロ戦争」がどんな世界の現実をもたらしているかは、誰もが知っている。この戦争によって数知れぬ人びとが殺され、社会の基盤そのものも崩壊させられたアフガニスタン、イラクはもとよりアラブ世界全体が混乱の極地にある。反テロ戦争が作り出した「テロ行為」は世界各地に拡散し続けている。因果関係は、故意に目を覆わない限りは、誰の目にも明らかなのだ。

この点を頭に入れたうえで、再びペルーに視点を戻してみたい。大使公邸占拠・人質事件をめぐる喧噪の中にあって、わずか一件の新聞記事から「働くペルーの子どもたち」に注目した永山則夫の判断はきわめて的確かつ冷静なものであったことがわかる。永山の場合については、本書で十分に説明できていると思うので、ここでは、もうひとつ、忘れることのできない表現を取り上げたい。事件の終結から一年後の一九九八年、シンガーソングライターの中島みゆきは、「4．2．3．」という曲を作詞・作曲し、自ら歌った。これはアルバム『わたしの子供になりなさい』（ポニーキャニオン POCCA-01191）の中に収められている。「4．2．3．」とは、何度も触れている、フジモリ大統領の命令によって大使公邸への武力突入が行なわれた日付を日本時間の「四月二三日」で表わしたものである。中島は公演のための旅先のホテルで、この朝五時半にテレビを点ける。事件が発生して以降、日本のテレビ各局は連日、大使公邸を高見から展望できる場所にカメラを据えて、いつ、何が起こっても対応できるようにしていた。白く平たい石造りという公邸の外見は、誰の目にも見慣れたものになっていた。この朝は違った。公邸からは白い噴煙が上がり、爆発音が轟く。突入部隊と、公邸内部から逃げ出してくる人びとが入り乱れる。騒然たる状況の中で、実況中継していた各局のレポーターは、「人質が手を振っています、元気そうです、笑顔です」と絶叫する。他方、テレビ画面には、黒く煤けた兵士を運ぶ担架も映し出される。救出作戦に加わった兵士なのだろうが、胸元に赤い染みが広がっている以上、負傷したか、もしかして死亡したのかもしれぬ。だが、レポーターはその姿には目もくれず、「日本人の人質は全員が無事」とばかり叫び続けている。

中島は、ここから一気に「この国は危ない」と歌う。なぜなら、何度でも同じ過ちを繰り返す、平和を望むと言いながら、日本と名のついていないものには、いくらだって冷たくなれるのだから……と。慌てたときに、人は正体を顕わすね、とまで歌う。

私は、当時或る学生からこの曲のことを教えられた。早速CDを買い求めて、聴いた。この曲に賭ける中島みゆきの覚悟のほどを感じ取った。中島はここで、「テロリスト」であるゲリラには、一四人全員の死も含めて、一言も触れない。この事件について語る時には、前触れとして「テロリスト」を非難するというのが、マスメディアにおけるこの時期の暗黙の「流儀」だった。私の元にも多くのメディア取材があったが、テレビ・メディアは特にこの「流儀」に固執した。私が、「国家テロ」も同じレベルで取り上げて双方を止揚するための考え方を述べるというと、即座に取材を打ち切って引き上げた取材クルーは一局ではなかった。

中島みゆきは、疑う余地もなく、メジャーな歌手だが、「救出された日本人人質」と「救出作戦に従事して死んだ国軍兵士」を、日本のメディアがどう報道したか、という一点に絞って歌詞を作っている。日本人という枠内に閉じこもってしか喜怒哀楽を表現できない日本社会に、心底の恐怖を感じた歌詞がそこで生まれた。私は当時も書いたが、ペルー人質事件に関するものとしては、永山則夫の「遺言」と中島みゆきの曲「4．2．3．」が、メジャーでありつつ、もっとも「すぐれた」表現であったと思える。

ペルーの歴史・文化・現実を知るための踏み分け道を用意してくれる主役は、もちろん、ペルーのひとたちだろう。他方で、ここで触れた永山則夫と中島みゆきの場合を思えば、ペルーという外国で起きた出来事を介して、思いがけない発言や行為がこの社会の只中から生まれ出てきて、ペルーとの新たな出会いを用意してくれた。これもまた、大きな意味をもつと編集子は思う。

（文中で触れた書名で出版社を記していないものは、すべて現代企画室刊）

＊＊＊

【編集部から】この群書の刊行が長らく中絶していたことを改めてお詫びし、今後数年以内の完結を期します。

のが挙げられよう。
①社会的・政治的アクターとしての大衆組織の台頭。
②多くの働く子どもたちが属する大衆層による、生存を賭けた闘いを通した「プロタゴニスモ」の体現。
③住民の日々の生活の中で組織された女性大衆による「プロタゴニスモ」の体現。
④過去一五年間に渡る子どものための社会運動の存在、および子どもの権利擁護においてそれらの運動がもたらしたインパクト。
⑤一九七〇年代にペルーにおいて誕生したマントックのような働く子ども主導の組織が得た萌芽的経験と、大人たちの理論的省察を伴った運動への同伴。

特筆すべきことは、これらすべてのプロセスが、留まることをしらない貧困拡大の渦中で、しかも、暴力が蔓延する中から生み出されたということである。加えて、この大衆的「プロタゴニスモ」は、多様な集団がそれぞれに組織を結成することを通して産み落とされた現象であることを指摘しておきたい。この意味において、人目を引くために派手に着飾った芸能人などを指す場合に日常的に用いられる「主役《プロタゴニスタ》」とはまったく異なる性質を有するものである。われわれは、映画で用いられる語彙、また舞台や映画のスクリーンに登場する花形スターやメイン・キャストを指すことばとしての「プロタゴニスタ」に慣れ切ってしまっている。しかしながら、権利を獲得・行使し、政治的発言を社会に反映させるという意味での大衆層による「プロタゴニスモ」の着想となったのは、まったくの別物であった。大衆層にとって、「プロタゴニスモ」とは自律を意味し、解放へと続く一過程であった。さらに付け加えるべきは、「プロタゴニスモ」というカテゴリーは、その最初の言語化とそれに続く体系化がなされたのがペルーであったというのは決して偶然ではなく、解放の神学の出現と時系列的な繋がりをもつものであるということである。したがって、従来の「プロタゴニスタ＝主役」という概念や、後に常識化していくことになる「あとに続く人びとを教え導く者」や「リーダー」の同義語としての、従来の意味での「プロタゴニスモ」からは距離が置かれるべきである。つまり、「プロタゴニスモ」を、洞察力に長けたエリート、人びとの同意なしに自らリーダー格を名乗り出る存在としての「前衛」のようなものと同義とする発想も却下されるべきである。これらの語義は、少なくともペルーにおいては、個人・集団のいずれにおいても、われわれの現実が反映された「プロタゴニスモ」の言説の一部を形成しえなかった。

いずれにせよ、働く子どもたちが主導する組織は、中期的展望において、彼らの願いや提言を代弁できるだけの道具として生成を遂げていくことであろう。以下、子どもたちの前に立ちはだかる幾つかの困難を列記してみる。

①社会には、西洋的な子ども観がいまだに支配的であり、それが、自律・プロタゴニスモ・参画・独自の組織を語るときのリベラル派の言説の中にも反映している場合があること。

②大衆組織・組合組織・女性組織・住民組織の現状では、われらが地域の経済・政治・社会の各局面で、「プロタゴニスモ」が体現されるには限界があること。

③働く子どもたちの組織は、まだできたばかりで、経験が浅いこと。

④子どもによる「プロタゴニスモ」が体現されつつある中で、それに伴って大人の役割を変えていくことの難しさ。

世代の問題は、力関係や社会における役割の問題と緊密に関係し、さらに、ジェンダーの問題も付け加えられる必要がある。新自由主義*が跋扈する社会的コンテクストにおい

新自由主義　二〇世紀後半以降の世界を覆い尽している経済政策およびイデオロギー。かつての「地理上の発見」や「植民地支配」の時代と異なり、強大な国が領土的征服をめざすのではなく、多国籍企業や金融資本が国境を易々と超えて、世界中の富を占有することを可能にする体制。その結果としての大量失業、非正規雇用、市場原理、弱者や異民族に対する社会的排除の蔓延、男女・子どもを問わない超搾取などの社会的現実は世界中に浸透している。日本もその例外ではない。

て、国家が担う新たな特徴と役割は、市民社会に対する新たな挑戦を提起するのみではない。むしろその矛先は、労働組合や政治活動の実践、とりわけ働く子どもが主導する組織のような社会の基盤組織に向かうであろうと考えられる。何を目的に運動を起こすのか、何を改善する必要があるのか、そこに根本的な変化を見ることは可能なのか、貧しさへの抵抗はいかにして行なうべきかなどが、大衆組織、とりわけ働く子どもたちの組織が今後において明確にしてゆくべき課題でもある。

われわれは、働く子どもたち／青年たちを、あらゆる子どもの中でも象徴的な一群であると捉えている。しかしながら、逆説的なことには、貧困と生き延びるために従わざるを得ない過酷な労働条件がもたらす衝撃を、残酷なまでに背負っているのが働く子どもたちであり、同時に、この戦いの中でこそ社会的なアイデンティティが練り上げられてきたという経験も、そこには刻印されている。ここから、子どもたちの新しい文化の要素になり得るのは何かをめぐっての物理的な基盤と内省の過程が築かれつつある。以下、それらの要素を挙げてみよう。

子どもを社会的主体と捉えることにより、子どもを常に保護の対象と見なす人びとから実質的に距離を置いた理論と実践に向かうことができる。その際、ひとつの社会現象として子どもを認識することが決定的役割を担うことになる。そこから、子どもを私的領域へと閉じ込め、烏合の衆とみなし、子どもの社会的役割を隠蔽する考え方を克服することが可能となる。それはつまり、「私的領域に留まる一群」から「公的な性格を有した集合体」へと、既存の子ども観を転換するということである。

そこに、子ども一人ひとりが持つ価値、独自性、代表性、かけがえのない個としての存在、グローバルな社会に対する貢献などが、大きな力を得ることになる。つまり、子どもを社会的主体として捉えることは、子どもを危険な存在・無能な存在・無責任な存在として捉えてその「全面的保護」を掲げる教義と実践を一掃し、われわれが「統合的促進」と特徴づける実践を強調していくことに他ならない。子どもの歴史は、社会による抑圧や操りの歴史に他ならない。だが、その一方において、働く子どもたちを通して、社会的役割を担う子どもたちの歴史が、「公的」性格を備えた初源的な「プロタゴニスモ」の歴史が、現在その萌芽を見せつつあるのである。

ラテンアメリカ諸国の働く子どもたちから発せられる新たな表現に基づき、「働く者」としての立場と経験が、彼らにとっての人格形成、個人的・社会的アイデンティティの確立、生活の拡大生産への参画などを意味していることについて、改めて議論や研究を進めてゆく必要があろう。

われわれは無意識のうちに、子どもに対する大人の優越性を確立し、大人中心の社会を容認し、狭義の意味における「市民」という概念の使用を正当化させてしまっている。それは、現代社会の普遍的原型としての「年齢によるヒエラルキー構造」と深い関わり合いがある。新たな子ども観に基づく文化は、同時に新たな大人観に基づく文化の創造を要求する。新たな子ども観に基づく文化の創造とは、すなわち、社会における力関係の問題や、国家を前にした新たな力関係の構築を不可避的に求めるものである。

社会的主体としての権利行使は、さまざまな局面において子どもたちが代表性を有し、組織化・制度化されることを求める。そこに、現在進められている、子どもたちが主導する、異なる段階にある組織同士の連携が重要性を帯びてくる。

今後、貧しき者たちが生存を賭けて社会に立ち向かうためには、彼らの労働意欲を回復させるだけでなく、働く子どもたちを経済的主体として認め、現状では社会的に認知されていない生産的役割や、政治参画の機会を再認識する必要がある。また、ＩＬＯを初めとする児童労働根絶主義者は、搾取されない権利と共に「働く権利」を子どもたちに回復させない限り、結果として自らの概念的論拠を弱めることに繋がるだけでなく、保護したいと思っている子どもたちを社会的・文化的に疎外することにもなりかねないことを自覚すべきである。働く権利と保護される権利の間には、なんら矛盾が介在する余地がない。それどころか、両者の間には、根源的にして本質的な重なり合いが存在している。子どもたちの権利を回復することなしに保護を前面に押し出せば、既存の社会的・政治的家父長主義に終止符を打つことは不可能となろう。逆に、子どもの権利のみを容認しその保護を怠るようであれば、それは政治的怠慢となり、倫理的跛行を招くことになる。この認識は、単に法や規則に反映されさえすればよいというのではなく、社会の意識、文化の原型、人びとの価値体系の中に浸透していくのでなければならない。

二　働く子どもたちと「最悪な形態の労働」が孕む逆説

国際情勢が抱える三つの問題と子どもの労働

この論考は、今日拡大の一途を辿る未成年労働者という複雑な社会現象に対して、国際レベルでの解決策を構築するような場ではない。ここでは、この現象をよりよく理解するにあたって留意されるべき三つの構成要素を、足早で部分的なかたちで列挙するに過ぎない。子どもたちの未来像の作成に関しては、すでに有益な省察が研究者たちのあいだでなされてきた。しかしながら、二一世紀に訪れるであろう変容の予測に関しては、未だにコンセンサスが存在しないということを明らかにしておく必要がある。ゆえに、働く子どもたちに関する独自の未来像のスケッチを、以下に試みてゆきたい。

(1) 世界における社会的排除の拡大

排除について語ることは、経済・政治的関係・商品化の世界秩序における、もっとも質が悪い排他的支配の世界化がもたらす影響について語ることを意味する。同時に、生産、金融市場、資本蓄積においてまったく価値を生み出さない「余剰人口」の爆発的増加についても言及することを意味する。社会的排除は、結果として排除の常態化を生み出すことになる。

この文脈において、働く子どもたちは、人類の多数派である排除された人びとの一部として存在し、変化を望むものの自身の運命を好転させるだけの力もなく、自らの置かれた状況を部分的にあきらめるより他ない存在である。社会的排除は、実質的に、常にそれと相関関係にある貧困と同質であり、不平等・不正義の表れとして顕在し、救済の対象とみなされるのに充分な理由となる。フランスの社会学者、マニュエル・カステルは、情報資本主義のブラックホールが、社会的排除を再生産する場となることを的確に言い当てている。

　社会的排除には、「地理」、すなわち居住地域による差別と、「色」、すなわち人種差別とが関係していることを忘れてはならない。ラテンアメリカの国々では、一国の例外なく、都市と農村に存在する社会的排除の地図を作成することができる。今日において、失業・不平等・社会的人種隔離制度《アパルトヘイト》・差別・労働条件の悪化などが到達した度合いや規模、さらには貧しき者に対する嫌悪《アポロフォビア》や社会のイノベーションに向けて何一つ関心を引くものを提供できない人びとに対する蔑みなどが、社会の「退廃的統合」と呼ばれるものの基盤をなしている。

　働く子どもたちが受ける社会的排除の現実は、二つの状況から見てとることができる。一つは、大人中心主義のこの社会が、働く子どもたちに対する同情的な見方を維持しているという事実である。つまりそれは、子どもたちの労働を過小評価し、あるがままの条件下で働く子どもたちを労働者として認めることを、拒否まではしなくても、軽視する態度である。もうひとつは、子どもが、子どもであるというその理由で、社会や家族にとっての出費《コスト》であるとみなされている点である。

　われわれは、働く子どもたちがその象徴的一群を占める、排除された新たな世代のアイデンティティの帰属について問う必要があろう。働く子どもたちにとっての、政治・社会・文化・教育の各側面における挑戦とは、排除された者として生まれ落ちたことを自覚しつつも、個人および集合体としての生活における「プロタゴニスタ」として成長していくことである。国際レベルで展開される働く子どもたちの運動が、尊厳ある労働環境と自分たちの労働に対する評価を求めるとき、それは、排除に抗う存在として自らの立場を置いているといえる。働く子どもたちのアイデンティティに対する攻撃、偽善的な対応が、社会の中で増していないかどうか、その結果、働く権利が子どもたちから奪われていないかどうかを、われわれは常に問題視している。

(2) 新自由主義的なグローバリゼーションがもたらしたもの

新自由主義の枠内で進行するグローバリゼーション*は、短期的・中期的未来に対して、計り知れないほどの社会的弊害を生み出した。近年において、国連の研究機関が行ったグローバリゼーションに関する研究結果が公表された。「無秩序な国家」というのが、その報告書のタイトルである。報告書内では、貧困、失業、社会的不平等、市民の安全欠如、社会保障の崩壊、暴力、組織的犯罪についての記述がみられたが、それらに加え、これらすべての結果としてもたらされた三つの深刻な状況が指摘されていた。その三つとは、アイデンティティの喪失、無処罰と汚職がもたらした責任感の低下、そして相互扶助意識の弱体化である。

それから一〇年が経った今も、この報告書によって実証された事実は完全にその有効性を保っており、これから先訪れる新たな情勢においても意義を持ち続けるであろう。また、これと時を同じくして、国際資本が人びとの生活のあらゆる側面における独

グローバリゼーション 前出の「新自由主義」と一体化して、二〇世紀末以降の世界を制覇している経済体制。特に一九九一年末のソ連崩壊によって、社会主義の失敗が明らかになって以降、市場原理こそ人間社会を統べる唯一神とする考えが世界を呪縛し、その原理を軸に地球が一体となった、すなわち「全球化」したことを表わす用語。

WTO 世界貿易機関。一九九五年、戦後世界を取り仕切ったGATT(関税貿易一般協定)体制に代わって設立された、世界的に自由貿易を推進するための機関。農産物や工業製品などの「モノ」だけではなく、金融・流通・通信・食糧の安全基準・知的所有権など、およそ人間生活の全般におよぶ統一基準をもとうとする。スーザン・ジョージ『WTO徹底批判!』(作品社)。

シアトル 一九九九年、シアトルで開催されたWTO閣僚会議では、世界レベルの貿易自由化の新ラウンドを立ち上げることが企図されていた。数万人もの抗議デモ、各国間(先進国間、

占的支配を暴力的なかたちで画策し始めているのを、われわれは知っている。われわれの理解する限り、グローバル化した国際情勢においてこの役割を担おうとしているのがWTO（世界貿易機関）*である。この冷酷な始まりが、シアトル*において遂行されようとしている。ラテンアメリカ諸国は、アメリカ合衆国より、FTAA（米州自由貿易地域協定）*を突きつけられており、協定内の一条項には、労働に関する国際法規の遵守に基づいた児童労働の根絶が盛り込まれている。

つまるところ、それはILO協定第一三八号*と第一八二号*を指す。だが、われわれの社会組織や大衆組織が、この近未来の展望を前にして、単に手をこまねいているわけではない。ラテンアメリカ地域のあらゆる場において、自由貿易協定に関して議論し省察し、これを拒絶する波が徐々に拡大を続けている。アジアやアフリカのような、他の「南」地域においては、資本主義の異常なまでの拡大が確認されている。特に、アジアの太平洋沿岸諸国においては、すでに幾千・幾百万の人びとが「開発」のプロセスへと組み込まれている。中国、インド、東南アジア諸国などの、より活性化された地域における世界規模の相互依存経済への暫時的統合は、歴史の分岐点としての様相を呈している。なぜなら、その起源より工業化時代を特徴づけてきた西洋支配の終焉を告げるかのような、複合文化的側面を伴った相互依存経済が、同地域において倍増しているからである。その一方において、われわれの同胞であるアフリカの運命は、ある者が「アフリカの非人間化」と呼んだ構造的プロセスに色濃く染め抜かれている。

子どもたち、とりわけ働く子どもたちに関する問題提起は、このコンテクストに基づいてなされるべきである。さらに、われわれはこの現象が抱える対立的側面のみを理解するのではなく、彼らのアプローチの仕方までも理解する必要がある。新自由主義のグ

富裕国と貧困国間）の対立で、その目論見は失敗した。

FTAA 南北アメリカ大陸三四ヵ国（キューバを除く）の多面的な統合を目指して米国が一九九〇年代初頭に提起した。米国は二〇〇五年一一月、アルゼンチンで開かれた米州サミットでこれを一気に実現しようとしたが、各国政府の反対と五万人の抗議デモで、この構想は頓挫した。

一三八号 一九七三年に採択された「就業の最低年齢に関する条約」。最低年齢は義務教育終了年齢後、原則一五歳と定めた。軽労働については、一三歳以上一五歳未満。危険有害業務は一八歳未満禁止。

一八二号 一九九九年に採択された「最悪の形態の児童労働に関する条約」。①人身売買、徴兵を含む強制労働、債務労働などの奴隷労働。②売春、ポルノ製造、わいせつな演技に使用、斡旋、抵抗。③薬物の生産・取引など不正な活動に使用、斡旋、提供。④児童の健

ローバル化は、経済的要素のみを含んでいるわけではない。それは、象徴的支配の典型であり、児童労働に対する闘いにおいては、児童労働根絶主義として立ち現れているものである。児童労働根絶主義者たちは、新自由主義のグローバル化という列車に便乗し、距離・言語・文化・時間の壁を取り払うような巨大ネットワークの流れに巧みに潜り込むことによって、自己の言説を世界化し、制度化させていったといえる。

排除された者たちは、依然として技術や情報から隔離されたままであり、彼らがどれほど良いアイデアを持ち合わせていたとしても、それを必要なスピードでもって自らに新しい社会表象をもたらすことも、社会のあらゆる決定にそれを反映させていくことも容易ではない。さらに、それが政治的運動へと転化し、必要ではあるがそれだけでは不充分である単なるアイデアの潮流から脱却するまでには、数々の困難が横たわっている。

(3) もう一つの世界に向けた社会的影響力が再構成される兆し

ベルリンの壁崩壊以降の情報資本主義の発展により、新自由主義に対する人びとの抵抗が、日毎に拡大し、組織化・具現化・世界化しているということに触れることから始めたい。

ラテンアメリカ諸国における左翼勢力の再結合に向けた意欲の現われとして、ブラジルのサンパウロにおいて開催されたフォーラムが挙げられる。この、類例をみないかたちで開催された世界社会フォーラム*は、そのスローガンとして「もうひとつの世界は可能だ」および「希望をグローバル化しよう」を掲げた。これは、人びとの不満を議題に掲げる場というよりは、世界規模でみられる排除と貧困、ヘゲモニーや世界政府を生じさせるような支配的グローバリゼーションをそのままにさせておかないがための挑戦であっ

康、安全、道徳を害する恐れのある労働――これらが挙げられている。

世界社会フォーラム　二〇〇一年以来、各国の非政府組織、労働組合、協同組合、議員など、「新自由主義に支配されない、もうひとつの世界は可能だ」と考える人びとが世界中から集まり、持続可能な開発、富の再分配の最適な方法などをめぐって討議している。

(一五七頁の写真)
毎年五月一日のメーデーに行進するマントックの子どもたち(リマ)。義井豊撮影

MANTHOC
Movimiento de Adolescentes y Niños Trabajadores Hijos de Obreros Cristianos
Los Niños, Niñas, Adolescentes
Trabajadores del Perú
Exigimos Reconocimiento de
Nuestro Trabajo en Condiciones
Dignas
Todos merecemos respeto

た。実際、この世界社会フォーラムは、大多数の人びとを価値のない存在として、権力者の目には意味をなさない存在として斥ける不公平な競争に取り込まれた人びとの日常的疲弊を和らげる、倫理的・文化的変革に向けた広大な運動を体現するものであった。

この世界社会フォーラムにおいて、なんらかの具体的提言がなされたわけではない。現時点では、おしなべて、ごく萌芽的要素の寄せ集めに過ぎないが、それはしばしば、無限の広がりを予見させる――もしくは混沌とした――展望を携えたものである。これは、官僚主義的・強制的になることを嫌う、構築途上のプロセスの一部である。フォーラムには、政党や労働組合が代表的役割を担うことを拒んだ市民社会の各組織が寄り集った。それは、政党組織などに対する非難からくるものではなく、人類史の一段階において、批判的・創造的機能を行使するために必要な自治を守り育てるための場でもあった。

おそらく、この世界社会フォーラムは、近年みられる唯一の動きではないであろう。だが、今のところ、あらゆるレベルで被害を被ってきた人びとのエネルギーと尊厳が反映された社会の再構築に向けた、最善の努力であるといえるだろう。このフォーラムにおいて、特に忘れてはならない二つの主題が存在した。世界社会フォーラムが拠り所とする思潮を体現する動きのなかで取り上げられる、人権と自然の権利、そして主体的参画を伴った要求というテーマは、子どもたち、なかでも働く子どもたちがわれわれに掲げている諸要求と符合するものであった。

この流れに準じて、働く子どもたちの運動体は、ラテンアメリカに留まることなく、自らの声を社会に向かって放ち始めた。子どもの権利条約は、子どもを権利主体として尊重する要求を、合法性を帯びた一つのツールとして構築した。条約締結から一四年が

ポルト・アレグレ　ブラジルの都市、ポルト・アレグレは、住民参加型の予算編成など民主主義的な地方自治の試みが積み重ねてきたので、その自主的な活動の経験に基づいて、第一回から

経った今、世界の大半の国々が、公式なかたちでこの条約内容を自国の法律内に取り入れるに至っている。しかしながら、条約批准国の大半において、その不履行の度合いは甚だしいものである。働く子どもたちが主導する運動は、今日、人びとが血眼になって捜し求めている「もうひとつの世界」における協働参画者、共創造者、共同主体となるための主体的参画権を、過去三〇年に渡って粘り強く主張し続けている。

「働く子どもラテンアメリカ運動」が、二〇〇三年、ポルト・アレグレ*にて開催された世界社会フォーラムに参加した後に公表した内容を再度検討することは、時宜を得ているように思われる。実際、パラグアイやペルーの働く子どもたち、ブラジルの子どもたちによる運動体、平和に向けた活動を展開するコロンビアの子どもたちなど、各国の子どもたちがこの世界社会フォーラムに参加した。これら子どもたちの団体には、出し物をするための短い時間がそれぞれに与えられた。だが、子どもたちは、フォーラムの開会日に行進した団体の一つとして、オーガナイザーから紹介されることはただの一度もなかったし、著名なパネリストたちからも言及されることがなかった。これは、言い換えれば、子どもたちは依然として、革命的理念を創造するこの社会フォーラムの主要人物の一部として認識されていない、ということである。

二〇〇二年の世界社会フォーラムの各委員会のそれぞれの結論の場においても、さらにはポルトガルの作家、ジョセ・サラマーゴ*と米国の哲学者・言語学者、ノーム・チョムスキー*が主催したフォーラムにおいてさえも、子どもたちに対する同様の扱いは続いた。われわれの同志であるルーラ*自身でさえ、子どもについては、僅かに三度言及するのみであった。その三度の言及においても、子どもたちは常に女性たちと共に貧困の犠牲者としてのみ扱われ、市民やアクターとして扱われることはただの一度もなかった。

三回までの世界社会フォーラムの開催地となった。

サラマーゴ（一九二二～二〇一〇）ポルトガルの作家。ノーベル文学賞受賞者。『修道院回想録』（而立書房）などが翻訳されている。社会変革運動への深い関心をもつ。

チョムスキー（一九二八～　）米国の言語学者、哲学者。一九六〇年代には、米国のベトナム介入に反対するなど、米国の対第三世界政策の厳しい批判者だった。二一世紀初頭からの「反テロ戦争」にも、一貫して激しい批判を繰り広げてきている。著書に『アメリカが本当に望んでいること』（現代企画室）など多数。

ルイス・イナシオ・ルーラ・ダ・シルヴァ（一九四五～　）ブラジルの政治家。貧しい農家に生まれ、幼年期から働き始める。軍政下では労働組合運動に献身し、一九八〇年の労働者党結成に参加。大統領を勤める（在任二〇〇三～一一）。

今後の行動計画案の作成において、子ども主導の組織が必要なリズムを維持し続けているか、対話と提言する能力を維持し続けているのかなど、組織された働く子どもたちの存在が留意されなければならない。ＩＬＯ（国際労働機関）のＩＰＥＣ（児童労働根絶プログラム）が、働く子どもたちが主導する運動体を政府に対する危険因子としてみなし、この運動体に立ち向かうためにＮＧＯ団体と契約を交わしたという事実は、実に信じ難いことである。

われわれがラテンアメリカ地域において促進してきた、市民としての条件を伴った子どもの参画、「プロタゴニスモ」を伴った参画というテーマは、提案していることとはまったく異なった理解を招きかねない言説へと転じてしまっている。われわれにとって、ＩＬＯを主とした国際機関が、子どもを参画者として巻き込むために展開してきた幾つかの戦術は、しばしば子どもたちに対する然るべき尊重への侵害ともとれるかたちを呈している。

児童労働根絶主義が抱える幾つかのパラドックス

①今日、「児童労働」根絶という目的を達成するため、ありとあらゆる手段が講じられる一方で、子どもが働くという現象が、世界中で拡大しているという事実を認識する必要がある。ゆえに、それぞれの立場から作成される統計は、いつまでも信頼できるものではなくなっている。

パリにおいて、国連創設並びにユニセフ創設五〇周年記念式典が執り行われた際、われわれも参加したパネル・ディスカッションの場において、世界銀行の代表出席者がこう言った。「いったい、世界で何百万人の子どもたちが働いているのでしょうか? もし、しかじかのドルをそれぞれの家族に与えることができたなら、しかじかの年数を経た後にはこの問題を終わらせることができることでしょう。私たちは、児童労働根絶のために必要なだけのそのお金を準備することができるのです」。

一九九七年のオスロ会議の場において、ＩＰＥＣの代表が、非常なる確信を持って「二〇一五年までには世界中の児童労働は根絶されていることでしょう」と言い放った。この発言は、その後即時に取り下げられることとなり、「根絶に向けた暫時的プロセス」へと置き換えられることとなった。

一方において、今日、働く子どもに関して生み出され、蓄積された知識のレベルは、量的・質的に注目に値するものである。無論、それらの知識がすべてを網羅しているわけではないが。だが、これらの知識について言及することは、不可避的に、働く子どもたちに対する見識が進んでいるのと対照的に、社会がこの現象に対してどれだけ無知であるのかについても言及することを意味する。なぜなら、知識とは一つの政治的行為だからである。今後において、世界中でみられる児童労働のような社会現象に対して耳を傾け、捜し求め、開かれた意識を保ち続けることは、われわれにとって根本的なことだと思われる。

②「最悪な形態の労働」と呼ばれるものに対して執拗に焦点を当て続けることで、結果としてこの現象が持つ本質部分が覆い隠され、児童労働に対する知識の獲得とその対策がいっそう困難となっている。

これは、子どもの労働力が含まれた製品に対するボイコットとして、今日に至るまで実行されてきた戦術の中にみられた。しかしながら、ＦＴＡＡ（米州自由貿易地域協定）

の条項内に盛り込まれたような、子どもの労働が加わった商品に対する国外エージェントによる輸入禁止やボイコットは、児童労働問題を解決するための万能薬とはなりえない。

自由貿易協定は、すでに一〇年も前からメキシコにおいて始められている。* それはむしろ、地方の農民や農業従事者の貧困化の一要因と成り下がることで、開発のための道具としては明確な失敗へと転じた。この協定は、人びとが生き残るための幾つかの活動を非合法化させるような状態をメキシコにおいて生み出した。ILO協定第一八二号による「最悪の形態の児童労働」は、子どもの尊厳がいかほどに踏みにじられ、どれほどの罪が犯されているのかという事実を伝えたいがために、売春・人身売買・少年兵などを最悪の形態の「労働」の看板として含めるという焦りを露呈している。

③このILOによる国際法規は、半ば強制的かつ公式なかたちで国内の児童労働に関する法令に取り込まれた。今日、この国際法規は、児童労働問題を解決するための一種のマスターキーとして、誤った社会通念において信じ込まれている。

これは、ヨーロッパにおいて、一九世紀から二〇世紀半ばにかけて支配的であった視角の再生産である。つまり、未成年労働の根絶に向けて厳格な法令を敷くことが、今日先進国と呼ばれる国々における児童労働の実質的な消滅に繋がったという幻想である。彼らは、法令の制定と適用、経済と生産諸力の開発、社会保障、教育、雇用に関する構造改革、家族の少子化などを抜きにして、あたかも魔法によって児童労働問題を解決できるかのように思い込んでいる。

確かに、人びとの受け入れ難い生活環境の根幹をなす社会現象・文化現象・経済現象に立ち向かうに相応しい国内法令の制定を、われわれは必要としている。だが、権利は

メキシコの自由貿易協定　米国・カナダとの北米自由貿易協定が一九九四年に発効した。一五年間をかけて三ヵ国間の関税を撤廃した。世界最強国と第三世界の国との経済統合には、その危険性を指摘する声が、交渉時からあった。発効後のメキシコの食と農業の状況に焦点を絞って考察したのが、カナダの文化人類学者、エリザベス・フィッティングの著書『壊国の契約――NAFTA下メキシコの苦悩と抵抗』（農文協、二〇一二年）である。NAFTAとは、この協定の英語略称で、スペイン語略称はTLCという。発効日の一九九四年一月一日には、メキシコ南東部のチアパス州で、この協定が「メキシコ先住民族に対する死刑宣告だ」として反対するサパティスタ民族解放軍が武装蜂起した。本群書五巻は、マルコス／イボン・ル・ボ『サパティスタの夢――たくさんの世界から成る世界を求めて』である。

必要な社会的構築物ではあるものの、道具としては不充分なものであるということを忘れてはならない。

一九八九年の子どもの権利条約締結以降、子どもたちによる、子どもたちのための社会運動を通した圧力により、同条約の第三二条*に対して、児童労働根絶主義者とは異なった解釈が展開されてきた。その結果、子どもたちによるこの解釈が、ILOやUNICEF（国連児童基金）のような国際機関を動かすこととなった。そして、一九九五年、その他の国際機関も含めて、子どもの権利条約第三二条が持つ曖昧さを解消するために、児童労働に関する新たな協定の制定（第一八二号）へと導くイニシアティブが提唱された。

協定第一八二号の制定をめぐっては、おそらく別の動機もあったことと思われるが、子ども主導の運動による動きもその決定に少なからず影響を及ぼしたと思われる。この場において、これ以上この問題を掘り下げることは相応しいことではないが、ILO協定第一八二号というかたちで具体化された国際法規は、働く子どもたちによる国際レベルでの運動にとって、イデオロギー的帝国主義、西洋的自民族中心主義、象徴的支配、および表象における帝国主義の再来を意味するものである。

なぜなら、権利とは、権力行使の一形態であり、法の持つ曖昧さから逃れることはできないからである。「法的文書をめぐっては、常に闘いが繰り広げられている。解釈は、象徴権力を獲得するための方法である。象徴権力は、法において多くの潜在的可能性を示すことが可能である」。

今日、実質上「南」のすべての国々は、子どもの権利条約締結後に作成された新たな国内法令において、未成年者の労働に関する法的歩み寄りを行なった。だが、ペルーの児

第三二条　子どもを「経済的搾取・有害労働から保護」する条項である。前出（一五五頁）のILO協定第一八二号との関連性が論じられている。日本で出版されている、子どもの権利条約に関するユニークな本に、名取弘文・編『こどものけんり――「子どもの権利条約」こども語訳』がある（雲母書房、一九九六年）が、その翻訳に従えば、「こどもはこきつかわれたり、あぶないしごとさせられたりしない。こどもをくいものにしないで。」と定めている条項である。

童法は、一九九二年に、ＩＬＯ協定第一三八号による決議を受けつけず、子どもが働くことを容認するだけでなく、その権利を確認するまでに至った。ラテンアメリカにおいて、他の国々がペルーと同様の「無謀」を繰り返さないために綿密な監視が行なわれるようになったのは、ちょうどその頃からである。

④ＩＬＯによって、子どもたちがなす労働の「現実的」イメージが創り出された。結果、これらのイメージが子どもの労働が持つ複雑性を単純化させることによって、「現実」を退廃させることとなった。今日、情報手段の発達により、距離や時間が短縮され、仮想現実を通して直接かつ即時に世の中の事象と関わることが可能になったにもかかわらず、発信者が映像とそれに伴うことばを恣意的に選択することによって短略化することのできない現実が歪められてしまっているのは、実に逆説的なことである。それがどれだけ広範に及ぶ現象であったとしても、普遍化することのできないひとつの現実が歪曲されるのである。このようにして、偽りの表象は生み出される。

これは、児童労働根絶派の主張を有利にするためのメディアを用いた戦術の一部であり、子どもの労働に反対の立場を取る常識的な理解や集合感情を作り出すことを視野に置いた、間接的戦術の一部である。ＩＬＯによる児童労働の根絶を目指した間接的闘いは、すでに勝利を収めているといえる。それは、かなり以前よりＢＢＣやＣＮＮ、またはローカル・ネットワークを通して周期的に流されているプロパガンダを見るだけでも充分であろう。子どもたちの労働を取り巻く複雑な現実は、さまざまな視点から捉えることができるという意味において、彼らの視点を通して見える子どもたちの姿も、一つの真実であるといえる。だが、多様な形態を持った現実を画一化しようとするもくろみが刻み込まれた国際キャンペーンに機能的に働くマスメディアにとって、中立な立場など存在しない。「北」の国々のマスコミは、インドやパキスタンの刑務所で搾取される子どもたち、さらには、ブラジルのストリート・チルドレンといったショッキングな映像に要約されているように、ある単一思考に基づいた働く子どもたちの映像を流し続けている。これらの状況は確かに存在する。しかしながら、幾千万と存在する働く子どもたちの中で、このような状況に置かれているのはごく少数の子どもに過ぎないと言い続けることを、たとえ誤解を招いたとしても、われわれは決してやめることはないであろう。

この類の情報がもたらす影響は絶大であり、各国の政策決定者、もしくは一九九九年における、子どもたちの労働の中でもより許しがたい形態のものに対する新たな条約の（第一三八号）の暫定的採用に向けて準備を進めるＩＬＯ職員たちにも影響を与えている。結果として、例外的状況に対してより世界の注目が集まることにより、現象の構造的原因の解決においてごく僅かな効果しか有さない緊急プログラムを誘発させる危険が生じてしまう。

「情報資本主義の時代」にあっては、われわれは、社会情勢や人びとの具体的日常、そしてわれわれに限っていえば、世界中の働く子どもたちに関する情報を提供することが、これらの圧力に対する第一義の闘いであるといえよう。

ＩＬＯは、その絶対的な欠陥を抱えたビジョンを押しつけるにあたって、働く子どもたちの運動体への対抗手段として、別の働く子どもたちを動員しなければならなかった。その手段として生み出されたのは「児童労働に反対するグローバル・マーチ」*である。この運動のキャンペーン用パンフレットには、その目的の曖昧さや自らの立場を正当化させるための恣意的な意味の取り違いが明確に露呈されている。グローバル・マーチが、インドとは異なるコンテクストにおいて彼らの言説を正当化することが困難であること

＊グローバル・マーチ　一九九八年に創設された、児童労働を根絶し、子どもの権利を擁護する目的をもつ世界レベルのネットワークである。主として、ＩＬＯ条約第一三八号「最低年齢に関する条約」および同第一八二号「最悪の形態の労働」に関連した児童労働根絶プロジェクトの遂行を支えている。

を、われわれは、少なくともラテンアメリカの幾つかの国において直接に確認することができた。

さらに、ILOは、彼らの提言に対して立場を明らかにしないコロンビアの幾つかのNGO団体のコンセンサスを得るために、ペルーのマントックがグローバル・マーチに加担したなどと吹聴したが、この虚言はマントックによって即刻否定されることとなった。しかしながら、国際機関による熱烈で寛大な融資の下に進められ、多くの人びとが説き伏せられ混乱をもたらすこととなったこの呼びかけが、いかに的外れなものであったのかを指弾するのは、われわれの意図するところではない。

ごく最近、リマにおいて、DNI（国際子ども弁護団）の会合が開かれたようであるが、ある参加者のメモによると、働く子どもたちをジュネーブに送るにあたっての条件は、以下のようなものであった。一一歳を超えていないこと、働くのをやめていること、家族に対する経済援助が確約されていること、ジュネーブから戻ってきても再び働かないこと。

われわれの理解する限り、グローバル・マーチに取り込まれた子どもたちが、同世代の子どもたちに対して直接的被害を加えるというのは、最大の逆説である。さらに、ラテンアメリカにおいてIPECが展開した戦術が加わると、働く子どもたちの状況がより深刻なものとなるのは明白である。IPECは、教室を児童労働の根絶を推進させるための場として用いるために、公立学校の教員組合や労働組合に経済的支援を行なっている。多くの学校において、働く子どもたちは、校長、教師、クラスメイトたちから強制的・救世主的解放の名において働くことを否定されるといったかたちで、ILOによる言説に脅かされることとなった。

他方、近年になって、非西洋的な文化圏において子どもの労働に与えられてきた役割がより正確さを伴って語られるようになり、子どもたちが行なう多様な形態の労働に対して、多側面からのアプローチが試みられるようになった。われわれの起源となる共同体が示す逆説は、複合的な都市世界に集中してみられる子どもに対する社会表象とは相容れないものである。都市世界と同様に、農村世界においても、子どもの労働に対する搾取が隠しようのないかたちで存在することは議論するまでもない。だが、農村経済、および先住民共同体の経済構造や動向は、あらゆる共同体や家庭内において子どもの労働が担っている経済的・社会的・文化的意味を認識するための分析を行なうことを、われわれに要求している。

幸運なことに、農村部における子どもたちの労働を、子どもたちに対する搾取、虐待、暴力、生活の蹂躙などと区別することを可能にしてくれる、民俗学・文化人類学・社会経済学などの各分野からなる非常に優れた研究が存在している。ボリビアの文化人類学者、ラモスの研究は、子どもの労働は、彼らの両親にとって単なる「お手伝い」や生活していく上での学びの場に留まることなく、共同体の経済構造を構成する一部分であること、つまりは、労働の形態・時間・経済価値を超えて、真の労働として捉えられていることを明確に立証している。

今日、大部分のラテンアメリカ諸国において、農村部に急激な変容が生じていることは否定できない。この変容は、農地の非資本化と土地所有の構造改革、都市へと向かう国内大量移民という現象、さらには新たな生活条件を提供してくれる国々への移民などと関係している。同様に、自然現象や武力衝突なども、この現象を生み出す原因のひとつに数えられよう。大半のラテンアメリカ諸国において、国内の人口分布図が変容しつつある。たとえば、ペルーの場合、農村人口が国内総人口の四〇パーセントなのに対して、都市人口が総人口の六〇パーセントを占めるといったように、都市と農村の人口比率がすっかり逆転してしまっている。働く子どもたちの大部分が農村世界に暮らしていることはいうまでもないが、都市にみられる現象の方が、より密集し、強烈で、人目を引くものであるといえる。

森林の伐採、石油や金採掘などの開発事業、水力発電用のダム建設などによって、自分たちのテリトリーから追い出されるといったことが、先住民共同体の居住区において一様に起こっている。これは、アマゾンにおいて、今もってなお進行中の現実である。この現状に対して、ブラジルの「土地なき農民」の運動*、エクアドル、グアテマラ、ボリビアの先住民運動*が抗議を続けている。今日、これらの運動には、農民による動きや先住民による復権の要求が合流するかたちとなっている。エクアドルの児童法は、先住民族《インディヘナ》の子どもたちに対して特別の注意を払っている。同法は、その基本原則の一つとして以下の条項を掲げている。第七条「法令は、先住民族、およびアフリカ系《アフロ》の出自を持つ子どもたちが、その文化実践が子どもの権利に背かない限りにおいて、異文化相互性の枠内で、それぞれの文化に応じて、共和国の政治憲法に従った生活を営む権利を認め保証するものである」。

先住民共同体のような農村世界における子どもたちの労働は、西洋的視点から理解してはならないし、西洋的主観性を通してもいけない。社会的問題としての農村や都市における子どもの労働は、貧しい子どもたちが抱える問題ではなく、児童労働を生産し再生産する社会全体の問題であるといえるのである。従って、それに相応しい対応がなされるべきである。

「土地なき農民」運動　大土地所有制が残存し、一片の土地も持たない農民が貧困に喘ぐブラジルで、一九八四年第一回土地なし農民全国会議が開かれた。以後各地で不耕作地の占拠闘争を開始した。そのため「不法団体」と非難されもしたが、入植地では協働組合を作り、有機農業・共同生産・生産物の多様化など自律的な努力の積み重ねで、強大な組織となって現在に至る。反遺伝子組み換え・反グローバリズム運動などでも世界的な牽引力を持つ。略称ＭＳＴ。参考図書に、アンガス・ライト他『大地を受け継ぐ――土地なし農民運動と新しいブラジルをめぐる苦闘』（二宮書店、二〇一六年）。

エクアドルなどの先住民族運動　一九九〇年代に入って以降、ラテンアメリカ各国では、政治・社会の前面に先住民族運動が登場する事例が目立つようになった。参考図書に、新木秀和『先住民運動と多民族国家――エクアドルの事例研究を中心に』（御茶の水書房、二〇一四年）、宮地隆廣『解釈する民族運動――構成主義によるボリビアとエクアドルの比較分析』（東京大学出版会、二〇一四年）。

今日における逆説は、ＩＬＯが言うところの「現実」に関心が集中し過ぎているところにある。実際、「現実」の状況下に置かれた子どもたちは大多数ではなく、むしろ、異なった文化的コンテクストにおいて働く子どもたちが集中しているという現実に、優先順位を付けることを怠っているといえる。このような状況が、児童労働廃止・根絶主義者による幾つかの戦術や、それらの戦術が子どもたちに与えている教育学的・社会心理的影響を再確認せざるをえなくさせている。

ＩＬＯ条約第一三八号と第一八二号が国際レベルで生み出したもの

メキシコやパラグアイを除いたラテンアメリカ諸国において、ＩＬＯのエージェントたちは、ＩＬＯ条約に対する調印と暫時的批准を、各国の国会や共和国議会から半ば強制的にもぎ取った。就労のための最低年齢を定めたＩＬＯ協定第一三八号、そして今度はＩＬＯ協定第一八二号が、ラテンアメリカ地域における幾百万の働く子どもたちにとっていかに深刻な法的環境をもたらし、彼らに対する警察の扱いを悪化させたかという事実を、われわれは明確に確認することができる。

ＩＬＯがこのような反応を示したのは、つまるところ、過激な根絶主義者たちが、国連子どもの権利条約第三二条の持つ曖昧さを憂慮した結果であろうと思われる。実際、働く子どもたちが主導する運動体によって実践された解釈によると、子どもの権利条約第三二条は、その文面に根絶主義的な内容を含むものではない。それはむしろ、根絶主義の立場を諌め、南アメリカ及び中央アメリカの多くの国々で二六年以上も闘い続けてきた、働く子どもたちによる運動体の意識とはっきりとした一致をみるものであった。

アメリカ大陸においては、働く子どもたちの運動によって実現された解釈学の実践が、結果として新たな国際法規の制定を後押しするかたちとなった。

ILO条約第一八二号をめぐっては、各方面から何らかの反対が存在したことは疑いの余地がない。それらの反対の中には、ラテンアメリカやアフリカの働く子どもたちの運動による、長く忍耐強い抵抗があったことは、揺らぐことのない事実である。彼らは、一九九六年にクンダプールで開催された第一回働く子ども世界会議において、働くことに対する自らの立場を宣言し、一九九七年初頭にアムステルダムにおいて各国の労働大臣が集った会合の場においては、正式な招待を受けて同会議に参加したひとりのペルーの働く子どもが、働くことに対する自らの認識と立場を表明した。さらに、児童労働の廃止を謳った協定のスローガンや、子どもたちは働くことをやめた後に「リハビリテーション」を受けるべきであるといった考えに対して、子どもたちは断固とした拒絶の態度を示した。

ILOは、労働形態の中に児童買春や児童の人身売買、少年兵などを含めることによって、子どもの権利条約内の幾つかの内容を変更させることに加担している。実際、「根絶主義者による計画」は、目に見えないかたちでILO協定第一八二号を支えている。これは、近年ILOが発行し各国の国会議員に対して配られたマニュアルの中で、「最悪の形態の児童労働」の根絶はほんの手始めであり、最終的にはあらゆる児童労働の廃止を視野に入れることを謳うというかたちではっきりと表されている。

さらに、ILOが、大人と子どもそれぞれに対して、どのような政治的・経済的概念を有しているのかを知る必要がある。ラテンアメリカ諸国においては、各国のILO支局の二級官僚たちが、ロビー活動、国際キャンペーン、官僚・労働組合の指導者・大学・

NGO団体などに対する圧力や脅迫まがいの言動を展開し、そこでは彼らの独断的かつ倒錯したメンタリティーが露わになってきた。それは、救世主的な態度を装った人道的活動に向けた強い意志のあらわれというよりも、彼らの一元的思考の押しつけとしか理解しようのないものであった。

これらの協定は、禁止・廃止・処罰・制裁といったことばの間を行き来している。つまりは、矯正者的なパラダイムにしがみついているのである。たとえ、ILOが明るい未来について話そうとしていることは確かだとしても、それは逆説的にも過去の遺制を未来へと引きずる結果となってしまっている。実際に、これらの協定は、法律は制定するが、歴史的には実現不可能だという意識の二重のモラルを制度化する傾向にある。ILOは、児童労働の根本的な原因には触れないという代償を犯してまで、国際基準を充たすモラルを制度化しようとしているのである。

児童労働を根絶するために、大人たちへの労働の機会を回復させることを謳うILOのIPEC（児童労働根絶プログラム）は、最終的に、近代初期の労働環境、そして工業社会における賃労働の社会にその思考を留め続けているといえる。そして、ILO協定第一八二号の不明瞭な思考の基となる理論や認識論の押しつけは、労働が持つ多様な側面から客観的・社会的な世界を奪い去ることになる。働く子どもたちが日常生活や労働の中から見出す意義や価値は、ラテンアメリカ諸国に対してIPECやそれに類似するプログラムの導入を企てる人びとが語る言説とは、決して相容れることのないものである。

労働は、すべての国家が抱える深刻な諸問題に対して触媒作用をもたらす一つのキーワードであるとわれわれは考えている。グローバル社会において労働の形態や概念は大

き く変容し、労働が担い始めたこの新たな側面を理解することをわれわれに求めている。働く子どもたちの問題は、貧困や生活環境の改善だけでなく、開発モデル、生産様式、生活様式、人類の構想の改善を目指した大きな挑戦へとわれわれを駆り立てている。

今から二六年も前から、働く子どもたちによる運動は、労働に対する批判的検証に挑み続け、働く子どもたちの尊厳を脅かすあらゆる状況と闘ってきた。われわれの言説が、児童労働根絶主義者たちと同じ社会構想の上に立っていると考えることは、われわれにとって降伏を意味する。ゆえに、両者の言説に一致するものがあるなどと理解されてはならない。われわれは、言説の恣意的な一致、部分的一致に基づいて同じ構想を共有することなどできない。「根絶」・「暫時的な廃止」・「禁止」のような譲歩（運動の主張に歩み寄る）・諦観（働く子どもという存在を悲観視する）・偽り（主張の中に曖昧な含みをもたせる）にその身を固めた根絶主義の立場は、結果として、働く子どもたちによる批判的検証に基づいた主義・主張とは真っ向から対立するものである。

他方において、多くの人びとがわれわれに向かって発する問いかけ、「あなたたちは、すべての子どもたちが完全雇用に基づいた労働に携わることを目標に掲げ、そのような社会に永続性を持たせることを支持しているのか？」、さらには「その社会的・個人的必然条件として、子どもたちはなんらかのかたちで働くべきだと考えているのか？」といった問いかけが生まれるのも、ある意味においては理解できる。

しかしながら、これらの憂慮のいずれもが、働く子ども主導の運動が持つビジョンや検証と一致をみることはない。われわれは、グローバル化された社会における労働、すなわち、物質生活の生産・再生産活動が、大多数の人が陥っている貧困に隷属し付き従うことのない社会と関係の構築を目指しているという立場を明確にしておきたい。貧しい者に限ることなく多くの人びとが、消費主義に支配されることのない社会の構築に向けて、惜しみなく力を提供してゆくべきである。貧困と消費主義は、社会的機能、アイデンティティと尊厳の確立、個人的充足感、至福の体験などと合致することのない労働形態・勤務時間・働く動機を人びとに刷り込みながら、労働という経験を堕落させているのである。

いわば、物質生産と精神生産の間にもたらされている不一致や悲劇的分裂をも克服する社会を、われわれは希求しているのである。そうすることによって、今日われわれが、取りあえずのところ「労働」と呼んでいるものは、働く子どもたちの現状を含めて、現在の環境において理解しているものとは非常に異なったかたちと内容を伴ったものとして、認識されることとなるであろう。働く権利の享受とその実践は、自由の行使に基づいて反映されるだけではなく、社会的地位・経済状態・自己評価・他者評価・自尊心・他者を尊ぶ心などを失うことなしに、働く動機や意欲、さらには個人の喜びに至るまでが、働く権利の享受と行使によって変えられてゆくことであろう。

われわれがＩＬＯの態度やＩＰＥＣの中に確認しているのは、労働や子どもに対する統合的ビジョンの欠如である。その欠如は、児童労働をめぐる議論を避け、より現実に即した省察に向き合おうとせず、調印と批准を執拗に求めるだけのスローガンや対策に陥り、児童労働反対の委員会を各国に設置し、ＩＬＯのスローガンを肯定するような国家計画を推し進める、などの傾向に映し出されている。そのきわめつけは、ＩＬＯのＷＥＢサイト上に現れたもののなかに確認することができる。

「ラテンアメリカには、働く子どもにより組織され推進される運動体が存在する。これらの組織は、基本的に、ペルー、ボリビア、エクアドル、パラグアイなどに存在し、疑う余地のない影響力を保ちながら児童労働を『擁護』している。これら働く子どもによる組織は、ペルーやパラグアイなどで子どもに関する法令の作成において顕著な影響力を示している。IPECが行なった努力の一つは――論争に入るのは避けることにして――、各国政府に対してこの類の運動が持つ危険性について指摘し、各国のさまざまなNGO団体との間に戦術的な同盟を、働く子どもの運動に対する反対勢力として創り出したことである」。

ILOのこの言い分を批判的に検証してみたい。

①ILOのような国連組織が、誰が委託したわけでもない、諜報部員や密告者のような役割を自ら率先して担っているという事実を、われわれは放置しておくことはできない。

②子どもの権利条約の締結後一〇年を経た今日において、すべての子どもたちにとっての象徴的一群である働く子どもたちが、同条約の攻撃対象となることはあってはならないことだと思われる。

③ラテンアメリカ諸国において、IPECプログラムが被っている深刻な制限は、働く子どもたちによる運動の存在ゆえであるという言い分を正当化させようと企てている。

④ILOは何の根拠もない偏見に基づいて、働く子どもたちによる組織が各国の政府や社会に対して危険性を孕んだ組織であるということを印象づけようとしている。

⑤未成年労働に関して、ILOの伝統的立場と一致しない思想を有しているというだけで、ILOが意図的に普及している「児童労働」という語義――すなわち、働く子どもたちの運動が支持していない語義――に従い、働く子どもたちの運動体を児童労働の「擁護者」であると吹聴している。

⑥ＩＬＯは、働く子どもたちと対決するためにさまざまなＮＧＯを利用し、結果として市民社会におけるＮＧＯの役割を堕落させている。ＩＬＯは、貧困をもたらす原因と闘うためにＮＧＯを召集するのではなく、各団体に報酬を与えながら働く子どもたちを攻撃するために利用している。

⑦二〇〇一年九月一一日以降の精神的混乱をきたした社会状況において、ＩＬＯは働く子どもの運動体を含めた大衆組織を危険な存在であると公言している。これは、働く子どもたちの主導する組織が「テロリスト」として分類されかねないような遡及的効果をもたらすものである。実際、世界の至る所で、「危険な存在」から「テロリスト」と呼ばれる存在への推移は簡略化されるようになった。ＩＬＯは、働く子どもたちによる組織を危険な存在として指摘することによって、実にばかげた無責任な位置づけを行なった。

働く子どもたちの運動体が、二六年前から労働に対する批判的評価を掲げ続けることを通して、彼らの尊厳を脅かすようなあらゆる状況と闘ってきたとしても、それが子どもたちの搾取を擁護しているなどと、どうしてそのような捉え方ができるのであろうか。

児童労働の分類化――不充分ではあるが有益かつ必要なもの

昨今見られる児童労働の分類化が不充分なものであるといえる最初の論拠は、世界中の働く子どもたち、特にラテンアメリカおよびカリブ海諸国の働く子どもたちに関する各種統計が実に概算的であるという点にある。統計は、数値的性格を持ったものであるにもかかわらず、大半の研究や報告書は、子どもの成長のリズムに応じることなく、一〇年おきの国勢調査から得られるデータによってのみ更新されている。さらに、登録や測定の際に用いられる概念やカテゴリーの選択にも問題があるように思われる。統計の問題は、数値やパーセンテージに基づくことによって、あらゆる客観的言説に基づいた解釈が求められるにもかかわらず、世界規模や全国規模の統計に関しては、未だ部分的にしか信頼できないものである。

ラテンアメリカ諸国の社会的・文化的条件にみられる異種混交性、言い換えれば文化の多様性が、ほとんどの大都市にみられる西洋的なそれとは非常に異なった経験を必然的にもたらしている。それぞれの文化は、子どもに対する独自の社会表象を持っており、子どもの労働に対しても異なった認識を有しているのである。

その意味において、ボリビアのコチャバンバの山岳部に位置するアンデス共同体において、一一歳の少年が共同体の長に選ばれたという事実、または、クスコの聖なる谷付近の高地集落において、八歳や九歳の子どもたちが「村役《レヒドール》」として選ばれた事実は、何も不思議に思うべきではない。たとえ、これらが稀有な事例であったとしても、またはアンデスの子どもたちを理想化するべきではないとしても、この事実は特筆に値するものである。

これは、既存の子ども観を問題とする場合、西洋によるある種の自民族中心主義を克服する要素となる。この現実は、普遍的な性格を持った法令を制定しようとする場合、また、国際法の名の下に「最悪な形態の児童労働」に対する分類化を構築しようとする場合に、ことさらに注意を払うことが要求される側面である。もう一つの危険は、ケースを羅列するだけで分類化を確立したと勘違いするような、ある種の詭弁へと簡単に落ち込んでしまうことである。もし、それぞれの土地・伝統・文化が有する独自性を尊重してゆきたいと考えるのであれば、年齢・社会的役割・社会表象などの変数は、その本質において常に変化を繰り返す現実であると同時に、生産構造、コミュニケーションの流れ、教育がもたらすインパクトなどの影響を受けて変化するものであるということを絶えず認識しておく必要がある。

だからといって、われわれに数々の例証をもたらしてくれる分類化に頼ることを否定しているわけではない。しかしながら、特定の視角、言葉を換えるなら柔軟性に欠けた視角に従った厳格なグラフを確立することを避け、定期的なチェックを行なうことが必要となってくる。さらに、誰がその分類化の作成と定義付けに関わっているのかという問いが非常に重要となってくる。だが、決定的に重要なのは、特に警察や教師のような集団が、ＩＬＯによる児童労働の分類化をどう把握しているのかということである。近年、ペルーやチリにおいて、幾つかの労働組合や教員組合が、ＩＬＯ協定第一三八号と一八二号の批准の流れを受けて、ＩＬＯとの間にいくつかの契約を交わしている。ＩＬＯは、彼らに対して具体的役割を与えただけでなく、ＩＬＯにとっては大きな進展となる、真の児童労働根絶主義者としての役割を与えることに成功した。

さらに、無視することのできないのは、ＩＬＯが「子どもの労働」もしくは「労働」という現象に対して、どのような名を冠しているかである。ＩＬＯは、最近になって「ディーセント・ワーク」（Decente Work）の模索について論じ始めている。これは、別の言語においても同様のことがいえると思われるが、少なくとも、ペルー人の間でひろく用いられているスペイン語において、「ディーセント」に該当する語彙は「上品さ」や「礼儀正しさ」など、マナーやエチケットと結び付きのあるものである。

それは、社会の上流階級を呼ぶ際に、あの人は「品位のある人だ」といった風に用いられる語彙である。われわれが展開する子どもの労働をめぐる闘いは、品位を勝ち取るためだけではなく、人間としての尊厳を獲得するための闘いであると考えている。われわれが追い求めている法的資産とは、尊厳である。尊厳とは、人間・人格・社会的条件・精神性などに直接的に映し出される概念である。なぜ、ＩＬＯは「ディーセント」ということばの中に何を表現したいのかもはっきりと説明することなしに、「品位のある」労働について論じようとしているのであろうか。

そこで、われわれは、とりわけ根絶されるべき労働条件や禁止されるべき労働を明確に特定する必要がある。「最悪な形態の」労働条件の特定とその原因の追究に固執し続けることによって、ＩＬＯのそれとは異なった視点に人びとの関心を向けさせることが可能となる。つまりは、現在に至るまでＩＬＯの言説において理解されてきた、年齢を絶対化させることのない視点からの省察である。この意味において、一見したところ厳格さに欠けているように見えるが、結果としてより挑戦的で正しいものであろうと思われるわれわれの言説を、社会において認知させる必要がある。

ＩＬＯは、「最悪の形態」という概念を定めることによって、暗黙裡に「好ましい形態」・「最良の形態」という概念を導き出そうとしている。数字だけで算出される年齢は、たとえ法を定める際の基準として用いられこそすれ、あらゆる分類化に対する絶対的かつ決定的な基準とは成りえない。われわれは、「多様なものからなる総体《コンティナム》」として理解された子どもたちの労働と、ＩＬＯのような国際組織が用いた概念との間に介在する矛盾を明らかにする必要がある。

各国において、労働開始年齢を引き上げる傾向は、逆説的にも犯罪に対する引責年齢を引き下げる傾向と並存している。このような状況が引き起こしているのは、擁護される権利を奪われ、インフォーマルな存在、違法な存在として扱われるようになる子どもたちの増大である。だが、子どもの労働形態の分類化を確立する上でより不可欠なのは、現象を分析するために用いる理論ツールの構築である。これは、都市部と農村部の双方において、どのようなかたちで子どもたちが家族の経済活動に参加しているかを説明する、経済・社会・文化の各構造を詳細に分析することを通して構築されるべきである。

ＩＬＯは、近年になって、その分類化を通して「農作業や家庭内の手伝いは、児童労働のカテゴリーから除外される」ことを認めている。これは、どのような理論に基づいて分類化がなされるかによって、子どもたちの労働が根絶の対象にもなり、擁護の対象にもなりうることを示している。つまり、われわれは、分類化を問題とするとき、それは現象学的・認識論的問題と対峙していることになるのである。だが、同様に、経済的・精神的搾取からの保護という、子どもたちの権利擁護に関しては、コンセンサスを追求し具体策を確立することの必要性、および有用性を認識すべきである。

ニーズから権利へ

今日のラテンアメリカ諸国において、子どもの労働が一般大衆家庭の生活条件の悪化と直接的関係があるという事実は万人の知るところであり、疑いようのない事実である。だが、貧困が引き起こす物質的欠乏を、未成年労働者の増加という現象の必然的かつ唯一の原因として、もしくは未成年者による労働を貧困の原因と結果として結び付けてはならない。既存の統計資料は、更新されるスピードが非常に遅くあまり信用できるものとはいえない。しかしながら、貧困や不平等の拡大に伴って、ラテンアメリカ各都市で働く未成年者の絶対数が増加しているのも、同様に確かな事実である。

過去一〇年間において、IPEC・世界銀行・IADB（米州開発銀行）、その他主要な国際金融機関によって、児童労働の根絶に向けて数百万ドルがつぎ込まれたのであるが、それは単なるお飾り的な成果を得るに過ぎず、最終的には、彼らが意図したことや公言したことと実際に具現化できたこととの差異は、児童労働という現象の大きさと比して、甚だしいものであった。ILO協定第一三八号の批准国が増加傾向にあるのは否めないとしても——ラテンアメリカにおいては、メキシコやパラグアイなどの例外があったが——、それは形式的なものであるに過ぎないといえる。一九九八年に開かれたILOの委員会において、専門家たちは、労働が許される「最低年齢」を取り決めた協定の実践化に向けた取り組みを伝える各種情報源において、各国における協定第一三八号の実際の達成度を測ることの難しさを認めている。同委員会は、働く子どもの存在自体が、国内法令や労働に関する国際法規に反して、一見したところ、労働に関する統計や労働状況を検証する公的な報告書などに反映されていないことを書き留めている。同委員会は、特に児童労働がどのようなかたちで存在するのかに関する各国政府の適切な監視の欠如に象徴される、情報の不足を憂慮している。ラテンアメリカにおける、「児童労働」廃止に向けた政策の増加傾向は、「最悪な形態の労働」にのみことさらに焦点をあてて児童労働を捉えはじめた社会の傾向と符合していることを、付け加えておく必要がある。

子どもたちになぜ働くのかと問えば、必要だから、家が貧しいから、食べないといけないから、自分の服を買うにはお金がいるから、働かないと学校へ行けないから、などと答えるであろう。同様に、働くのが好きだから、働くことで人に頼らないことを学んでいるから、盗んだり物乞いしたり体を売ったりするよりましだから、自由だと感じるから、などといった答えも聞かれることであろう。つまり、子どもが働く動機は多様なのである。だが、いずれの子どもも、単なる刺激に留まらない理由の一や二つは持っているのである。

子どもたちが働く動機の一つは、ラテンアメリカにおける、貧困化した層が抱える深刻な物質的欠乏に起因している。そして、もう一つの動機は、大人たちへの従属状態から抜け出し、自律する必要性からくるものである。その当時の社会・経済・文化・政治の構造と動向は、現代のそれとは本質的に異なっていたであろうが、貧困こそが子どもたちが働く大きな動機の一つであったことは、今から一五〇年以上前に遡ったとしても変わりはない。

「南」の国々の未成年者とドイツの未成年者の働く動機を比較することによって、その動機と目的の違いを明確にすることができる。つまり、子どもたちが何のために働くのかを知ることが可能となる。貧しい国々の場合、子どもたちは、たとえ部分的にしか解消されないとしても、日々の貧しさに立ち向かうために、幼少の頃より半ば強制的に働きに出ている。彼らの場合、所属意識を充たし、個人的充足感を与え、社会的に広く認識された有益性をもたらすといった労働の諸側面が奪い去られ、人間を人間たらしめる活動から社会的退廃へと堕した行為を強要されていることになる。ゆえに、社会的な受け止め方としては常に、子どもたちの労働は強制されたものであり、自由な選択の結果ではないものとされるのである。

これとは対照的に、働く子どもたちが主導する運動への参加を通してそれぞれの生活体験を読み直し、子どもとして、貧しい者として、働く者として生きた自己の表象を塗り替えることを学ぶに至った子どもたちは、自らが働くことに対して今までとは異なった考えを抱くようになる。

「僕は、強制されるから働くのでもなければ、必要だから働くのでもない。そうではなくて、どうやって我が子を食べさせ、着させ、勉強させようかといった不安を抱えながら生きている親たちと、支え合いたいために働いているのです」、「私は、家族の抱えている問題に無関心ではいられない。だから、働きに出るんだ」などという具合に。

たとえ、このような意識で彼らの環境に立ち向かったとしても、客観的には物事が改善されないかも知れない。たとえそうだとしても、われわれは、子どもたちの人間的・精神的・倫理的・文化的係わり合いに変化をもたらす、新たな主観性の萌芽を彼らの発言に感じ取っているのである。

以下は、二つ目に考慮に入れるべき点である。ドイツのいくつかの学校において、一九八九年、一九九三年、一九九四年、一九九六年のそれぞれに、一連の調査が実施された。いま働いているか、そうだとすればなぜ働くのか、もしくは今後働きたいと思っているかなどについてのアンケートの回答の中に、われわれは、ラテンアメリカのそれとは背景が非常に異なっているにもかかわらず、注目に値するような働く動機の数々を発見した。

ドイツの子どもたちは、貧困によって働くことを強いられるのではなく、それは消費社会・消費文化の要求からなる強制力によるものである。この文化において、消費することによって得られる社会的ステータス、他人から認められる可能性、さらには最低限の物質的欲望を満たしたいという主観的要求からくる衝動は、なぜ親にねだることなくモノを買ったり、旅行したり、好みのものを買ったりするために子どもたちが働くのかということを説明している。

これらに加え、さらなる動機として考えられるのは、自立したいという子どもたちの意思の表われである。子どもたちの収入は、子どもたちにとって必要かつ正当な理由がある消費をめぐっての家庭内での諍いを減じることになる。

われわれは、なんらかの形で働く子どもたちが増加傾向にあるのを認める一方で、身体的に問題がない限りにおいて働く能力があると子どもたちの労働を支持するような、今までとは異なる視点からの捉え方をすべきである。われわれは、人間にとって内在するものとして働く権利を認識し、それに基づく批判的検証の必要性を感じている。働く権利とは、主体が人間であるための権利であるといえる。権利としての労働の歴史——ヨリ正確にいえば、さまざまな社会で労働として認識されている行為——は、それが実定法の中で定められるまでに、衝突の絶えない、長い時間を要した。労働の権利は、一六世紀に公権力の人民に対する要求可能な義務として生まれた。そして、労働が義務であるという正にその理由によって、各個人の労働に対する権利が生まれたのである。

だが、今日、結果として大部分の人が抱く社会通念と符合しないのは、未成年者の働く権利について論じる場合である。労働と子ども、もしくは権利・子ども・労働の間に存在する互いに反目しあったビジョンが、未だにしぶとく生き残っている。しかし、他方においてラテンアメリカ・アフリカ・アジアの各地域で生まれた働く子どもたちによる運動を通して、子どもたちの働く権利が取り戻されつつある。働く権利の享受を肯定することは、その行使主体が未成年・女性・高齢者のような「脆弱化された」セクターの場合、執拗なまでに厳格な監視を伴うことが必要とされる。子どもの働く権利の行使を宣言することは、無謀・虐待・性犯罪・搾取などとは程遠い、人類の中での労働の機能、人間味あふれた機能を擁護するための、倫理的・政治的要請を確立することを意味する。

たとえ、資源や機会の不足により生み出されたニーズからなる強制力が、子どもが働きに出る動機の中で不可避の構成要素であったとしても、すべてがその動機に帰してしまうわけではない。家族にとって役に立つ存在であることを実感したい、家族と連帯していたいという渇望は、同時に、家庭内においてある程度の自立を獲得することへと繋がり、自らの生活の糧を補っているという喜びを味わえることにもなる。これらも同様に、子どもたちの働く動機を形成している一要素なのである。

だが、子どもたちの働く権利について論じ、一九九二年からペルーの児童法によって認められた働く権利に対する認識を広めることによって、たとえ働き始める原因となった物質的条件を改善することはできないとしても、子どもが働く動機を変化させるような可能性を作り出すことはできる。誰かが言うように、子どもたちの働く権利が承認されることによって、好ましからざる労働に対するインセンティブがもたらさせることなどありえないのである。マントックにおいては、労働が一つの権利として認められることによって、要求可能な法的権利としてのあらゆる権利が有する価値や尊厳を蹂躙するような諸条件を拒絶するための確固たる基盤が生み出されると考えられている。

働く子どもたちが主導する運動においては、それぞれの子どもの労働内容が常にテーマとして取り上げられ、念入りな省察が行なわれている。なぜ働くのかということについては、経済的動機だけでなく、労働を通して生活の他の側面における成長を得るためには何をすべきかについても話し合っている。これにより、働く子どもたちが、労働による経済的成功だけで満足することなく、その労働環境に対して常に批判を怠らない態度を維持し続けることが可能となる。労働に対する批判的検証は、安直でその場限りの評価に基づいた批判とは意を異にするものである。

三、貧しい者たちの歴史の一部としての働く子どもたちの歴史

ヨーロッパにおける若年労働者組織の芽生え

西洋においても同様に、貧しい者たちは、彼らの生活条件を規定する存在に抗うために、組織を作ることを学んだ。彼らは、人間の条件の最大の表現である自己の尊厳――それを否定することによって貧しい者たちを社会の周縁へと追いやるような状況を、決して許すことはなかった。大多数の貧しい者たちは、制約の多い生活環境を前にしながらも、あらゆることを諦めたのでもなければ、凄惨な人生から逃れる方途として死を選択することもなかった。一つの社会現象として、集合体として、階級としての貧しい者たちは、尊厳の名において反発し、抵抗を続けてきた。

この歴史の延長線上に、働く子どもたちによる抵抗を位置づけておく必要があろう。歴史が記録として残されているすべての国において、性的暴行・虐待・不正義に対する未成年労働者たちの抵抗を確認することができる。その一例として、合衆国の幾つかの都市において一九世紀終盤に興った新聞売りの子どもたちによるストライキがあり、一九世紀末から二〇世紀初頭を生きたフランドルやヘントの働く子どもたちによる抗い、さらには、一八九四年にみられたベルギーのシント・ニクラスの織物工場で働く子どもたちによるストライキを挙げるだけで充分であろう。しかしながら、子どもたちによる

権利要求の行動に対して、経営者は子どもたちとは直接話し合うことなしに、彼らの親、または責任者と交渉するに留まるのが常であった。

実際、これらの抵抗の多くは、公正さを求めること、または、よりよい労働条件を獲得することを自身の手に委ねられた未成年者たちによる自立の意志のあらわれであった。ここでは、一時代において築かれた経験に継続性を持たせるために、その経験を新たな世代へと継承させることが大きな課題となってくる。その意味において、経験に継続性を与えたことこそが、一九七〇年代より、新たな社会アクターの出現というかたちで働く子どもたちが実現してきた組織、もしくは成長を続ける社会運動を通してもたらした斬新さの中核を成すものといえよう。

貧者たちの歴史の中核を成すのは、労働をめぐる歴史である。貧しい者たちは、常に労働をめぐって闘ってきた。なぜなら、そこには、物乞い・慈善にすがる者・他者に従属した存在などと区別される可能性、つまりは人間としての尊厳とは正反対の状況に自らを貶めないための最低限の可能性を見出すことができたからである。しかしながら、働くというそれだけで、独立・自立・尊厳などが約束された時代や社会が存在しなかったことは、自明の理である。子どもたちは、労働を尊び重要な意義を与える言説と、従属する者として、日々食い繋ぐのが精一杯な者として、評価されることのない労働力の提供者として労働に従事せざるを得ない具体的現実との間にある悲劇的な矛盾を、家族と共に経験していた。

二〇世紀初頭のベルギーにおいて、マニュファクチャー資本主義と産業資本主義が興隆を極める只中、労働に従事する子どもや若者たちの境遇をめぐって、ひとつの答えが生み出された。それは、その後すぐに、JOC（カトリック青年労働者連盟、以下、ホック）という名前を用いるようになった、若年の組合労働者たちのことである。ベルギーのジョセフ・カルディン神父は、炭鉱夫の父と家事使用人の母の息子としてその少年時代を過ごした。その後、彼は、子どもや若者と共に、若年労働者の、若年労働者による、若年労働者のための自立した組織を結成することになる。ジョセフ神父が生み出したこの歴史的着想は、労働者であることによって、神の子であることによって、あらゆる若年労働者の尊厳を肯定している。

世界中のすべての財を掻き集めたところで、一人の若年労働者の価値には到底及ぶものではない。カルディンは、工場あるいはシャルルロワの炭鉱で家事使用人として働いていた子どもや若者たちの現状を知り尽くしていた。さらに田舎から都市への移民として、第一次大戦による被害を受けた子ども・孤児・捨て子・施設に収容された子ども・市場で働く子どもたちの抱える現状を常日頃から目の当たりにしていた。カルディンは、自らの生活体験を通して、人間を関心の中心に置かずに金や財の蓄積にその中心をおいた、資本主義システムがもたらす貧困の窮屈さと労働者たちが抱える屈辱を知った。

彼の着想は、なぜ若年労働者を評価することが、同時に彼らの人間としての条件、および労働者としての立場を評価することに繋がるのかを説明している。いかなる歪曲もロマン主義的理想主義も、この評価の後ろには存在しない。なぜなら、この評価こそは搾取を告発し、権利が否定されその生が支配されるような条件下に置かれた未成年者たちの解放に向けた絶え間ない活動を続けるための地平を切り開き、その推進力ともなるからである。

ホックの先駆者である若者たちの行動や思想のなかに、「労働を廃止する」といった発想はどこにも見当たらない。むしろ、彼らの着想は、家族や社会の拡大された生活を生産し再生産するという豊かな経験を尊厳ある労働によって取り戻すために、否定すべき物質的・精神的諸条件を打破するために組織するというところにある。尊厳ある労働のみが、人間の搾取に基づいたシステムの共犯者になることなく、若年労働者の尊厳について言い及ぶことを可能にするのである。そこに、ホックによる活動の真髄が映し出されているといえる。

その後ほどなくして、ホックの経験と言説は、若者という枠組みを取り払うこととなったが、それは半ば必然的であったといえる。なぜなら、ホックが発するメッセージは、特に、ヨーロッパの文化的背景や資本主義文化に特徴づけられた労働、労働者、尊厳ある条件下で働く権利をめぐる闘いなどと符合をみるものだからである。

ホックにとって、本質的かつ放棄できない遺産としてその社会的・文化的・法的視角を支える礎となるものが存在する。それは、若年労働者として過ごしたキリストの生い立ちである。カルディン神父の思想的根幹を成す、福音やキリスト学に関わる原典解釈学の実践は、人間の尊厳を共に創造し回復させる存在、生きるために必要なものを共に提供する存在、公共の福利を共に構築する存在として労働者を評価するその姿勢に映し出されている。同時に、カルディンは、イギリス、ドイツ、ベルギーの労働階級についても研究を行ない、獄中では、カール・マルクスの『資本論』について学んだ。『資本論』においては、労働は、若者にとって痛みや苦しみの源であり、人間を貧しくさせる根源であると定義されている。

それゆえ、彼は労働の問題に対して弁証法的なアプローチを試みた。つまりそれは、賃労働者として、隷属した労働者として、または、自ら仕事を作り出すことで生きざるをえないような、経済的・社会的・政治的・法的座標軸に対する批判的考察を通して、労働に対する評価を試みるというアプローチである。

労働問題の起源――義務と救済

施しではなく、労働の機会を提供することによって生活困窮者のニーズを充足させるという課題は、今に始まったものではない。この種の課題は、すでに一六世紀初頭より存在していた。

実際、この問題は、近代国家に与えられた「保護国家」という役割と関連している。「国民の窮状は失政の結果である」という発想は、政治の近代性の到来と不可分である。この発想は、不安定さを解消する存在として、安全を提供する存在としての国家という解釈がもたらした論理的帰結である。ゆえに、「王は必要としている国民に対して、生活の手段を与えねばならない」といった発想にみられるように、古風な家父長主義にアクセントを置いた保護国家の社会政策が広く支持を得ることになった。だが、この貧しい者に労働の機会を与えるというニーズは、単なる社会の道徳的負債として留まることはなかった。このような時代遅れな発想が完全なかたちで現代に引き継がれているのは、非常に残念なことである。

同様に、危険にみえる集団をコントロールし、教化するため働かせるという発想も存在した。為政者たちは、特に浮浪者や「失業者」に対して、優先的に労働の機会を提供してきた。一五一五年二月のパリ議会が出した勅令は、まさに、このような特徴を帯びたものであった。この勅令は、仕事を持たない個人に対して労働の機会を与えることの必要性を公式な場において命じた初めてのものであった。だが、職を持たない人びとは、失業者として扱われることはなかった。経済的不活動と社会的犯罪は、ほとんど区別されることがなかったのである。大道芸人・怠け者・ならず者・チンピラ・ポン引き・マフィアの一味などは、同じ階層、もしくはカテゴリーに位置づけられた。必要としている人びとに労働を提供すること、特に重労働を課すことは、完全に混乱し倒錯した時代において生じた発想であった。

さらにひどいことに、貧しい者たちを、下水管掃除・側溝掘り・街頭の掃除・市壁の修復など、辛く苦しい労働に招くことによって「鎖で繋ぐ」ような政策が実施された。建設などの公共事業に失業者の労働力を用いるといったやり方は、一六世紀以降現在に至るまで、本質的にはその姿を変えることはない。

一六五六年に、フランスにおいて設立された総合病院は、物乞いたちを仕事に就かせるために囲い込むという、抑圧的な哲学の極みを表現しているといえるだろう。同様に、イギリスに存在した法律も冷酷極まりないものであった。一五四七年、エドワード六世が発布した条例などは、ある意味において浮浪人たちに対する奴隷制の復活であった。物乞いたちへの労働機会の提供は、主に社会秩序を保つという目的に即したものであったといえる。

経済的側面における貧困対策は、徐々にではあるが改善されていった。一六世紀の教育者であるファン・ルイス・ビーベスが記した書物は、当時の状況を明確に説明している。一五二五年に発令された「極貧者に対する助成法」(貧しきものを救済するための法令)において、ビーベスは、貧困問題を解消するための主だった方策は、雇用の機会を提供することだとみなしている。「各工房の人足が不足したり、労働者が仕事に困ったりしないように、当局は、それぞれの工房主に対して、自らの工房を持たざる人びとをある

(一九一頁の写真)
街頭の子どもたちは近代化で排除されていく(リマ)。義井豊撮影

Coca-Cola
Coke
AV TACNA
POLICIA NACIONAL DE TRANSITO
QUIEN VA DESPACIO VA LEJOS

一定数割り当てること！」。

ビーベスは、雇用を創出するための方策として、ある種の公共経済を確立させることを望んだ。彼は、貧しい者たちが、小さな工房を開くために集まることのできるよう支援した。それが、都市の公共事業であれ、病院で必要とされるいかなる類の労働であれ、最終的には、すべての資本や財は貧しい者へと向けられ、彼らによって消費され利用されるべきというのが、ビーベスの考えであった。

百科事典で「労働」を紐解いてみると、以下のような一文が書き記されている。「この世において何も所有していない者・物乞いをする者・保護を必要とする者は、生きてゆくために労働の機会を要求する権利を有する」。

まさにこの精神によって、一七七〇年、フランスの各地から慈善事業のための基金が集められたのである。フランスの経済学者、ジャック・テュルゴーは、一七七五年に発布した勅令により、ヨリいっそうこの運動を後押しした。労働の提供を目的とした「慈善のための工房」という概念は、半ば強制労働に近かった過去の事業とは一線を画するかたちで、この勅令の発布を期に生み出されることとなった。「長い時を経て、ひとつの哲学的基盤が見つけ出された。それはまさに労働のことである」。以上のことから、一八世紀における最も重要な事業は、物乞いの廃絶へと向けられていたと結論づけることができる。

これらを歴史的前提としたうえで、現代のラテンアメリカへ戻ろう。ラテンアメリカにおいては、先進諸国からの経済政策の押し付けにより排他的グローバリゼーションの進行が引き起こされた結果、失業者は増加の一途を辿っている。そのような中、経済の恩恵に浴することのできない人びと、もしくは中産階級に属する多くの人びとが、まず

第一にその回復を求めたのは労働であった。

この要求を前にして、二つの現象に注意を払っておく必要がある。第一の現象は、家族の構成員のほとんどが、日々の糧を得るために半ば強制的に経済活動に従事しているということ、その結果として、あらゆる類の労働において子どもたちの人口爆発がみられるということである。

二つ目の現象とは、多くの国でみられる、若者向けの雇用プログラムを実現するに留まった雇用政策である。これらのプログラムの特徴は、完全失業率が減少しているかのように、雇用機会を創出しているかのように見せかける統計を公表することにある。結果として、この雇用プログラムによって創出されるのは、非常に不安定な雇用形態であり、概して最低賃金も社会保障も保証されることのないものである。つまるところ、多くの年限を割いてきたにもかかわらず、諸々の政策は貧困と労働、貧困と尊厳ある労働との間に介在する亀裂を未だに埋められずにいるのである。

人口の五〇パーセント以上が貧困層に属するような国々で起こっている、子どもの諸権利をめぐる運動は、ブラジルの「土地なき農民」運動、さらにはエクアドルの先住民族による運動のように、労働をめぐる社会運動と何らかのかたちで融合するものである。

一九九二年、ペルーの児童法は、その第二二条において、一三歳から一八歳までの子どもたちが働く権利を国家の名において承認した。この権利は、これらの年齢の子どもたちに対して労働の機会を提供するという意味での働く権利ではなかった。この場合の働く権利とは、何の障害も妨げもなく、罰せられることもなく、権利を享受し、行使するという意味である。働く権利はこのように理解され、同児童法の条項内に書き留められている。ただしそれは、健康・教育・遊び・休養といった、子どもたちの諸権利の行使を妨げない限りにおいて、労働が「搾取」へと通ずることのない限りにおいてである。

「解放の神学」構築のプロセスから

実際、「解放の神学」と呼ばれるものは、あるキリスト者の一群がアメリカ大陸の貧しい者たちに添い続けた、長い歴史の後に生まれ落ちた副産物であった。この大地において福音伝道が始められた当初から、西洋より伝来した言説を無批判に再生産すべきではないという声が上がっていた。現実が、伝道師たちを問いただし、先住民族がその土地において培ってきた人間性、自己を取り巻く世界との関係性、そして西洋のそれとは本質的に異なる調和の取れた異種混交性のあらわれとしての世界観が、福音書に対する新たな解釈を行ない、さらなる深みに到達できるよう、伝道師たちを駆り立てた。「征服」によりもたらされた文化的・民族的不和が、先住民族に対して犯した常軌を逸した行為の数々を如実に物語っている。だが、すべての人びとがこの状況に馴化されたわけではなかった。それは常に少数派ではあったが、恒常的に論争を引き起こすことによって、時間をかけた緩やかなプロセスの中、自らの立場を獲得してきた力強い声がそこにはあった。

キリスト者たちは、この新たな轍の中で、貧しい者・搾取された者・疎外された者・隷属する者・権力者からその存在を否定された者たちに忠誠を誓うことによって、イエス・キリストに対する忠誠を示した。そして、一九六〇年代、この意義深い実践的な行動が凝縮されるかたちで、あまたのキリスト信奉者の信仰生活に新たな地平を指し示す「解放の神学」として産み落とされた。

実際、「解放の神学」は、既存の政治や経済の権力構造、もしくはグローバルな支配からの真の解放を希求した運動として、大陸全土へと拡がっていった。一九六八年にメデジンで開催されたラテンアメリカ会議に集まったカトリック司教たちは、貧しい者に向けられる構造的暴力に対する抵抗と闘いを通して社会の抜本的変革を促し、信仰が生き残ることによってアメリカ大陸において新たな福音伝道が生み出される可能性を模索し、福音に対する人びとの忠誠を回復させることを誓い合った。貧者に対する忠誠を誓うことなしに、信仰に対する忠誠など示すことなどできない。ゆえに、ラテンアメリカの教会は、厳粛にも「使徒信条《クレド》」の一部となり、貧者の拠り所となる必要があった。

すでに一九六二年に開かれた第二バチカン公会議において、物質生活――「現代世界憲章」はそれを地上都市と呼ぶだろう――に対する新たな解釈がもたらされた。ある神学者たちは、この物質生活に対する新たな解釈を、キリスト者でない者や無信仰の者たちをも含めた、労働者による組織や運動の中に取り入れていった。このようなプロセスを経て、ホックの言説は「解放の神学」に迎え入れられ、神学は新たなる局面を迎え、労働に対する新たな精神性が開かれていった。ファン・パブロ二世の第三の回勅「人間の労働について」は、労働者・組織的連帯・キリストに対する忠誠・教会の概念などの関係に直接的に向き合ったものであろう。

一九七九年のプエブラ司教会議やファン・パブロ二世の第三の回勅――これらのいずれにおいても、子どもは本来あるべき姿として認識されなかったし、その他大多数の貧しく、搾取され、抑圧され、疎外された人びとと区別して取り上げられることはなかった――よりも以前に存在したマントックの言説は、労働に対する批判的検証を行ない、「プロタゴニスモ」の精神を踏襲し、貧しい者たちの主体的存在としての条件の向上を目指し、働く子どもを大人たちと同等の価値を持つ存在として認めるものであった。

労働に対する批判的検証は、まず第一に、あまねく人びとを主体として捉えるところから始められる。そうすることで、多くの人びとが物質生活と精神生活を生産する場として強いられている、悪辣な環境に対する批判が生まれるのである。しかしながら、子どもであるというそれだけの理由で、彼らが自らの人生を創造してゆく存在としては認めないという立場に立たない「解放の神学」者たちは、「児童労働根絶主義」の立場にその身を置くことができなかった。

「根絶主義者」は、解放に向けた歴史的構想の中核とは成り得ないとわれわれはみなしている。「解放の神学」に集う人びとは、子どもたちをも含めて、年齢を超えたあらゆる人びとの尊厳を奪うような悪辣な環境と闘う、――福音に徹頭徹尾従うことを通して――倫理的必要性を生み出した。根絶主義者たちが目論んでいるのは、「赤子と共に汚水を流す」こと以外のなにものでもない。ゆえに、なぜ、マントックがホックより受け継ぎ、独自のアクセントを加えて発展させてきた労働に対する批判的検証が、われわれにとって価値ある遺産であるのかを理解することができる。これは、世界中で展開されている幾多の児童労働根絶キャンペーンによって強化されてきた、働く子どもたちに押し付けられた常識的な通念からは、考えも及ばない事実であろう。

第四章　主役としての子どもたち

一　子ども主導組織の先駆的経験として——一九四〇年代初頭

継承されているチャビスタの経験

これは、わが試論において特別に関心のあるテーマではないが、二〇世紀半ばにみられたある子ども組織の経験について手短に言及しておきたい。その組織はチャップと呼ばれる、アプラ党*に所属する子どもたちから成る団体で、一般的に「チャピスタ」として知られている。

アプラ党は、党の創設者であるビクトル・アヤ・デ・ラ・トーレ*の着想に基づいて、子ども組織の編成を行なった。そのアイディアは、ロシアにおける「ピオネール」*のケースのように、幾つかの政党がすでに着手していた組織形態であり、その意味においては独自性を持つものではなかったが、少なくとも当時のペルーおいては先駆的な試みであった。しかしながら、実際の創設意図は、党の大望に従って子どもたちを育成し、これらの子どもたちが後に青年部を形成することで、ゆくゆくは活動家としてアプラに入党してもらうことにあった。現在もなお存続するこの組織の活動を掘り下げることは、ペルー近現代史の中でアプラ党が果たしてきた役割からいって、なんらかの価値があると思われる。ここでは、彼らの活動の是非を問うことなく、その特徴や傾向を以下に定義してみたいと思う。

アプラ党　ペルーの民族主義的な運動組織「アメリカ人民革命同盟」（APRA）。後出のアヤ・デ・ラ・トーレが一九二四年、亡命先のメキシコで結成。反ヤンキー帝国主義、ラテンアメリカの政治的統合など、当初は急進的な綱領を掲げたが、一九五〇年代以降は保守化した。

アヤ・デ・ラ・トーレ（一八九五〜一九七九）　ペルーの政治家で、アプラ党の創始者。

ピオネール　ソ連で結成された少年少女の組織だが、政党の大人たちの支配下にあったといえよう。パイオニアの意。

①活動のイニシアティブは政党の大人たちによるものである。
②少なくとも結成初期においては、組織の活動概要やその機能は、創設者である大人たちによって決定された。
③子どもたちの組織は党の公式な組織ではないが、活動の運営は大人のアプラ党員たちに一任されている。
④組織に参加する子どもたちは、一般的に党や党の青年部のメンバーである家庭の子息であった。
⑤概して、この組織に参加した子どもたちの多くはアプラ党員の子息であり、純粋に一般大衆から引き抜いてきた子どもたちだけというわけではなかった。
⑥この戦術は、子どもたちに対するアプラ党の教義および綱領の指導を確実にしただけでなく、党の活動に対して熱意や大望を抱かせることを保証した。
⑦大衆層の子どもたちによって生み出されたこの歴史的事実が持ち得た意味は、当時チャピスタに参加していた子どもたちが、政治的責任を担う大人にまで成長するという確証を作り出したことにある。これは、若者が非政治化し、大衆の夢や関心を叶えるために闘うということに興味を失った昨今において、軽んじてはならないエネルギーである。
⑧幼少期より、党の創設者、アヤ・デ・ラ・トーレの優れた人格を説くことで、党に対する自己同一化とアイデンティティの確立に決定的役割を与える。
アプラ党は、一種の囲い込みや幼少期からの洗脳教育でこの実践を行なったことから、それを非難する人びとは後をたたない。独立性が薄く、党内の大人たちに従属するような組織であるから、子ども自身による主導性や刷新能力に欠けた組織であるとの評価も

下されている。さらに、カトリックやプロテスタントが営む少年会の非宗教版であるともみなされている場合もある。そして、大人たちの命令や指導、コントロールに否応なしに従わされるようなゲットーや布教伝道との類似性も指摘されている。しかしながら、この事例を通して、子どもを見る目を再検討する上でも、さらには大人世界における子どもの役割を再考する上でも、大いに役立つであろうから、体系的な研究の価値があることを強調しておきたい。

子ども組織は、多くの場合、パレードやデモ行進、集会においては常に積極的ではあるが、時には閉鎖的で、公の場において自身の発言の機会を持つことはない。学校や役所、また地方政府などの子ども組織が招待される場においても、チャピスタの子どもたちが出席して意見するというのを聞いたことがないし、子どもの権利に関する集会が国内において開かれる際にも、彼らが参加するのを見たことがない。

このように、チャピスタに対する否定的なイメージや偏見は存在するものの、これだけ長い期間、独自のやり方を成功裏に持続している経験が無効になることはない。子どもも時代をチャピスタのメンバーとして過ごし、現在アプラ党員となった大人たちが、この子ども組織が生みだした社会資源や人間関係を知るための大きな手掛かりを提供してくれるであろう。

二　真の子ども主導組織の誕生――一九七〇年代半ば

マントック――組織が子どもたち自身の手の中にある場合

われわれの関心を引くのは、子ども主導の組織が、多様な形態、役割、表象の下にあって、どのようにして新たな世代間の関係を築いていったのか、そして、未だ萌芽的ではあるが子どもが主導する組織の一員となることは、子どもにとって何を意味するのかということである。

以下、マントック（正式名称 Movimiento de Adolescentes y Niños Trabajadores Hijos de Obreros Cristianos キリスト教労働者の息子たちである働く子ども・青少年の運動、略称ＭＡＭＴＨＯＣ、一九七六年創設）について言及していきたい。しかしながら、常に構築と再統合を繰り返している組織について、どの時期にどのような段階が生じ、それがいつまで続いたかを、はっきりと区分してしまうことはどこか恣意的な感じがする。

子ども主導の組織は、時間をかけた緩やかな構築プロセスを経て作り出される。生存に欠かせない最低限のニーズすら充足させるのが難しい人びとが多数を占めるにもかかわらず、逆説的にも、実に多様な社会組織の出現をみるのは、常に貧困層においてである。それぞれの組織から発せられる提言は、子どもたちの日常的体験と無関係ではない。マントックがもつ斬新さは、何のために、なぜ、どのように、だれと共に活動を展開しているのかなどの諸点における、その独自性にある。

　子どもが主導するこの最初の組織をめぐっては、その始まりや運動の礎をなす哲学、さらには過去三〇年間に渡って、ペルーのみならずラテンアメリカ全体における子どもに関わる思想形成への貢献を明らかにする研究とその体系化が進められてきた。ベルリン科学技術大学のマンフレッド・リーベル教授は、ボゴタのガミン*と呼ばれる子どもたちとの活動を展開する「ラ・フロリーダ」と、当時活動を開始したばかりであったマントックについて、最初の比較研究を行なった。リーベルは、サレジオ修道会に属しているという「ラ・フロリーダ」の限界点を指摘しながらも、組織内部に「市長」や「議員」などのシステムを確立することによって、子どもたちの自律性を保っていることを見出した。だが、最終的に、「ガミン」という現象のいさかいの絶えない性格やその複雑さゆえに、「ラ・フロリーダ」のそれはマントックが到達した働く子どもたちの現実とは、非常に異なるものであり、その視角と教育アプローチには相違がみられると説明している。

「ラ・フロリーダ」とは異なる事例として、ブラジルのベレン・デ・パラの「小さな物売りたちの共和国」という活動が挙げられる。これも、同じくサレジオ修道会のイニシアティブによるものではあるが、ブルーノ・セッチ神父は、子ども自身の手によって活動が展開されるよう便宜を計った。双方の事例では、法的に労働を認めらる年齢に達していない子どもたちの自己同一化と社会的アイデンティティを確立する過程において、労働と職業訓練の問題に重点がおかれることはなかった。この意味において、リーベルは、マントックとこれら二団体の間に、なんらかの「認識論的断絶」を見出すことになるであろう。

　おそらく、コロンビアとブラジルにみられるこの二つの経験においては、過度の危険

ガミン　ごろつき、不良の意。ボゴタではないが、「解放の神学」発祥の地・メデジンの少年ギャングたちの生態を描いた本に、アロンソ・サラサール『暴力の子供たち――コロンビアの少年ギャング』（朝日新聞社、一九九七年）がある。

や貧困、加えて親の育児放棄にさらされている子どもたちを活動の対象としているがゆえに、特にガミンのケースでいうと、労働が教育的・治療的実践の一部を構成してしまっているといえる。ブラジルの現実においては、未成年者による労働は、その歴史的経緯から奴隷制や黒人差別と結びついてしまい、ゆえに社会から拒絶される一因となっている。マントックの場合は、働く子どもを社会的主体として認識しており、子どもたちが家族と共に働くことの価値を肯定している。ゆえに、マントックの子どもたちは、貧しさや不平等に自らの運命を決定づけられたくないという意志を持つ人びとと行動を共にする存在であるということができる。

しかしながら、個人的かつ構造的諸条件の著しい変容が見られるわが国において――ごく近年の歴史が証明しているように、これらの条件はしばしば覆されるのだが――、生活のあらゆる側面において、新たなアクターが息を吹き返し、新たな概念や政治・組合組織を備えたアクターが効果的なかたちで出現している。これらの出現には、特に、社会実践を生み出す豊かな思考が社会科学の分野において誕生したことが大きく貢献している。このような局面において、その当時行なわれていた諸改革の弊害を被った人びとによる抵抗や反逆が繰り返された時代に、マントックは誕生している。

若年労働者たちの苦渋に満ちた生活体験に裏打ちされるかたちで、より具体的に言えば、マントックは一つの答えとして、JOC（カトリック青年労働者同盟、以下、ホックと略称）の手によって誕生した。つまり、マントックは、その幼少期において働く子どもであった若者たちによる提言によって、誕生したのである。それゆえ、働く子ども主導の運動を支持する言説は、家族や個人が抱える複雑な現実から切り離して、子どもたちを捉えることはない。それは、子どもたちが働くという行為とその存在それ自体を肯定するための言説であった。

この試論においては、運動の始まりから現在に至るまでの軌跡を詳細に語ることはしないが、マントックに対する統括的理解のために必要不可欠な、いくつかの側面を簡潔にまとめるべきであると感じている。

一九七六年に組織として歩み始めるきっかけとなった四つの大きな観点がある。これら四つの観点には、ホックに属する若者たちの生活体験が反映されている。

①彼らは、長い間子ども主導の組織作りに取り掛かるべきだと考えていた。子ども主導の組織とは、他のいかなる組織の付属物でもなければ、大人や若者たちの付帯物でもない。言葉を換えるなら、ボーイスカウトやチャピスタのように、組織としてあからさまに大人に従属したり依存したりするのが当たり前であった時代に、子どもたちの自律性を肯定したのだ。

マントックの活動は、組織は子ども自身によって代表されるべきであるという着想に基づいている。実際、マントックは結成当時より、社会や国家に対して子どもたちが表に立つというスタンスをとっていた。マントック結成の数年前にはすでに、地域・共同体・地方政府などあらゆるレベルの政治舞台において、新たなアクターの登場や市民としての立場を回復させることを言い表すことばとして「大衆組織によるプロタゴニスモ」という表現が生みだされていた。とはいっても、マントックにおいて、子どもたち自身の言葉や思想、発言に重きがおかれるようになったのは、ようやく八〇年代に入ってからのことである。

当時の軍事政権が行なっていた公式的かつ支配的な言説、「社会動員」の提唱、さらには日常的に多側面における市民参画を充実させようとする意図が、結果として、参画に関わる言説も、政府が「参画」に与えた概念とは異なるものを提起しようとする言説も、曖昧なものにしてしまった。

しかしながら、当時誕生したばかりの子ども主導の組織においては、「プロタゴニスモ」が、ヨリ複雑な現実を覆い隠し、歪曲させるイデオロギーへと転化することはなかった。多くの働く子どもたちが属する大衆層においては、子どもは家族・地域・共同体の一員であり、疎外されたり排除されたりすることなく、共に責任を担う存在であるという自覚やイメージが徐々に肯定されるような雰囲気・行動・状況が存在した。だからといって、マントックの経験のすべてに、「プロタゴニスモ」の精神を伴った行動を見出し、運動に参加する子どもたちすべてに「プロタゴニスタ」としての存在感や人格を伴っているかのように取り繕う必要はない。さらに、この風潮が当時のすべての大衆や働く子どもたちの生活において大規模な拡がりをみせたかのように理想化することもできない。

組織として自律していること、そして子ども自身が組織を代表するということは、子ども主導の組織にとって切り離すことのできない二つの主軸である。さらに、この運動は、全国規模・国際規模で展開されているものであることを、付け加えておく必要があろう。それが国際的な運動でもあり、ペルー全土で活動を展開するホックによる助言と経験の影響を、マントックの中に見て取ることができる。こう考えると、彼らが抱える問題を地域に限定して捉えるのではなく、複雑な社会的・経済的・政治的諸現象を分析する必要性が理解できる。

②二つ目の観点は、文化構築のサイクルの通時的な過程についてである。ある組織が構想されることと、それが具体化していくことの間では、時間こそが重要な要素である。とはいっても、ここでいう時間とは、時間が単線的に流れる「クロノス」的なそれではな

い。ナツップの形成過程を語るには、ギリシャ人が「カイロス」と呼んだもの、つまりは、斬新さ、創造性、約束事の実現と遂行などが共時的に入り乱れ、新たな生命を生み降ろすに至った歴史的な時間を指すことになる。

しかしながら、マントックの結成に向けて最初にとられたイニシアティブも、結成直後の数年間の組織活動も、働く子ども自身によって生み出されたものではなく、したがって、マントックの子ども主導組織としてのオリジナリティなどはそもそもないのだ、とする異論もあり得る。

だが、このような異論は、子どもは子どもだけの世界に住んでおり、彼らは歴史的な諸条件から切り離されていると夢想する考え方からくるものである。子どもは、西洋的なビジョンにおいて、長年にわたってこのように理解されてきた。だが、非西洋社会の世界観においては、子どもは母親の胎内にいるときから、大地・畑・共同体内における労働や儀礼に携わる一構成員として受け入れられてきた。この意味において、子ども主導の組織を思い立ち、結成のためのイニシアティブをとったのが子どもであったのか、もしくは大人であったのかといったことは大した問題ではなく、いかなる着想に基づき、子ども・大人・組織に関わるいかなる概念をもって、それを行なったかが重要となってくる。

一九八六年、マントックは、全国の各拠点の代表を子どもたちの中から選出し、最初の全国代表委員会を開催するだけの力を身につけた。働く子どもたちが、組織的なかたちでそれぞれの役割を担えるようになるまでに、一〇年という歳月が費やされた。それは、長くゆっくりとした学びのプロセスであったが、結果として子どもたちはそれを成し遂げた。

このことを明かす例を挙げよう。ペルーのアマゾンに位置する街、プカルパのマントックに所属する少女ロシーオは、一九八九年、マントックの全国代表という役割を終えるにあたって、こう発言した。「私は今日、みんなから任された代表委員の役目を終えるわけですが、マントックがこの先どのように進んでゆくのかについては、少しの不安も抱いていません。だって、この運動は子どもたちの手の中にあるのですから」。

ロシーオが抱くマントックの将来に対するこの確信は、この運動を担うのは組織を自分自身のこととして感じ、自分たちがいつまでも組織の「創設者」であるという意識を失わず、責任という名の大きな遺産を引き継いでいくことを理解している、働く子どもたち自身なのだという事実に裏打ちされている。子どもたちによって引き継がれる最大の遺産とは、人生の各場面や社会状況に応じて、組織という名の道具がその目的を達成する前に朽ち果てたり消滅したりしないよう「絶えざる考案者」であり続けることである。だが、ロシーオから発せられたこのことばは、この運動が子どもたちの手によってのみ前進しうるということを意味しているわけではない。組織が子どもたちによって担われているという事実が、マントックの肯定的な未来に対する彼女の確信となっていることには違いないが、そのことが、この運動が大人たち、つまりは教育者や協力者《コラボラドール》（子どもたちは、運動に賛同する大人たちを好んでこう呼ぶ）との関係の中で実を結んだという事実を認めないということではない。これらのすべてが、運動が生まれるにあたっての不可欠な要素であり、ロシーオの発言に反映された生きた経験でもある。

こうして、マントックの文化構築期ともいえる最初のサイクルは幕を閉じ、新たなプロセスが展開されることとなった。そこでは、子どもたちが、子どもとして、息子／娘として、生徒として、隣人として、働く者としての条件を改善していくだけではない。

家庭、学校、地域、政府機関、NGO、国際機関の場にいる大人たちも——彼らは、しばしば、子どもたちを、とりわけ働く子どもたちを過小評価しがちなのだが——、子どもたちとの関係性を再考しなければならないという課題に取り組むことになったのだ。

この文化的サイクルは、その完結までに相当な時間を要するということを前もっていっておかなければならない。このサイクルにおいては、子ども、大人の世界、新しい世代の教育者あるいは協力者、子ども主導の社会組織がもつ意義や重要性などをめぐる旧来の概念との、真の認識論的断絶が必要とされる。

③マントックの運動が、近年になって、ペルー国内に限られることなく、地理的・文化的拡大が見られることも、きわめて重要な要素である。それを具体的に見てみよう。

一つ目は、一九九六年、ペルー国内の三〇の働く子どもたちのグループや組織が結集し、マントックの二〇年にわたる活動の後に誕生したナソップ（Movimiento Nacional de NATs Organizados del Perú ペルーの働く子ども・青少年全国運動、略称MNNATSOP）である。マントックの二〇年間における活動の方向性とそれほどかけ離れてはいないものの、この運動に参加することとなったグループは、それぞれに多様な歴史を持ち、実に多様な社会実践の経験を持つものであった。本当に子どもの「プロタゴニスモ」などが成立し得るのか否か、特に、マントックの「プロタゴニスモ」について多くの議論を展開することができる。だが、ナソップ運動の誕生は、国内における働く子どもたちの存在を可視化することのできる具体的事実であった。

マントックの礎をなす提言は、もはや彼らの独占物ではなくなった。今日、ナソップ運動は一万四〇〇〇人の子どもたちによって形成されており、口先だけに終わることなく、絶え間なく再創造を繰り返す運動体となっている。結成以後の数年間において、未

（二〇九頁の写真）
子どもたちが運営するナソップ全国代表者会議（リマ）。義井豊撮影

POR LOS DERECHOS DE LOS NIÑOS !
MNNATSOP
Movimiento Nacional de Nats
Organizados del Perú

だ本来あるべき姿には届かないものの、本当の意味でペルーの子どもたちすべてを代表するような組織となっており、子どもたちの手の中にある組織とはまさにこのような運動を指すのである。

ナソップ運動は、二〇〇〇年に「運動規約」を発表した。そこには、マントックの視点を反映させるに留まらない大きな飛躍がみられる。それを知るためには、規約の何条かを引用するだけで充分であろう。

第一二条　ナソップ運動は、働く子どもの視点から、望ましく、実現可能で、必要とされる子ども文化の早急な構築を希求し、連帯・正義・平和の建設者としての子どもによる「プロタゴニスモ」の実践を推進する。

第一三条　ナソップ運動を創設した規約に基づいて、ペルーに住まうあらゆる子ども、特に働く子どもに関するすべての権利を擁護し、発展させることを私たちの使命とする。

第一五条　私たちにとって、社会の主体的存在になるということは、私たちの言動が社会的な力を持ち、受け入れられるように、そのイニシアティブ・発言・提案に対して相応の責任を負うことである。

第一六条　ナソップ運動のメンバーは、社会の行動主体として相応しい人格の形成を怠ってはならない。ナソップ運動とは、まさに社会的主体を培う場であるといえる。すなわち、慎ましいながらも自尊心があり、柔軟でありながらも確固としたアイデンティティを持ち、寛容でありつつも基盤となる信念を有し、進取の気性に富みながらも堅実なイニシアティブを持ち、想像力と責任力を携え、あまねく人びとの「プロタゴニスモ」の体現に向けて躍進する子どもたちを育む場である。

二つ目は、ラテンアメリカに留まらない、世界規模での国際的な運動の進展についてである。一九八八年、マントックのイニシアティブにより、ラテンアメリカ各国の働く子ども主導組織がリマに集い、第一回の会合が開催された。これにより、アルゼンチン、チリ、ボリビア、パラグアイ、エクアドル、コロンビア、ベネズエラ各国の組織の間に、より緊密な関係が生まれることとなった。さらに、一九九〇年にはメキシコおよび中央アメリカやカリブ海の各国からの一七名の代表が加わり、ブエノスアイレスにおいて第二回会合が実現された。

ラテンアメリカ地域での一六年間にわたる連携の後、紆余曲折を経て、今日、その事務局をアスンシオンに置く「ラテンアメリカおよびカリブ海地域・働く子ども運動」が結成されている。ペルーにおいては、一九九七年よりナソップ運動が働く子どもたちの組織を代表するかたちをとっている。

一方で、すでに一九九〇年には、アジアとアフリカの働く子ども主導組織による会合の先駆けとなるイベントが、イタリアにおいて開かれている。だが、世界各国の働く子ども主導組織の間に本格的な関係がうまれる契機となったのは、一九九五年に「児童労働に関する国際ワーキング・グループ」（IGWC。現在は存在しない）により召集された会合を通してであった。とりわけ、セネガルとインドのクンダプールにおける会合や、アムステルダムやオスロでの会合は特筆に値する。この流れを組んで、一九九七年八月、リマにおいて第一回の世界会合が開かれることとなった。さらに、二〇〇二年一一月には、ミラノにおいて働く子ども世界運動結成のイニシアティブが生まれ、大陸間を結ぶ会合の場が築かれることとなった。そしてついに、二〇〇四年の四月、ベルリンにおいて、働く子ども世界運動が正式に結成される運びとなったのである。

いかなる者も、文化的側面のみならず、その方向性や目的においても異種混交としたこのプロセスの唯一の主人公であると自負することはできない。これらの会合がもった最大の意義は、それぞれの大陸を代表する働く子どもたちが一堂に集うことができたということである。今日、ある共通の目的に向かう大きな思想と実践の流れが出現しているということができる。

④だが、ここで短く取り上げたものは、僅かにこの現象の半分を取り挙げただけであり、過去三〇年に及ぶ、世界各所での大人たちやNGOによる貢献をわれわれは忘れてはならない。マントックの場合、若年労働者や働く子どもたちに対して共感を示し行動を共にした大人たちの存在があった。そこには、教区教会、共同体、隣人組織、学生会、教育機関なども含まれる。マントックの歴史は、働く子どもたちに付き添いながらイニシアティブをとってきた大衆層の母親たちや、学校を通して子どもたちの組織作りを奨励してきた教師たちの経験なども参考にしてきた。なかには、働く子どもたちのイニシアティブに対して協力した公務員さえ存在した。

そのマントックですら、一九八六年の運動結成に際して、子どもを法人代表として登録できないという法的制限ゆえに、子どもたちによって役員となる大人を選出する必要が生じた。組織の思想形成プロセスに影響を与えたのは、結局、大人たちじゃないのか。そのとおりである。大人によって作り出された表現が、子どもたちの口からあふれ出しているだけではないのか。その可能性も否定できない。しかし、だからといって、子どもたちが自らの経験を表現することが、無益であるとか、単なるイデオロギーに還元されるだけだといえるのだろうか。

運動が掲げているスローガンについて説明してくださいと子どもたちにいったとしても、はっきりと深みを持ったことばや、大人が期待しているような表現で応えることはできないであろう。しかし、それはまったく別の話である。仮に、子どもたちが大人の望むような表現をしようものなら、「大人みたいだ」とか「どうせ大人に教え込まれたんだろう」とか「理解もしないで繰り返しているだけだ」、「ただ単にことばを並べているだけだ」、「教育者の言うことをまねているだけだろう」などと言われるのが関の山である。

このように考える人びとがいるとすれば、いったい誰が子どもたちをイデオロギー化しているのかを問わなければならない。女性の国会議員が、「この考えは誰が準備したのですか？」と尋ねた時に、マントックに属する働く子どもたちが「私たちです」と答えた場面を取り上げてみたい。「大統領、大臣、国会議員、ローマ法王、そしてあなた自身でさえも、何かを発表したり宣言したりせねばならない時に、きっと誰かに相談するでしょう？　ならば、あなたは顧問の人たちに操られていると考えてもよいのですか？　私たちは、子どもであることによって、いつも大人の言うことをなんでも信じ込む、簡単に騙せる馬鹿や愚か者であると思われているのです」

これは、より詳細な研究と精緻な考察を行なうのにふさわしいテーマであるといえる。なぜなら、大人と子どもの関係は、常に複雑で、不均衡である一方、所与の主観的・社会的状況をヨリ広範な座標軸に修正することも改良することも可能だからである。

ペルーの場合にあっても、スウェーデンの「セイブ・ザ・チルドレン」、日本の「永山子ども基金」*などのいくつもの国際NGOが、経済支援のみならず、倫理的な支援や専門家による支援を通して決定的な貢献を果たしていることにも注目しなければならない。

*永山子ども基金　本書補章第一節（二四四頁〜）を参照。

学んだことから得た幾つかの考察

①自ら主体的に物事を行なうということを学ぶのは、生涯に渡って続くゆるやかな学習プロセスにおいて、である。真の意味において組織が子どもたちの手の中にあるということ、子どもたちが政治的責任、つまりは代表としての役割を担うこと、大人に責任を転嫁することに消極的であるということなど。これは、自らの安全を確保するために、他者に責任を転嫁し、周縁にいることを好む傾向にあるグローバリズムの文化に対抗するプロセスでもある。

子どもに関わる問題のときには、「大人がすること」を子どもたちにさせないといった考えが「ご親切にも」子どもたちを無能な存在として認識するかたちを作り出しているがゆえに、複雑である。だが、この行程が忍耐強いプロセスを要すると認めたとしても、今後も同様にこの見通しが存続し続けるとは限らない。マントックの経験は、ひとたび伝統が作り上げられると、グループ内の学習スピードが速まり、予想もしなかったかたちで障害の克服を可能にするような社会化のプロセスが生じるということを教えてくれた。

②しかしながら、問題はただ単に子どもたち自身が組織の決定権を持てるような構造を作ればよいというのではない。子どもたちが自らの組織を運営していくだけでは不十分で、具体的にどの方向へ組織を進めてゆくのかを学ばなければならない。これは、単に子どもへの決定権の譲渡に留まることのない考察と議論が必要とされるテーマである。なぜなら、重要なのは決定の中身なのだから。

③子どもと大人の新たな関係が構築されるのは、このプロセスにおいてである。ナソッ

プ運動において、その立場上、大人は組織の一部であると理解されている。つまり、子ども主導組織の構想を支持しているだけでなく、彼らの実践が運動と一致しているがゆえに、大人たちも組織の一部であると理解されているのである。ナソップ運動の規約第一七条では、このように謳われている。「ナソップ運動は、そのすべてのレベルにおいて、運動のビジョンの具体的あらわれとして、世代間の関係を築く場となることを望みます。それは、すべての子どもも大人も「プロタゴニスモ」を体現することができる社会の構築です」。

そして、第一八条では、「大人たちはコラボラドールという役割の中で運動に参画しています。コラボラドールとは、『子どもたちと共に』運動内で与えられた役割を分担し、『子どもたちと共に』活動をより活気あるものにし、『子どもたちと共に』運動に参画する存在という意味であり、運動における子どもたちの主体的立場に成り代わることはできません。コラボラドールたちは、国内各地の活動拠点においてそれぞれに役割を担い、働く子どもが持つプロタゴニスモの精神にのっとり、自らもプロタゴニスモの実践を心がけています」と謳われている。しかしながら、これらのすべては、互いへの信頼と尊敬に基づいた教育者として、子どもとの関係をつくり上げることの妨げとはならない。

④いかなる者であれ、具体的には民主主義に基づく関係とは何を意味するのか、もしくはアンデスーアマゾン的ビジョンにおいて人びとが思い描く「すべての者は同等である」といった精神や感覚を一朝一夕に学ぶことなどできない。それゆえ、意見表明権、自律の権利、プロタゴニスモを体現する権利などを間違って解釈することで過ちを犯し道を外れることは、子どもにとっても、教育者自身にとっても頻繁に起こりうることである。

⑤概して、組織に入った多くの働く子どもたちは、組織内で用いられる言説が家庭内のしつけ方や扱いと一致しない、そして、家庭・学校・地域・労働の現場での大人との関係と一致しないことによって、自身が所属する組織で行なおうとしている生き方との間に葛藤を感じることになる。この葛藤が、しばしば個人的ないさかいのもととなり、家族や学校、政府機関に対する、大人たちには理解し難いような反抗的態度の源泉となることもある。これは、デイヴィッド・トルフーが「文化的不協和音」と呼ぶものである。「教育の現場において、子どもを過剰に評価、肯定し、多くの責任を担わせると、家族のような別の社会システムにおいて、非現実的な期待を抱くことになる」。

⑥日常生活、または組織活動を通して得られるあらゆる経験は、日毎に質の高い市民・仲間・生徒・息子／娘となっていくことを学ぶための、子どもたちの参画のかたちを改善していけるための、場所・時・機会である。この考えは、組織に同伴する大人たちにとっても有効だということを付け加えておきたい。いかなる者も、子ども主導組織の日々の活動において、どのようにすれば価値あるコラボラドールになり得るかということをあらかじめ知っていて、そうなるのではない。これは、特に、働く子どもたちの組織が比較的長く蓄積された伝統をすでに持っている場合には、大人たちにとってしばしば困難を伴う学習となる。

⑦組織が直面している困難の一つは、マントックの経験からいくと、子どもたちはある時期を迎えると、必然的に組織を離れざるをえないということである。長くても一二年（義務教育期間）の参加の後、子どもは若者となり、別な組織への参画や新たな生活へと向かって歩みだすことになる。これが、二つの状況を生み出すことになる。一つは、しばしば、子どもとして組織に関わっていたときよりもさらに長い期間、コラボラドー

ルという役割で組織に関わり続ける者がいるということである。中には、マントックに二〇年以上に渡って関わっている教育者もいる。これは、大人が日毎に創造性を失うことなく、新たな世代の働く子どもたちの生活体験やニーズに応じて対応を変えてゆく努力を忘れないかぎり、何の不都合も伴わない。実際、大人たちは組織にとってある種の生き字引的存在である。

⑧だが、長年に渡って組織に参画するコラボラドールが持つ危険は、常に変化を続ける環境において、自己の経験を物差しにして、子どもたちの行動を規制してしまうところにある。コラボラドールが運動に所属する団体の出身である場合、問題はさらに複雑になる。もし、働く子どもからコラボラドールへと自己のアイデンティティの切り替えができなければ、新たに参入する働く子どもたちのグループとの間に一連の軋轢を生み出すこととなろう。

なぜなら、皮肉にも、コラボラドールを生み出したのは運動自体であるがゆえに、この現実は、絶え間ない監視が必要とされる側面でもある。マントックの経験は、同様に、子ども主導の組織と、諸手続きなどの必要時に子どもたちに代わって代行する「法人」としての組織を代表する大人たちとの関係についても、われわれに警告している。マントックの場合、どの大人たちがどのくらいの期間、法人役員を担うのかを決定するのは働く子どもたちである。マントックの長い歴史において、法人を代表する大人が子どもたちに代わってマントックの運営責任を一任していた時期があったが、それはマントックが子どもたちだけではうまく機能しなくなった時期があったがゆえであり、大人たちの意図するところではなかった。だが、この経験を通して、マントックの働く子どもたちによるグループと国内レベルで常に援助を行なってくれるＮＧＯとの間に、より成熟した関係を確立することが可能になった。

⑨組織内の日々の活動においてとりわけ重要な側面は、いかなる選出や決定に際しても「基準を設ける」ということである。「基準を設ける」とは、最初に、あらゆる決定事項の持つ性格・目的・意図をより深く分析することを意味する。二つ目は、組織の精神や目的とこれらの基準を一致させるためにどのような方法をとっているのかを分析することである。そして三つ目は、運動に関わる働く子どもたちが、どのようにして質の高い参画を維持し、最終的に決定もしくは選出しているかを分析する必要がある。

課題に応じて、しばしば、何かを学ぶために子どもたちを「突き放す」という基準は、結果として、深く考慮を重ねた上で適用可能な手法でもある。運動の各拠点での日常においてこの分析を適用させることで、子ども主導組織は、組織自身の基準を設けるだけでなく、単にひいきや好感に基づいた動機を克服することを確かなものにする。さらに、組織の自立性を高めていく可能性や、より主観性の少ない論拠に基づいたコラボラドールの参画を確かなものとする可能性をも秘めている。

⑩マントックの日常が権威主義に傾く可能性は、概して減少傾向にあるように思われる。だが、個人主義・差別的態度・嫉妬心・よく陰口をたたくなど、なんらかの性癖を持った子どもや教育者は常に存在する。連帯を深める、そして民主的になることは、運動に関わるわれわれにとって尽きることのない課題である。働く子どもたちの組織では、プロタゴニスモを伴った人格の形成が、専横的で怒りやすく、自信過剰で権威主義的な人格の形成と混同されないよう、常に監視がなされている。

⑪ペルーの法的枠組みは、子どもたちが法人格を得たり、代表となったりすることを認めていない。これは、子どもたちが彼らの組織が発行する小切手にサインをする資格

がないこと、銀行口座の名義人になれないこと、雇用する教育者との契約書にサインできないということなどを、具体的には意味する。これは、子どもたちが組織内の重要事項を扱えないということである。今から数年前、われわれにとっては許し難い事件が起こった。ある時、マントックに属する女の子が、融資金の収支報告を行い、新規プロジェクトの融資について話し合うためにとある金融機関へと出向いた。すると、対応した職員は「この子は証書を持ってきたよ、もうすぐマントックの責任者がくるのだろう」と別の職員に向かって言ったそうだ。

確かに、子どもの手によって運営される組織は、組織的プロタゴニスモを体現していく可能性を秘めている。だが、子ども主導の組織が、現実を無視した理想の殻へと閉じこもってはいけない。社会が彼らのみで成り立っている、そして今後いっさい他の世代やアクターと連携してゆく必要が無いと思い込んで、単なるお飾り的な組織形成の道を辿らないためには、子どもたちに協力し、彼らを過小評価することからは程遠いところにある大人たちの参画が不可欠であることを、繰り返し言っておきたい。

【参考資料】ナソップ運動の広がりと深まりを具体的に見る*

出典　本章後半部で述べられているナソップ運動の国内的な広がりおよび世界的な繋がりの状況を具体的に知るための素材として、機関誌『ナッツ』二〇〇八年六月号（第六号）などナソップが刊行した冊子に基づいてまとめた資料。翻訳・構成は五十川響子＋五十川大輔、監修は義井豊。元来は、日本で開かれている「ペルーの働く子どもたちへ　第五回チャリティトーク&コンサート」（二〇〇八年八月一日開催）のプログラムに掲載されたものである。

国内運動の広がり

（1）地域構成

ナソップ運動は、地域レベルで存在する各運動拠点をまとめる地方運動体（国内を八つの地域に区分）、そして各地方の運動を統率する全国運動体としてピラミッド型の組織構造を形成している。国内八つの地域で開催されるナソップ地方大会では、全国集会に参加する代表者候補を選出する。候補者は、各県から二名ずつ選出される。

地域レベル運動拠点〔国内八つのエリア〕

ナソップ北部地域――ピウラ、トゥンベス
ナソップ北東部地域――ハエン、バグア
ナソップ北部中央地域――カハマルカ、ランバイイェケ、ラ・リベルタ
ナソップ中央海岸部地域――リマ、イカ
ナソップセルバ東部地域――イキトス、ナウタ、レケナ
ナソップセルバ中央部地域――プカルパ
ナソップ中央山岳部地域――ワンカーヨ、ワンカベリカ、アヤクチョ

（2）ナソップ全国大会——全国代表者の選出と強化合宿、本部の役割

選ばれた全国代表者候補は二年に一度、一一月に行なわれる全国集会に参加する。首都リマで開催されるこの全国大会に集まるナソップのメンバーは約一〇〇名（この集会には各地方からだいたい五名が参加）で、約五日間の合宿が行なわれる。合宿の内容は、活動の見直し、困難やトラブルなども含めた活動状況の点検、子どもの権利条約や子ども・青少年法の勉強会を行なう。

最後に一八名の全国代表者を選出する。それ以外の各県代表の子どもが地方代表者として、それぞれの地域のまとめ役となる。選出された全国代表一八名は一月の強化合宿に参加する（一月は、学校が夏休み期間）。この合宿はほぼ二週間行なわれ、そこでインファントー永山則夫（働く子ども・青少年のための教育機関）より「どのように児童労働に関して話をするか」「子どもの権利」、「代表者の責任」について勉強する。そして本部メンバーの選出を行ない、前年度（二年間）の本部メンバーからの引き継ぎを行なう。

ナソップの本部は首都リマの南部、サン・フアン・デ・ミラフローレス地区にある。この事務所の建設には、寄付された永山則夫の遺産*の一部が使われている。同事務所の二階は、ナソップの教育機関であるインファントー永山則夫の事務所があり、三階は本部に長期間滞在する全国代表者たちの宿泊施設として利用されている。

本部と各地方の代表者は、インターネットのチャット機能を通して会議を開くことにより、常に話し合いの場が持たれている。本部と各地方の拠点を結ぶチャット

*永山則夫の遺産　本書補章第一節（二四四頁〜）を参照。

会議は毎週日曜日に行なわれているが、どの拠点にも事務所が存在し、インターネット環境が整えられているわけではない。その場合は、最寄りのインターネット・カフェを利用するなどしているが、拠点によっては、毎週のインターネット利用料が負担になるため頻度を変更したいという提案も出ている。

世界的な広がり

(1) MOLACNATs——NATsラテンアメリカおよびカリブ海大会

ナソップ運動は他国の働く子どもたちとも繋がっている。ナソップ運動は、ラテンアメリカとカリブ海地域の働く子どもたちにより結成されたMOLACNATs(ラテンアメリカおよびカリブ海地域の働く子ども・青少年の運動体)のメンバーでもある。各国の働く子どもたちによる運動体や、働く子どもによる組織が一同に会する場を設け、ラテンアメリカおよびカリブ海地域の働く子どもたちの声を一つにまとめることにより、それぞれの国において一貫性のある活動を展開していくことを目的としている。

MOLACNATsとは「ラテンアメリカおよびカリブ海地域の働く子ども・青少年の運動体」の略語である。CONNATs－パラグアイ、CORENATs－ベネズエラ、UNATsBO－ボリビア、MOCHINATs－チリ、ONATsCOL－コロンビア、MNNATSOP(ナソップ)－ペルー、MONATsGUA－グアテマラ、MOVIMIENT ARGENTINO－アルゼンチンによって構成されている。

ＭＯＬＡＣＮＡＴｓは、働く子どもたちが尊厳のある生活を享受できる社会の確立をその目的とし、その活動はすべての子どもたち、特に働く子どもたちの権利の擁護と促進のために向けられている。第一回目のＮＡＴｓラテンアメリカおよびカリブ海地域大会は一九八八年にペルーのリマにおいて開催された。

一九八八年　第一回ＮＡＴｓラテンアメリカおよびカリブ海大会（リマ）
一九九〇年　第二回ＮＡＴｓラテンアメリカおよびカリブ海大会（ブエノスアイレス）
一九九二年　第三回ＮＡＴｓラテンアメリカおよびカリブ海大会（グアテマラ）
一九九五年　第四回ＮＡＴｓラテンアメリカおよびカリブ海大会（サンタ・クルス）
一九九七年　第五回ＮＡＴｓラテンアメリカおよびカリブ海大会（リマ）
二〇〇一年　第六回ＮＡＴｓラテンアメリカおよびカリブ海大会（アスンシオン）
二〇〇四年　特別会合ＮＡＴｓラテンアメリカおよびカリブ海大会（リマ）
二〇〇八年　第七回ＮＡＴｓラテンアメリカおよびカリブ海大会（コロンビア）

（2）カチパイ宣言——コロンビア、カチパイ　三月一四日〜二一日

以下は二〇〇八年にコロンビアにおいて開催された第七回大会での宣言文である。

［子どもが一市民として認められる社会を目指して］

私たちラテンアメリカのＮＡＴｓ（働く子ども・青少年）は、働く子どもとしての経験を共有し、私たちを取り巻く現状についての考察を深める目的で、第七回ＮＡＴｓラテンアメリカおよびカリブ地域大会を、ここコロンビアのカチパイにて開催した。今回の大会には、コロンビア、パラグアイ、ペルー、ベネズエラ、エクアドル、グアテマラ、ボリビアの代表者たちと、兄弟組織であるイタリアITALIANATsとドイツのProNATsも参加した。本大会の開催は、私たち働く子ども・青少年のラテンアメリカおよびカリブ海地域の運動体が日々発展を続けていることの証明にもなった。これは、NATsの組織の三〇年以上の経験の成果であり、ペルーのリマ大会から二〇〇一年のパラグアイ、アスンシオンの最終大会までの数多くの集会や活動が続けられたことによるものである。働く子ども・青少年は、スウェーデンの「セイブ・ザ・チルドレン」やドイツの「人間の大地」などのさまざまな同盟機関の援助を受けて発展してきた。本大会を機に、私たちは代表者委員会による要請を受けて、MONATsGUA（グアテマラ）を当運動の一員として新たに迎え入れることを決定した。

（3）NATs世界運動――アフリカ、アジア、ラテンアメリカとの結びつき

ナソップ運動はMOLACNATs内で選出された代表者が出席する、NATs世界運動のメンバーでもある。二〇〇六年にイタリアで「第三回働く子ども・青少年世界大会」が開かれた。その機会に、元MOLACNATs代表者のジャシー・オレさんにインタビューした。

質問――働く子ども世界運動を構成しているのはどんな人たちですか？

答え――この世界運動はアジア、アフリカ、ラテンアメリカの三つの大陸に存在する働く子どもたちの運動体により構成されています。ラテンアメリカでは

MOLACNATs、ラテンアメリカおよびカリブ海地域働く子ども・青少年運動。アフリカはM―JET（アフリカの働く若者、青少年による運動体）。アジアでも働く子どもの運動体が存在するのですが、言語の違いに由来するコミュニケーションの問題により、運動は各国レベルでの活動に留まっており、まだアジア大陸としての運動体名はありません。

質問――どれくらいの働く子どもたちがこの集会に参加しましたか？

答え――NATsや協力者《コラボラドーレス》、そして代表者を合わせてだいたい九〇名の参加者がいました。

質問――集会ではどのような活動が行なわれましたか？

答え――今回の世界大会では新しいテーマを扱わず、二〇〇四年四月にドイツのベルリンで開かれた第二回世界大会で扱われたテーマ、当時は時間が足りず結論に至らなかったテーマを再度取り上げました。イタリアで開催された当大会では、「働く子ども世界運動」の組織としての見通しと任務の決定や、活動プランや組織図の作成、さらに、コーディネーション・チームの発足などに、多くの時間を費やしました。第一回と第二回の大会では、三大陸という規模の大きさから生じる、各代表者による意見や社会背景の相違により、世界運動を結成するまでには至らなかったのですが、今回の第三回大会において、働く子どもたちによる世界運動が正式に誕生することとなり、三大陸が共に力を合わせて活動を展開していくこと、大陸間で連携の取れたコミュニケーションをとることなどが取り決められました。

質問――イタリアでの集会は、全大会での未解決案件についての議論を進め、世界運動を具体化するのに役立ったというわけですね？

答え——その通りです。私たちは約一ヵ月間イタリアに滞在し、うち三週間は世界運動の組織作りに専念し、残りの一週間は各グループに分かれ、イタリアのいくつかの街を訪れ、市町村や学校との交流を深めるために費やしました。そして、交流の場において、世界運動の存在と作成された宣言文の流布にも努めました。

質問——ジャシーさんはどうやって世界大会に出席することになったのですか?

答え——世界大会に参加できる代表者は各大陸で八名という通達がありました。現在、ラテンアメリカの働く子どもの運動体に加盟している国は八ヵ国ですから、各国から一名ずつを選出するということで合意しました。その中で、ナソップ運動は代表として私を選出したために、第二回世界大会に参加できたわけです。

質問——世界大会ではどのようなコミュニケーション手段をとったのですか?

答え——大会の中での困難のひとつは言葉でした。ラテンアメリカでは、主にスペイン語を話しますし、アフリカでは主に英語、フランス語を公用語においている国が多いのですが、アジアでは各国それぞれに違う言語をもっています。したがって、アジアの子どもにはそれぞれに通訳の同伴を必要としました。さらに、随行した通訳が運動体のメンバーではないため、運動を理解せず、正しく通訳されなかったことが、私たちのコミュニケーションをさらに困難にしました。

質問——各大陸の運動体はそれぞれどのような特徴を持っていますか?

答え——アジアでは、国単位の活動は非常に活発なのですが、大陸レベルでは、コミュニケーションの問題があって、共同で活動を行なうことができません。一方、アフリカの運動体は各国間の連帯が強まっており、昨年の七月にはアフリカ大会が行なわれました。彼らはＩＬＯ（国際労働機構）と共に活動していますが、児童労働の根絶に向けた活動を展開しているわけではありません。
質問――世界大会の共通目標は何ですか？
答え――三年毎に一度の頻度で世界大会を開催すること、各大陸二名の選出者からなる計六名の代表者でチームを構成することが、今回の世界大会において決定されました。この代表者チームは二年毎に集まり、世界大会開催に向けた準備を行ないます。世界運動には事務局が存在せず、大会はドイツのＰＲＯＮＡＴｓとイタリアのＩＴＡＬＩＡＮＡＴｓの援助によって開催されます。次回の世界大会はアフリカでの開催を予定しており、まだどこの国で行なうかは決まっていませんが、代表者チームによる大会開催に向けた会議がラテンアメリカで行なわれる予定です。

ナソップ運動の諸活動

（1）子ども・青少年法の普及活動

ナソップ運動は権利を主張するために、子ども・青少年に関するすべての法律を勉強し、冊子やポスターの作成、勉強会の開催などによって、多くの人びとと学びの機会を共有することにより、社会全体がもつ子どもに対する意識を変革するための努力を続けている。

子どもはみんな、生まれたばかりの赤ん坊から成人間近の大きな子どもまで、人間としての権利を持っている。子どもたちがその権利を主張できて、かつ尊重され、守られる社会環境を作ることは国の重要な責任と考える。ペルーでは、一九九二年一二月に子ども・青少年法が施行された。この法律は私たちの権利を公に認めている。

子ども・青少年法は法令第二七三三七条によって制定された。制定後も度重なる改訂を重ねてきた。二〇〇六年ペルー共和国議会は、新たに子ども・青少年法の改正を決議した。さらに、ナソップ運動も協議に参加し、共に討論を重ねた末、法令第二八九一四条により、子ども・青少年法の法律改正特別委員会が設置される運びとなった。

＊＊＊

［子ども・青少年法改正に関する子どもたちからのコメント］

ロシン・サモラ・ガルシア君（マントック全国代表、一五歳、カハマルカ出身、中学校に通いながら木工所で働いている）――ペルーの子ども・青少年法が改正されることは、とても重要なことだと私たちは考えています。なぜなら、現行法には子どもや青少年の現実にそぐわない条項が存在しているからです。たとえば、働く子ども・青少年のケースでいえば、労働が許可される最低年齢に言及した条項は、ペルーにおいても数多く存在する一二歳以下の働く子どもたちをどのように保護していくかについて、何も検討されていません。子どもの権利条約や子ども・青少年法には、子どもたちは、自分に直接関わりのある問題において発言する権利を有すること、また、そのような問題を取り扱う際には、行政側も子どもたちに意見を求める必要があるといった条項が存在します。つまり、大人たちは、子ども・青少年ネットワークのような子どもの組織や、学童市議会、その他児童に関わる施設や機関の子どもたちの意見に耳を傾け、その発言に価値を与えなければならないということです。そのためには、子どもたちが住む環境や現実がもつ多様性、特に、地方の子どもたちがもつ状況にも目を向けなければなりません。私たちは、法律改正委員会に子どもたちを含めることを提案します。

(2)「子どものために投票しよう!」キャンペーン(二〇〇六年度実施)

「子どものために投票しよう!」と名づけて、ナソップ運動と学童市議会が中心になって開催したこのキャンペーンは、スウェーデンの「セーブ・ザ・チルドレン」やその他各種団体の支援によって行なわれた。キャンペーンの目的は、二〇〇六年度に行なわれた大統領、国会議員、県知事、および市長選挙の立候補者に対して、子どもたちのことを十分に配慮した政策を提案するよう要求することにあった。特に、大統領選立候補者に対しては、子どもたちが抱える問題に対する解決策の早期立案を誓わせようという狙いがあり、それに併せて投票権を持つ大人に訴えていくこともキャンペーンの焦点に据えた。

ナソップ運動と児童市議会のメンバーは、リマ、アレキパ、クスコ、イキトス、アヤクチョの各県でこのキャンペーンを展開した。国会議員立候補者やメディア関係者のためのワークショップを開催し、政府の政策立案者との議論の場を設けるなどしたほか、さまざまな行政機関を訪れては、子どもたちが抱える問題を訴えてまわった。

「子どものために投票しよう!」キャンペーンの目的を達成する一つの手段として、ペルー各都市の広場で一般市民との対話の場を設け、子どもたちが抱えている問題を市民がより明確に理解できる機会を提供した。その他、キャンペーンのスローガンを掲げて街中を行進することによって世論に対する呼びかけを行ない、投票者の一人ひとりが子どもたちの抱える問題に対してより具体的な解決策を提案できる候補者へ一票を投じてくれるように呼びかけた。結果として七名の大統領候補者及びその代理人が、ナソップ運動が作成した以下の誓約文に対して署名を行なった。

〔誓約文〕

一、子どもに関する政策の作成や決定の際には、子どもたちが積極的に参加する権利を認めること。

二、国家や社会レベルまたは家族内で頻繁に繰り返される、子どもに対する精神的、肉体的虐待に対する解決策を早期に提案すること。

三、子どものニーズを真に満たすことのできる公教育の場を提供すること。特に、教師の再教育、および教育部門に対する公費の大幅増額を要求する。

四、働く子どもたちの権利を保護し、彼らに対する相応の社会保障を確約すること。

五、栄養不良状態にある子どもたちに対して、無償の食事提供プログラムを開始すること。国内に現存する栄養不良問題全般を早期に解決すること。

六、児童の性的搾取に対する予防、根絶に努めること。

(3) マイクロ・ファイナンス・プログラム（PROMINATS）

「働く子どもや協力者《コラボラドーレス》の中から小さな企業家を育てよう！」と名づけられたこのプロジェクトは、マイクロ・ファイナンス・プログラム（PROMINATS）によって運営され、働く子どもたちが協力者と共に物の売り買いについてのノウハウを学び、実際の生活の場に生かしていくことを目的としている。このプロジェクトでは、働く子どもたちに対して経済活動を行なうための正しい知識の提供や、小さな商売を始めるための資金の貸し付けを行なう。そして、子どもたちが自らの商売で得た収入を貯蓄する習慣を身につけ、彼らの生活条件が改善されることを目的としている。日々の生活上での経験や組織内での活動をもとに、このプロジェクトを通して、働くということの意味を改めて評価し、個人の経済活動がより発展していくことを期待している。

（4）子どもの権利委員会による政府に対する勧告内容の普及活動

二〇〇六年一月一二日、ペルー政府は、国連子どもの権利委員会に対して、子どもの権利条約がどのような形で政策に反映されているかを記述した第三回定期報告書を提出した。子どもの権利委員会の第四一回会合においてこの報告書は審議されることとなり、その際にナソップ運動の代表者がラテンアメリカおよび世界レベルで初めて国際レベルの公式な会合に参加することとなり、報告書の審議にナソップ運動の意見を反映させた。

同年一月二七日、子どもの権利委員会は、ペルー政府に対して「第三回報告書に対する勧告と最終審議」を提出した。ペルー政府は、委員会からのこの勧告を自ら国民に通達しなければならず、その勧告内容を政策に反映させていかなければならない。

＊＊＊

［ナソップからペルー政府への質問状］

国連「第四一回子どもの人権委員会」に提出された「子どもに関する報告書」に関して

【序文】

ペルー国内の一万四千人以上の働く子ども・青少年たちによって組織されるペルーの働く子ども・青少年全国運動（ナソップ）は、学童市議会（ＣＣＴＨ）、家庭内労働に従事する女性たちによる組織（ＩＰＲＯＦＯＴＨ）、ＮＧＯ団体ヘネラシオン、ラテンアメリカおよびカリブ地域働く子ども・青少年のための教育者養成機関（イフェハント）、そして国立サン・マルコス大学社会福祉学科の代表者らと共に以下のように考える。

政府が提出した報告書に記載された、ペルーにおける働く子ども・青少年の現況に関する分析内容、政府が掲げた目標が実際に達成されているか、報告書がどのような過程を経て作成されたのか、などを調査することによって、最終的に報告書の構成内容自体の批判を行なうことを目的とする。

この質問状は、ペルー政府が提出した報告書を徹底分析し、報告書内に見られる虚偽や不明瞭な事項に対して質問をすることによって、より高い真実性と一貫性が見られる報告書の作成に寄与しようとするものである。

政府の提出した報告書は充分な調査と分析に基づかずに作成された虚偽のものであり、国内各省庁の報告書の寄せ集め、真実味のない統計資料に多少のコメントを付け加えただけの稚拙きわまりないものであることが明白である。

この報告書は、形式的に統計資料を用いて作成されているが、国内のごく一地域の現実を反映したものに過ぎず、その統計資料はアマゾン地域やアンデス地域など異なった生活様式を無視している。その上、子ども・青少年を対象とした社会政策が非常に少ないこと、子ども・青少年たちと新たな社会契約を結ぼうとする意志がまったくといっていいほど欠如している。

政府が子ども・青少年たちに示すこれらの態度は、最終的に以下に帰結すると思われる。

①子ども・青少年に対する社会政策およびそのプログラムがない。

②子ども・青少年を対象とする社会政策に、前提となるべき「国際子ども権利条約」の精神が反映されていない。そして、法制度の形式的な改善にのみ力を注ぎ、その結果、社会には、子ども・青少年を社会の行動主体としての立場から除外しようとする諸環境があるにもかかわらず、これを是正していくことの重要性を見失ってしまう。

③国内の子どもの大多数を占める、貧しい境遇におかれた子どもや青少年たちの生活環境の、真の意味での改善は中期、長期間の展望をもってはじめて実現される。しかし、政府が現在実行している社会政策やそのプログラムはそれに寄与し得ないものである。

ペルー政府に、ペルー社会およびペルーの子ども・青少年たちに対して誠意をもって以下の質問に返答することを望む。

①ペルー政府は、報告書の内容を世論に伝えるためにどのような方策をとりましたか？また、ナソップが報告書の公表を要請した際に、政府は女性社会開発省を通してそれを拒否しましたが、それはなぜですか？

②報告書内で掲示されているデータは、主に子ども・青少年のための国内政策プラン二〇〇二－二〇一〇（PNAZA）の内容に基づいています。それらが、「子どもの権利に関する条約」の内容に呼応するものでないことは明らかなのに、なぜ、そうしたので

すか？
③子ども・青少年、もしくは中等教育を何らかの理由で終えることのできなかった人びとが読み書きできないでいる問題に対して、ペルー政府はどのような政策での解決を試みているのですか？
④刑法の改定に伴い、性的搾取や暴行を受けた子どもや青少年たちはどのような利点を得ることができるのですか？
⑤なぜ、女性社会開発省は今日に至るまで、未成年犯罪者や未成年強姦者に対して場合により死刑を宣告すべきだという世論の高まりに対して、政府側の意見を一度も表明しないのですか？
⑥政府は、子どもや青少年に売春行為を強要する目的で子ども・青少年を誘拐するマフィア・グループに対して、具体的にどのような法的処罰の適用を考えていますか？
⑦ペルー、アマゾン地域の子ども・青少年たちの現状に関して、できる限り詳細に説明してください。
⑧政府機関に所属する役人や公務員たちが、先住民族の子ども・青少年たちに対して、彼らの地域で元来使用されている名前をもつことを受け入れず、西洋的な名前をもつことを強要するという事実がありますが、それがいったいどのような法的、倫理的根拠に基づいて正当化されうるものであるのかを説明してください。
⑨アマゾン地域において木挽きとして働く子ども・青少年の身体的安全を保障するために、政府側はどのような対策を彼らに講じますか？
⑩「真実と和解委員会」の報告書内に記載されている、一九八〇年代に発生したテロとの衝突で親を失い孤児となった子ども・青少年たちに対して、政府はどのような対応を

続けてきましたか？　また、テロとの衝突時に子どもを失った家族に対してはどのような保護処置をとってきましたか？

⑪ペルー政府は、児童売買や児童の計画的誘拐犯に対してどのような法的処罰を科しますか？

⑫ペルー政府は、コミュニティー内の監視や武器の輸送時に、軍を通して未成年者を利用しているという事実をどのように正当化しますか？

⑬多くの子ども・青少年たちの健康を著しく害している環境汚染の拡大に対して、政府はどのような対策を講じていますか？　また、環境汚染を引き起こしている多国籍企業や国内企業に対してはどのような処罰を科しますか？

⑭二〇〇五年度に批准された「物乞いを禁じる法令」は、国内の極貧にあえぐ子ども・青少年たちに対する理不尽な制裁としか解釈できません。この法令はどのような方策をもって現実社会に適用され、実際どのような結果を残していますか？

⑮ペルー政府は、青少年犯罪者の自由を奪い、社会復帰をより困難なものにしている現行の閉鎖的なシステムに代わって、彼らの社会復帰を支援するような開かれた社会教育プログラムを持っていますか？

⑯麻薬売買や麻薬使用の問題に巻き込まれた青少年たちに対して、ペルー政府はどのような方策を講じてきましたか？

⑰現在においても、刑法に触れるような罪を犯していない子ども・青少年たちを閉じ込めて彼らの自由を剥奪するような施設が存在しているのですか？

⑱日常の素行に著しく問題のある未成年に対して社会復帰のための教育システムとして存在する「集中ケア」と呼ばれるプログラムに対して政府はどのような見解を示してい

ますか。また、政府はこの「集中ケア」プログラムを実際に体験した未成年者たちの声に耳を傾けたことがありますか？

⑲ペルー国とアメリカ合衆国の間で取り交わされた自由貿易協定内に、「児童就労の根絶」などと児童就労を否定的に捉えた条項があるのはなぜですか？　政府の行政局、および司法局は、子ども・青少年の「最善の利益」とは何であるかについて説明できますか？　特に、働く子ども・青少年の「最善の利益」について述べてください。加えて、路上生活を余儀なくされている子ども・青少年たちの「最善の利益」とはなんであるかについても述べてください。

⑳ペルー政府にとって、子ども・青少年に関する政策を打ち立てるうえでの必要前提条件となる子ども・青少年の「最善の利益」とは何であるかを明白にするための法的基準はどこにありますか？

㉑ペルー政府は、働く子どもと路上生活を営む子どもの権利をどのような方策でもって保障するのか説明してください。

㉒現行犯でないにもかかわらず、政府の独断的な判断でもって自由を剥奪された子どもたち（リマ・マグダレーナ地区のNGO「ヘネラオン」の一件に関連して）に、子どもの権利が同等の効力をもって適用されていないのはなぜですか？

㉓裁判訴訟時にみられたNGO「ヘネラシオン」の職員たちへの「迫害的行為」に抗議した子どもの権利を擁護する弁護人たちに対して、一般弁護人たちと同様の保障が国によって与えられないのはなぜですか？

㉔ペルー政府は、教育制度の改善を国策の第一義に掲げながら、まったく意味をなさないほどの国家予算をしか教育部門に配分していないのはなぜですか？

㉕深刻な栄養失調状態にあるペルーの児童人口の約二〇パーセントを占める子どもたちに対して、政府はどのような対策を講じますか？

㉖子ども・青少年に関する問題を扱う職業に携わる人びとの専門家としての能力はどの程度のレベルまで達していますか？　また、その適正能力はどのような形で確認できますか？　この分野の専門家を養成するために政府はどのような努力を行ない、どのような結果を得ましたか？　政府は、女性社会開発省、医療部門、教育部門、国家警察など子ども・青少年に関する問題を扱う各行政機関のスタッフに対して適性能力試験を実施しましたか？　試験の実施によってどのような結果を得ましたか？　得られた結果をもとに、どのような方策をスタッフに対して講じましたか？

㉗ペルー政府は、二〇〇〇年から二〇〇五年における海岸部、山岳部、熱帯雨林の各地域で、「乞食」と呼ばれる子どもたちが具体的に何人存在して、それぞれがどのような生活環境におかれているのかを明確に把握していますか？

㉘ペルー政府は、海岸部、山岳部、熱帯雨林の各地域で家庭内労働に従事する子ども・青少年に関して、どのような統計資料を持っていますか？

㉙数年前には、女性社会開発省によって一〇〇〇にものぼるNGOが承認を受けていましたが、現在では三〇〇にも満たないのはなぜですか？　また、子ども・青少年を扱う市民活動団体と連携することによってどのような政策を考えていますか？

㉚ペルー政府のイニシアティブにより、「児童就労根絶プラン」を主題として開催された、アンデス地域諸国の会合はどのような法的根拠に基づいて正当化されうるのですか？

㉛ペルー政府は、国際労働機関（ILO）が、ペルーの働く子ども・青少年全国運動を、

政府にとって「危険な存在」であると声明したことに対してどのような対応をとりましたか？

㉜ペルー政府は、どのような理論的根拠に基づいて、児童買春、児童売買、児童ポルノ、さらには児童による武器輸送を、ILO協定第一八二号と関連づけて、これらがひとつの職業であると説明できますか？

また、国連子どもの人権委員会（CRC）に対して、以下の条項内容をペルー政府に勧告することを提言する。

①児童就労の現状や問題点に対する情報収集に関しては、NGOやその他大きな機関の意見にのみ頼るのではなく、働く子ども・青少年たちが自ら組織する団体の意見に対しても注意深く耳を傾けること。

②ペルー政府は、女性社会開発省以外にも、青少年審議会や教育委員会、またはこれらと同等に政府によって承認された、子ども・青少年の問題を扱う各活動団体の要請などもしっかりと受け入れること。

③ペルー政府は、女性社会開発省を通して、NGO「ヘネラシオン」に所属した子どもたちと近隣の住民および世論との間に和解が成立するように便宜を図る必要があること。

④少年・青少年法の児童就労に関する条項のいかなる改定時においても、政府はナソップのメンバーの改定会議への参加を承認すること。なお、改定された条項は例外なくすべての働く子ども・青少年たちに適用されること。

⑤子ども・青少年の問題を取り扱う際に、裁判官や司法官の自由裁量や主観的判断によ

り「子どもの最大の関心事」が誤って解釈されるのを防ぐために、「子どもの最大の関心事」とは何かを明確にするための判断基準を確立すること。
⑥ペルー政府は、GNP比率〇・七パーセントから〇・九パーセント、金額にして一六億ソーレス（約四・八億ドル）にも達する、働く子ども・青少年の国家経済に対する貢献をGNPの一部として数えること。
⑦ペルー政府は、オローヤ鉱山での労働に従事することによって環境汚染の影響を受け、健康を著しく害している子ども・青少年、妊婦たちに対して早急に特別対策を講じること。
⑧ペルー政府は、家族のための福利厚生機関のプログラム、さらにWAWA・WASIプログラム*が、貧困家庭にとって非常に重要な役割を持つものであることを理解し、その機能が十分に果たされるように特別の配慮を行うこと。
⑨ペルー政府は、女性社会開発省内において重要性を失いつつある「子ども・青少年担当部」に対して特別の強化を図ること。

＊WAWA・WASIプログラム
WAWAは「息子、娘」、WASIは「家」を意味するケチュア語である。「子どもの家」プログラムといえようか。

私たちは、第四一回会合への参加を通して、子どもの権利条約をめぐるペルー政府に対する勧告内容を、子どもたちに対してだけでなく、一般市民に対して、さらに市町村、地方、国家レベルの各行政機関に対しても普及していくことの重要性を感じた。
このプロジェクトには、行政機関やNGO、その他専門機関に子どもの権利委員会より出された勧告内容を、一般市民に向けて公開させるという狙いがある。また、この国において子どもの権利が認知され尊重されるよう、条約に基づいた政策がとられること、委員会による勧告内容が政策に反映されているかどうかの監査に子どもたち自身を主体的に参加させることなどを要求している。

このプロジェクトには、「ペルー子どもの全国ネットワーク」がナソップと共に重要な役割を果たしている。彼らとの共同活動を通して、勧告内容の普及だけではなく、社会の中で「プロタゴニズム」を実践することによって私たちの権利を要求し続け、そのような子どもたちの動きを妨害する原因を取り除こうと努力を続けている。現在、この勧告内容を普及させるために、ナソップ運動の拠点がある一八の都市でイベントを開催している。メイン・イベントとして、子どもの権利委員会のメンバーである、ロサ・マリア・オルティスさんを招いて勧告に関連したフォーラムを開催した。

なお、二〇〇六年には勧告の内容を解りやすくまとめた冊子をスペイン語版、ケチュア語版と二種類の言語で作成している。

以下は、二〇〇七年七月一日から六日まで国連子どもの権利委員会のメンバーであるロサ・マリア・オルティスさんがナソップ運動と子ども・青少年ネットワークの招待によりペルーに滞在した際に行なわれた、ナソップ運動代表者によるロサさんへのインタビュー内容である。

質問——ロサ・マリアさん、ペルーに来る前は私たちのこの活動に対してどのようなイメージを抱いていましたか?
答え——そうですね、ペルーに子ども・青少年のネットワークがあり、勧告内容の普及活動を去年から行なっていることは知っていましたが、それほど多くは知りませんでした。しかし、今回の滞在を通して、あなたたちが、どのようにして勧告内容の普及に取り組んでいるかをより詳しく知ることができました。

質問――いくつもの子どもの組織が、国連子どもの権利委員会からペルー国政府に提出された勧告内容の普及活動に参加している事実を確認されて、どう思われましたか？

答え――国内二一ヵ所で開催された素晴らしい普及活動や、子どもだけではなく、政府や各機関に対して行なわれた講習会、さらには政府や権威のある人びとと対等に渡り合えるその交渉力にはとても驚かされました。劇や音楽などを交えて行なわれる講習会や、スペイン語のみならず、ケチュア語の冊子まで作成して勧告内容の普及に努めているあなたたちの姿には、ただただ感心させられるばかりです。それにも増して私を驚かせたのが、勧告内容が社会政策にしっかりと反映されるよう、行政との交渉を重ねているという事実でした。勧告内容が政策に反映されることは、子どもたちにとっても非常に重要ですし、私たち子どもの権利委員会としても非常に嬉しく思います。

質問――ナソップの組織からの報告、つまり、ペルーの子どもたちの状況に関する子どもたち自身による報告は、どんな重要性を委員会に与えますか？

答え――そうですね、委員会に実際の子どもたち自身の声を伝えることはとても重要です。子どものニーズや子どもの権利に応えていくことは私たちの義務ですが、委員会に子ども自身の声が届くことは今まで稀でした。あなたたち子どもの側からの情報はより事実に忠実で、そのことが私たちの任務をより容易にしてくれました。

質問――このペルーでの体験を、どのような形で委員会に報告しますか？

答え――私は、あなたたちが作成した勧告内容に関する冊子やＣＤ、そしてあなたたちと過ごした経験を委員会へと持ち帰ります。委員会の同僚たちにペルーの子どもたちのすばらしい普及活動のこと、彼らは彼ら自身の権利のために、どのような方法で勧告内容を政策に反映させていくかという、非常に価値ある手本を示してくれていることを伝えたいと思います。

最後に、ナソップ運動は「働くこと」をどう捉えているか

私たちは、働くこと自体が子どもや青少年に肉体的、精神的に悪影響を与えるものではなく、むしろそれは、労働のコンディション如何によるものだと考えている。だからこそ、私たちは、子どもや青少年に限らず、すべての働く大人や女性たちをも含めて、働くことに対する価値を認めるものの、劣悪な労働環境に対する批判を怠らないという立場をとっている。そういった意味でも、私たちは、売春行為や児童ポルノ、児童の人身売買などを労働として捉え、その他の労働と混同した上で、児童就労のすべてが根絶されるべきとする人びとの意見に同意することはできない。これらは、むしろ子どもたちに対する犯罪行為であり、労働と呼ぶには値しないものである。

補章　ペルーの働く子どもたちと日本との出会い

一　ペルーの働く子どもたちが永山則夫を知ったとき

太田昌国*／義井豊*

一九九七年八月一日、東京都葛飾区小菅の東京拘置所で、確定死刑囚・永山則夫の死刑が執行された。永山則夫とペルーの働く子どもたちとを結びつける関係性は、この日に具体性を帯び始めた。

「連続射殺魔」の犯罪（日本）

＊＊＊

永山則夫とはどんなひとだろう。何をして死刑囚になったのだろう。今となっては、半世紀以上も前に起こった事件をごく簡潔に振り返ることから始めよう。

一九四九年、北海道網走市に生まれた永山則夫の生い立ちについては、すでに多くの本が刊行されている。何よりも、永山自身が書いたものもある。詳しくは、それらを参照していただきたいが、一般的に言っても、当時は敗戦から四年後であり、この社会には貧しさが目に見える形で顕在化している時代であった。賭博に明け暮れて家族を顧みない父親、それに耐えてひとり働いて子どもたちを育てていた母親も進退窮まって、永山が五歳のとき、故郷の青森に出奔してしまった。子どもたちは置き去りにされた。現

太田昌国（一九四三〜　）現代企画室編集部。民族問題・南北問題研究。永山子ども基金メンバー。著書に『〈脱・国家〉状況論』（現代企画室、二〇一五年）など多数。

義井豊（一九四六〜　）写真家。ペルーと日本の間を往還しながら、日本で開催されるアンデス文明展をコーディネート。著書に『ペルーの天野博物館』（天野芳太郎と共著、岩波書店、一九八三年）など。二〇一四年には、ペルー全国学長評議会出版から写真集 *Reflejo en el Paisaje* を出版。「乱反射する風景」とのタイトルの由来を次のように語る。「アンデスの先住民は踊る時、その衣装に小さな鏡をつける。その鏡が太陽を反射させる。それもあちこちに向かって。人びとは太陽になりきって相手に向かって踊るが、光は

代の社会でもあらためて深刻な問題となっているが、あの時代にはありふれた「児童遺棄」である。

その後まもなく、子どもたちは青森の母親のもとで一緒に暮らすことにはなったが、極貧の生活が続いた。一九六四年、通うことも少なかった中学を卒業した永山は、集団就職のために東京へ出た。この年は、東海道新幹線開業と東京オリンピックの開催年として知られるが、高度経済成長の道を邁進していた経済社会は、東北地方から集団就職する青少年を「金の卵」として歓迎していた。

一五歳から一九歳にかけてのそれ以降の四年間、永山の人生はめまぐるしい転変を重ねた。仕事に励んでも、周囲の人びととの関係がうまくいかず、次第に劣等感と疎外感に苛まれるようになった。転職のために取り寄せた戸籍謄本を見ると、彼の出生地は「網走市番外地」となっていた。当時は、高倉健主演の映画『網走番外地』の絶頂期で、社会通念では「番外地」は「刑務所」そのものだった。「俺は刑務所で生まれたのか」と思い込んだ永山が受けた衝撃は大きかった。

転職を重ねつつ、夜間高校へも通おうとした。日々の肉体労働に疲れ果て、思うようにはいかなかった。すべてに挫折した少年・永山が夢見ることは、自殺と密航だけになった。自殺は九回、密航は二回、試みたという。

一九六八年一〇月八日、永山は横須賀米軍基地に侵入した。三回目だった。「米軍基地だから、入ったら撃たれるんじゃないかと思って、それで自殺しようと思っていた」。時は、アジア太平洋戦争における日本の敗北から、すでに二三年が経っていた。戦勝国による占領状態から「独立」した年度から数えても、一六年を経ていた。その国の軍事基地へ三回目の侵入を試みたこの夜、偶然目に入ったのが上級将校の妻のドレッサーに入っ

バラバラに散る。タイトルには、そのイメージを重ねた」。

ていた護身用の小型拳銃だった。これを盗んだ。拳銃規制が厳しいこの日本で少年が拳銃を手に入れ得たのには、この経緯があったことを忘れたくない。

一九六八年一〇月一一日から一一月五日にかけての一ヵ月足らずの間に、東京、京都、函館、名古屋の各地で、拳銃による殺人事件が連続的に起こった。同一の拳銃が使われていることから、犯人は「連続射殺魔」の名で全国に手配された。その犯人が永山だった。一つひとつの事件の経緯を詳細に見るなら、拳銃発射に至ったのはいずれも「偶発的」だったことは明らかだ。だが、いずれにせよ、永山は四人もの無辜の人を殺害した。自分が犯してしまったことの重大さにうちひしがれて、彼はふたたび自死を願ったが、それは叶うものでもなかった。一九六九年四月七日、永山は逮捕された。

被害者への慰謝、そして判決（日本）

ここまで読まれた読者は、犯罪は別にして永山則夫の生い立ちが、本書本文を成すクシアノビッチ氏の文章が語り、当事者である子どもたちの証言が明かしている、ペルーの働く子どもたちのそれと重なり合ってくると実感されよう。しかし、両者が出会うためには、まだしばらくの時間が必要であった。

このあと永山がたどることになる軌跡についても、複数の重要な参考図書がある。詳しくはそれらを参照していただきたいが、この文章を書き継ぐうえで必要最小限のことに触れておきたい。

永山が逮捕された一九六九年は、全共闘運動が激しく展開されていた時期に重なる。一時期でしかなかったが、永山は、逮捕された学生運動活動家と同じ房で過ごした。言葉を交わすと、同世代でありながら、自分とはまったく異なる人生を歩むことができた学生活動家たちから受けた刺激は大きかった。河上肇の『貧乏物語』*を筆頭に、経済、哲学、文学など多岐にわたる書物を読むことに没頭した。生まれてこのかた、自分がその渦中でのたうち回らなければならなかった「貧困」は、なぜ、生まれるのか、それはひとの人生にどんな影響を与えるのか——それが、関心の軸だった。「動機」を得た「学び」の速度は早く、質も濃密だ。逮捕から二年も経っていない一九七一年三月、獄中で大学ノートに書き記した手記は『無知の涙』*と題されて出版された。本人の希望に基づいて、「金の卵たる中卒者諸君に捧ぐ」という一文が冒頭に置かれた。

ベストセラーとなった。ここで得た印税の使い道に、逮捕されてのちの永山則夫が行き着いている地点が明確に表われている。「私は本を出したいと願望している。印税が入ったら、私が殺めし家族の人々にそっくりそのまま渡したいためである。事件の発生当時懐胎していた一婦人［犠牲者の妻であった——引用者註］がいるのだ！　その人のことを思うと思考不可能な状態に。私はもう泣けないのだ、と自覚した」。

獄外の支援者が自主刊行した「獄中ノート」は夜間中学生らに無料配布された。「永山則夫公判対策会」「連続射殺魔永山則夫の私設夜間中学」「連続射殺魔永山則夫の裁判の現状を知り、カネを集める会」「連続射殺魔永山則夫の反省——共立運動」など、獄外ではさまざまな形での救援・支援の運動が組まれた。

他方、もちろんのこと、公判も並行して開かれていた。

一九七九年七月、東京地裁は、「情状はあるが非人間的所業。改悛の情認めず」として、死刑判決を下した。

一九八一年八月、東京高裁は、原判決を破棄し、無期懲役判決を下した。獄中結婚し

『貧乏物語』　河上肇（一八七九〜一九四六）が一九一七年に著した本書との出会いについて、永山は次のように語っている。「（自分の）著作活動の直接の原因は、河上肇の『貧乏物語』である。日本は階級社会で、僕は抑圧され搾取される階級に属している。事件当時は、個人個人が憎いんじゃなく、日本人全体を憎いと感じていた。それが何というか、同じ階級の仲間を殺したということがわかり、非常にショックを受けた。仲間を殺さないためには、どうしたらいいのか。その一点だけで、ずっと今まで勉強してきた。」（一九八一年四月一七日、東京高裁控訴審第四回公判での陳述より）

『無知の涙』　一九七一年、合同出版から初版。七一年には角川文庫版。前出の公判で、永山は『無知の涙』の発行部数が、単行本と文庫本を合わせて二一万部を超えたと語っている。その後九〇年には、河出文庫から増補新版が刊行され、現在も流通している。

た妻と弁護士を介しての被害者への慰謝（印税を渡し、本人の謝罪の言葉を伝え、許された場合には犠牲者の墓参りをするなど）に「情状酌量」すべき理由を認め、その犯行には「福祉政策の貧困にも一因ある」としたからである。

一九八三年七月、最高裁小法廷は、原判決を破棄し、東京高裁へ差し戻すとした。「高裁の量刑判断は誤り。破棄しなければ正義に反すると認めざるを得ない」という理由からである。

一九八七年三月、東京高裁は、差し戻し控訴審で、控訴棄却・一審死刑判決を維持するとの判決を下した。

一九九〇年四月、最高裁小法廷は、「罪責は重大」であるから、上告棄却と判決。同年五月、永山は確定死刑囚として東京拘置所に下獄した。

一九歳で逮捕されてから二一年、長期裁判となった第一審判決から一一年——その間に、永山は死刑から無期懲役へ、無期懲役から死刑へと、まるで国家は、「殺人犯」の命ならいかように弄んでも構わないというような仕打ちを受けたことがわかる。ここから私たちは、日本の現行の裁判がどのような水準で行なわれているのか、他者を殺めるような事件を引き起こしたひとが精いっぱいの「償い」の気持ちを表わしながら再生しようとしてもなお下される死刑判決とは何なのかなど、いくつもの重要な問い掛けを受け止めることになる。

死刑が断ち切った永山の「夢」（日本）

永山の生は、こうして、激しく揺れ動く各級裁判所の判決に翻弄された。それでも、死刑判決が覆されて無期懲役となった一九八一年の高裁判決（それはせめても、「生きること」が保証されることを意味した）から、最高裁での差し戻し決定が下された八三年までのおよそ二年間は、弁護団のひとりであった大谷恭子弁護士によれば、「彼が最も落ち着いた文章を書いていた時期かもしれない」。* 前年の一九八〇年に獄中結婚していた女性と相談し、「もし生きることが許されたならば」社会の底辺にいて、仲間に出会うことを疎外されがちになる人びとのための学校を作ること、これを被害者への慰謝と共に生涯かけてやり続けたい、と願ったという。青森の少年時代を回想した小説「木橋」* を書いたのも、この時期だった。この作品は一九八三年度の新日本文学賞を受賞した。受賞決定から五ヵ月経った同年七月、すでに触れたように、無期懲役とした高裁の量刑判断は誤りとして、高裁へ差し戻すという最高裁判決が下った。永山の失意は大きかったと思うが、小説は書き続けた。一九八七年に執筆した「捨て子ごっこ」など、文芸誌に掲載された作品も多い。一九九〇年には、作家・加賀乙彦、文芸批評家・秋山駿の推薦を受けて、日本文芸家協会への入会申込書を提出した。入会を検討する理事会が、確定死刑囚を会員として迎え入れることを躊躇い、決定を保留したために、永山は入会申し込みを取り下げた。会員だった筒井康隆、中上健次、柄谷行人は、永山の入会を実質的に拒否した理事会に抗議して、文芸家協会からの脱会を表明した。この一連の動きからは、死刑囚という存在に対する「偏見」が司法界にのみあるのではない、ということの社会の歪みが浮かび上がる。「精神の自由さ」を享受している、と一般的には思われがちな作家たちの団体もまた、この社会がもつ暗黙の規範から自由ではないことをさらけ出した。

その後も、永山は小説「華」を書き続ける一方、獄中通信『新論理学ニュース』の刊行などに力を入れていた。論理シリーズを作り、それが売れて印税が巨額になったら、

出典 太谷恭子『それでも彼を死刑にしますか —— 網走からペルーへ、永山則夫の遙かなる旅』（現代企画室、二〇一〇年）

『木橋』 本書初版は、立風書房から一九八四年刊。その後、九〇年に河出文庫に収められ、現在も流通。

「世界の貧しい子どもたちのために使うのです」と身柄引受人宛ての手紙に書いたのは、一九九七年二月のことだった。

そして、四日後に迫っている処刑のことなど知る由もない永山は、同年七月二七日の面会者*に対しても、運動をして印税が入ったら、世界の、日本の貧しい子どもたちへ送金する「夢」を語っていたという。

そして、一九九七年八月一日がきた。現在、日本での死刑執行は、本人に対する何の前触れもなく行なわれる。朝食を終えたあと、複数の看守がしかるべき対象者の房に来て、「その日がきた」ことを告げるのだ。この日の朝は、札幌拘置所と東京拘置所で、それぞれ二人の死刑囚が処刑された。その中に、永山則夫が含まれていた。

確定死刑囚として東京拘置所に在監する大道寺将司は、その朝の出来事を、母親に宛てた手紙で次のように書いている。

八月一日(金)の朝、九時前ごろだったか、隣の舎棟から絶叫が聞こえました。抗議の声のようだったとしかわかりませんが、外国語ではありませんでした。そして、その声はすぐにくぐもったものになって聞こえなくなったので、まさか処刑場に引き立てられた人が上げた声ではないだろうなと案じていました。

注意してみると、このフロアもいつもと雰囲気が違いました。幹部の視察がなく、夕方の点検に来た看守は、ぼくと視線を合わせずにそそくさと通過していきましたから。

懸念を深めるばかりで、八月二日(土)を迎えました。午前中の新聞の交付がいつもより遅くなり、ぼくの分は別扱いにされて看守が持ってきました。折り畳まれたものを開くと、「朝日」の八月二日付朝刊の一面左上が大きく黒く塗りつぶされていました。前日、誰かが、

面会者　この面会者は、永山子ども基金メンバーの市原みちえ。彼女はこの時の模様を、「処刑四日前に面会して」(『文藝』一九九八年三月号別冊『完全特集・永山則夫』)で書いている。

東京拘置所で処刑されたのでしょう。
では、やはり、あの大声は、処刑場に連行される人のものだったのだろうか？＊

その後、大道寺は、あの日処刑されたひとりが永山則夫であることを知った。獄中で、独学で俳句を詠むようになった大道寺は、この朝の記憶を次のように詠んだ。

出典　大道寺将司『死刑確定中』（太田出版、一九九七年）

夏深し魂消る声の残りけり＊

出典　大道寺将司全句集『棺一基』（太田出版、二〇一二年）所収のこの句は、一九九七年夏に詠まれた。「東京拘置所で永山則夫君ら二名の処刑があった朝」とある。

遺言（日本→ペルー）

四八歳になったばかりの永山則夫の命は絶たれた。

遺品の引き取りに出向いた弁護士たちに、東京拘置所側は「遺留品目録」を添えて、現物を引き渡した。大谷弁護士の証言によれば、几帳面な性格であった永山が死刑確定後も日々書き続けていたに違いない日記は、そこにはなかった。弁護士会を通じて拘置所に照会したが、「引き渡したものが全て」だとする拘置所側の立場は変わらなかった。その他の遺留品に関しても、いくつかの疑惑が沸くが、さらに詳しく知りたい方は、大谷の著書を参照してほしい。

執行に立ち会ったという拘置所の職員から、死刑執行の直前に永山が口頭で言い残したという遺言が、弁護士らに伝えられた。

そのうちのひとつが「印税は、世界の貧しい子、特にペルーの貧しい子どもたちのために使うこと」というものだった。永山の遺品を受け取った弁護士のひとり、大谷は、たまたまその前の年の一九九六年に、仕事でペルーを訪れていた。公文書偽造で逮捕され、ペルー政府から国外追放処分を受けた日本赤軍の女性活動家には八歳の少年が同行していたが、大谷はその身元引受人として、日本に連れて帰る仕事を依頼されたからだ。偶然の一致ではあっても、大谷にとって、「ペルー」という国はそう遠い存在には思えなかった。だが、永山が、なぜペルーの子どもに印税を遺すと言ったのかを、すぐには理解できなかった。

その謎を解くためには、ここで、同じころペルーで起きた一つの事件に触れなければならない。一九九六年一二月一六日、ペルーの首都リマにある日本大使公邸では、大勢の各国外交官やペルーへの移住日系人を招いての、天皇誕生日のパーティが開かれていた。現天皇の誕生日は、東京裁判で死刑を宣告された東条英機ら七人の死刑が執行された(一九四八年)のと同じ一二月二三日だが、クリスマスに近い日付のために、繰り上げて行なわれていたのだ。

八〇〇人以上の招待客で賑わっていたこのパーティ会場を、反体制武装ゲリラ「トゥパク・アマル革命運動」(MRTA)*の部隊が襲った。大勢の人びとを人質に取って公邸内に立て籠もった部隊は、「捕虜の身体的・精神的な安全を尊重する」としたうえで、フジモリ政権に対して、事態解決のために四つの条件を受け入れることを求めた。

①ペルーの貧しい人びとを苦しめている新自由主義経済政策を変更すること。

②獄中に囚われている同組織のメンバーを釈放すること。

③釈放されるメンバーと公邸を占拠しているメンバーを密林地帯に安全に移送すること。

④戦争税を支払うこと。

MRTA　一八世紀アンデスの反植民地反乱の指導者の名を冠した武装闘争組織。各種左翼組織が合流して、一九八三年に結成。この日本大使公邸占拠事件の翌年には、政府軍に拠点を制圧され、ほぼ壊滅した。二〇〇七年、創始者のひとりで、獄中にあるビクトル・ポライ・カンポスは敗北を認め、武装闘争路線の放棄を表明した。

この事件についての詳報は、しかるべき別な書物に譲る。ここで触れておくべきことは、日本から大挙押し掛けたマスメディア関係者による取材と、それを享けての社会全体の関心は、人質の安否に集中するばかりであったことだろう。もちろん、閉ざされた密閉空間で不自由な集団生活を送る人びとの安否に関心が集まることは、不思議なことではない。外で気遣うことしかできない家族・関係者の焦慮も、たいへんなものだったであろう。それに応える報道はなされて当然であった。同時に、次のことを言わなければならない。このような深刻な事件の背後には、必ず、その社会（国）が抱えている重大な社会的・政治的・経済的な要因が秘められている。また、この場合のように、世界を覆いつくす新自由主義政策が批判の俎上に載せられているときには、問題は一気に「世界性」を帯びるものだと言える。事実、MRTAのその声明の中には、「大多数のペルー民衆にヨリいっそうの悲惨と飢餓をもたらしているフジモリ政権の経済政策を、日本政府が一貫して支持することを通して、祖国へ干渉していることに抗議する」という文言が含まれていた。

その意味では、当時の報道が、事件の背景にはほぼ目を瞑り、情緒的な人質安否報道に終始した、とは言える。事件は、一九九七年四月二二日、フジモリ大統領が国軍を動員した軍事作戦を展開したことによって、終わった。人質一人、国軍兵士二人、占拠していたMRTAメンバー一四人全員が死亡した。

その中にあって、例外的な報道が二つあった。一九九七年二月二二日の朝日新聞夕刊および同年四月八日の同紙朝刊の記事である。そこでは、家庭が貧しいために働かなければならない子どもたちがペルーには大勢いること、そのような子どもの人権を守るために、欧米諸国の市民団体からの寄付を原資とした「子ども労働銀行」を創設するなど、さまざまな工夫を重ねた働き方を集団で模索していることが報じられていた。

永山則夫は獄中で朝日新聞を購読していた。すでに紹介した、妻や面会者に語っていた、世界の貧しいこどもたちに託そうとしていた永山の「夢」と、ペルーの働く子どもたちの姿を伝えたこの記事とが結びついた――と、外部にあって、永山の思いを受け止めようとしていた大谷たちは、そう思った。

「夢」への架橋（日本↔ペルー）

永山則夫の処刑は、社会的に大きな反響を呼んだ。『無知の涙』『木橋』をはじめとする永山の著作を多数の読者が買い求めた。死後一年足らずのうちに、印税総額は一千万円を超えた。

ペルーの作家や思想家に深い関心を抱きその著作を刊行するとともに、ペルー人質事件をめぐる発言を続けてきた太田昌国は、旧知の大谷恭子から、ペルーの送金先についての相談を受けた。太田はふたりの友人に相談した。ひとりは棚原恵子、川崎のカトリック教会の外国人支援団体に勤め、当時急激に増えつつあったラテンアメリカからの移住労働者の生活と権利の支援活動に関わる彼女は、三〇年間近くペルーに住んでいたことがあり、現地の事情に詳しかった。もうひとりは義井豊、主として古代アンデスの考古遺物の取材と撮影を続けている写真家で、頻繁にペルーと日本を行き来し、そのときはペルーに滞在していた。

一週間後、ふたりが推薦してきたペルーの団体は、奇しくも同一のところだった。「ペルーの働く子ども・青少年全国運動」（ナソップ）である。本書をここまで読み続けてこ

*ペルー人質事件をめぐる発言　太田昌国『「ペルー人質」事件解読のための21章』（現代企画室、一九九七年）などを参照。

られた読者は、すでに「ナソップ」の名に親しんでおられよう。

永山則夫が処刑されてからおよそ一年後の一九九八年七月一〇日、コンサート「Nから子どもたちへ――ペルーの子どもたちへ、今歌声をそえて」が東京で開催された。長谷川きよし、友川かずき、新谷のり子、せきずいらの歌手が出演する新宿・朝日生命ホールには六〇〇人の聴衆が集まった。

同年一二月一六日、ペルーのリマで贈呈式が行なわれ、永山則夫の遺産がナソップに引き渡された。この引き渡し式に参加した当時のナソップの責任者のひとり、パトリシア・クルサード（当時一七歳）は、永山則夫が犯した罪の根源となった幼児期以降の諸環境に自分たちも置かれているそれを投影させて、次のように語った。「自分たちの中から永山則夫を出してはいけない、働きながらも学習をしないといけない。永山則夫の意思を語り継がなくてはいけない」。贈呈式に参加した義井は、日本側の関係者に報告した。「ペルーの子どもたちは、永山の『無知の涙』を身体で理解した」。

一九九九年には、日本からペルーへの訪問交流「ペルーの子どもたちと出会う旅」が行なわれた。訪問団を歓迎する交流会には八〇〇人のこどもたちが集まった。子どもたちは語った。「罪を犯した人も学んで変われると証明した永山則夫を尊敬する。だけど、私たちは、永山則夫にはならない」。

その後も何段階かにわたる相互交流*を経て、日本側では、永山則夫の遺志を生かすための活動を持続的に展開していかなければとする機運が高まった。ペルーの働く子どもたちへの支援を続けることはもちろんだが、それに終わるわけにはいかない。永山則夫は、日本社会に死刑制度が存続しているからこそ、国家によって殺された。この死刑という制度そのものも問わなければならない。永山の遺言を引き継ぎつつ、同時に、ゆる

相互交流　二〇〇一年九月、東京シューレの子どもたちがペルーを訪れ、ナソップと交流した。訪問交流に参加したメンバーは次の訪問記を著した。東京シューレ編『東京シューレ・ナソップ訪問記　ペルーの働く子どもたち――ある遺言の行方』（東京シューレ、二〇〇二年）。そして二〇〇二年一二月には、東京シューレなどの招きによって、ナソップの子ども四人とコラボラドーラひとりが来日し、交流を深めた。この記録は、東京シューレ編『子どもたちが社会を変える――ペルー・ナソップ　働く子どもたち』（東京シューレ、二〇〇三年）にまとめられた。

やかな死刑反対の運動体としての「永山子ども基金」の活動が、二〇〇四年に始まった。
毎年、永山則夫の命日八月一日に近い、七月下旬に、「永山子ども基金チャリティートーク&コンサート／ペルーの働く子どもたちへ」が開催されている。その純益は、引き続き積み立てられている永山則夫の著作の印税と合わせて、毎年二〇人ほどの、一七、一八歳のペルーの子どもたちに、奨学金として提供される。媒介となるのは、ナソップに協力して地域活動に「協力者《コラボルドール》」を送り出しているインファント―永山則夫である。インファントのメンバーの多くは、元・ナソップの活動家だった若者だ。そのうちのふたりを紹介しよう。

今はインファントで「協力者」として活動しながら、専門学校でマッケティングを勉強しているリサンドロは、六歳の頃から叔父のパン屋の仕事を手伝ってきた。リマ市内のカラバイジョ区の自宅付近で、毎日早朝から友人と二人でカゴに入れたパンを一軒ごと家庭に売り歩いてきた。三輪オートバイタクシーの集金係として、小さな体で小さなオートバイにしがみついて仕事をしていたこともある。父親はリサンドロが三歳の頃に家を出て、外国で働いている。以前は一年に一回帰ってきたが、やがて帰ってこなくなった。兄が一人、年齢の近い弟が二人いた。母親が家政婦をしながら子どもたちを育てた。子どもたちも、それぞれ幼い頃から働いて、母親を支えていた。リサンドロは地域の子どもたちから選ばれて、ナソップのリマ代表になり「なぜ子どもなのに、働かなくてはいけないか」というテーマに取組み始めた。

ＩＭＦ（国際通貨基金）や世界銀行は、第三世界の国に対して、インフラ整備の資金を大量に貸し付ける。自立を促すというのが公的な言い分だが、受け入れ国側は国際金融機関が指示する経済政策を採用することを強要される。いわゆる構造調整政策で、結果

（二五七頁）
二〇一六年七月三〇日に開かれた第一三回「ペルーの働く子どもたちへ」コンサートのチラシ。子どもたち二人とアレハンドロ・クシアノビッチが永山子ども基金の招請により来日し、東京の各所、京都、大阪などで報告集会をもった。

Nから子どもたちへ

第13回 永山子ども基金 チャリティトーク&コンサート

ペルーの働く子どもたちへ

ペルーの仲間たちを迎えて

講演　子どもが“主体”となって働くということ
　ペルーの働く子どもたちの組織「マントック」創始者
　　アレハンドロ・クシアノビッチ・ビジャラン神父
　「マントック」メンバー
　　トミー・ラウラテ・トゥアナマ（16歳）
　　アニー・テエディ・オリベラス・アレスクレナガ（16歳）

コンサート　木下 尊惇（ギター、チャランゴ、うた）
　　菱本 幸二（ケーナ、シーク、パーカッション）
　　小川 紀美代（バンドネオン）

演劇　演劇グループ セロ・ウアチパ

朗読　絵本「わがままリンド」（作・絵 井江 春代）
　朗読　水野 慶子
　伴奏　宇佐 照代（ムックリ）

映画　ペルーの働く子どもたち物語 vol.8
　制作　NPOクシ・プンク協会

2016年
7月30日（土）

開場 12：30　開演 13：00

会場
YMCA アジア青少年センター
スペースYホール
東京都千代田区猿楽町２－５－５
（ウラ面に地図）

入場料　前売 2,500円
　　　　当日 3,000円
中学生～18歳 1,500円

チケット申し込み
mail　nagayama@chehemmi.sakura.ne.jp

主催：永山子ども基金
共催：公益社団法人アムネスティ・インターナショナル日本／NPO 法人東京シューレ／パチャママ基金／NPO クシ・プンク協会／後援：ダイニング街なか

的にそれは、重大な貧困問題を抱える国々が経済的な公平さを配慮した政策を採用することを妨げて、外国資本や大企業に有利にはたらく。リサンドロがこのような世界の経済構造を理解するのに時間はかからなかった。

リサンドロは、一九九九年に「ナガヤマ・ノリオ」の名前をナソップの集まりで初めて聞いた。日本社会の状況も、ましてやナガヤマの生活もまったく知らなかった。ナガヤマが、なぜ人を殺めたかも理解できなかった。でも、ナガヤマの個人史を聞いているうちに、感嘆した。自分の生活を振り返り、自分も同じ孤児状態だったらどうしたろうか。たくさん考えさせられた。ナガヤマの名がつけられた奨学金を受けた時には、ナガヤマ・ノリオという人物の具体的な姿が浮かんでくる思いがした。奨学金を受けとるたび、仲間とナガヤマについて話しあった。他の奨学金とは異なって、ナガヤマの「良心」がそこに込められているかのように感じる。

アンデス高地のアプリマック県アバンカイから、ナソップの全国代表として二〇〇四年にリマに来たジセニアは、奨学金を受けるため「インファント－永山則夫」代表のエステル・ディアスから話を聞いた。ナガヤマの個人史を聞いて、衝撃を受けた。永山が生きた状況が、自分たちの生活環境と似ていることに気づいたからだ。三〇〇〇メートルの高地にあるアバンカイの田舎では、両親が農民として必死に働き、子どもたちが両親を手伝いながら、なんとか生活を維持してきた。永山との違いは、親が私たち子どもを捨てなかっただけで、貧しさは似通っていると感じた。ペルー国家警察が働く子どもを保護する運動体として、有志で構成していた「コリブリ」で活動していたジセニアにとって、貧しさが極限までくると、家族も崩壊すると感じていた。

リマ市内新興住宅街は、地方からリマに出てきた多くの家族が、国有地を不法占拠して作られたところが多い。行政が後から追認して電気や水を供給し、あたり一帯が次第に「街」に成長していく。そんな地域の中には、行政の手が届かず共同体として細々と生活を維持している場所がある。大都会リマにおける貧困問題の重大さは、強盗事件が多発していることで証明されている。ジセニアはそんな共同体で、インファントの「協力者」として、子どもたちのケアをしている。リマの大学で社会労働学を学んだ後、ベルギーの大学に二年間留学して社会学を納めて見聞を広めた。こうして蓄積したものを、いま、ペルーの子どもたちに向けて実践している。

集まってくる子どもたちの中には、通学できている子もいるし、できない子もいる。いつも二〇~三〇人が集まる。三つくらいのグループに分け、ある日は絵を描かせ、次の日は粘土細工をし、別の日は学校や環境や権利の話を五、六歳の子どもでもわかる言葉で話し合う。子どもが飽きないように、時折みんなで歌を歌う。ひとり一人の名前を覚えて、身体ごと接触をする。子どもたちを貧困の危機から少しでも遠ざける作業を地道に行っている。

こうして、永山則夫の遺産と意思はペルーの働く子どもたちに少しづつ染み込んでいる。働く子どもの主体的な運動体を提案し、その組織化の手助けをしたのが、アレハンドロ・クシアノビッチ師だ。

二　永山記念集会へのメッセージ*

アレハンドロ・クシアノビッチ

処刑されたその方の遺志に、深い感動をおぼえる【一九九八年】

その方が処刑されたということ、そしてその方の遺言が、われらが愛するペルーの路上の子どもたちに寄せる思いであったということに、深い感動をおぼえています。このことは、世界中の何百万人もの路上の子どもたちの闘いの歴史の中に、愛の力として刻まれるに値することだと思います。その方の名字、名前、その個人史を、私たちは知る必要があります。その方の死を超えた寛容さの恩恵にあずかる者たちが、彼を記憶し、その模範に従って進むためには、それは基本的なことです。なぜなら、われわれの都市や町に暮らし、きわめて高い危険にさらされているたくさんの子どもたちと共通する経験を持つ人について知ることは、彼らにとって大きな刺激です。人間の尊厳が踏みにじられることがあってはならないと感じ、貧困・搾取・不正義を終わらせるためにたたかった、連帯心にあふれた人間としての永山則夫さんの存在は、こうして、私たちの記憶の中で恒久的なものとなるのです。

さて、私たちの歴史を簡単に説明します。

私たちが、路上に生き働く子どもたちの組織化の仕事を始めたのは一九七六年のことでした。そこから「キリスト教労働者の息子たちである働く子ども・青少年の運動」（マ

＊クシアノビッチのメッセージ　前節「ペルーの働く子どもたちが永山則夫を知ったとき」が述べたような経緯で、双方の交流が始まった。日本側でこれを具体化するためのコンサートが開かれた一九九八年、そしてこれが毎年恒例の行事となって以降、アレハンドロ・クシアノビッチはこの集会に宛てて、メッセージを送り続けてきている。ペルー側が永山則夫の「遺志」をどのように受け止めているかを読者に知っていただくために、ここに収録した。

ントック）が生まれました。ですから、すでに二二年の歴史をもち、全国一五ヵ所以上の都市で活動しています。既成の何かしらの大人の組織の「子ども部」という発想ではなく、これらの少年・少女たちを尊重し、その真価を発揮させるという考え方で、自立的な組織化を図るという運動は、ペルーのみならず、世界的に見ても初めての経験だったのではないでしょうか。マントックは、現在、ペルーの三百万人の路上の子どもたちと関わっています。この二二年間の苦闘の中での最大の成果は、大勢の子どもたちが自らを組織化し、自分たちの力で「ペルーの働く子ども・青少年全国運動」（ナソップ）を創り出したことにあります。これは、マントックと協力関係にありますが、宗派組織ではありません。少年・少女たちが、自ら全国的な運動のリーダーとして成長し、労働する現場に戻っていくまでに自己形成する姿を見ることほど、すばらしいことはありません。この若者たちの中から教師を養成することにも力を入れています。それによって、子どもたちが学校に戻り、学ぶ意欲をもつ契機になればよいのです。

この運動は全国的に活動しており、国のもっとも貧しい地域、たとえばプーノの鉱山の子どもたち、アンデス高地アヤビリの遊牧民たち、リマ、チェペン、ハエン、アレキパなどの路上の子どもたち、路上で生活し働く子どもたちなどと関わっています。相互的な責任の下に、いくつかの小規模なプロジェクトを組んで、永山則夫さんの遺志を生かすことができると思います。

最後に繰り返し述べます。

死刑に処せられたこの方が、路上の子どもたち、小さな労働者たちに示してくださった寛容さと愛の深さに、私たちは限りない賞賛の念をおぼえます。

一九九八年七月八日

【太田昌国＝訳】

永山、ペルーのナソップは、あなたの叫びが虚しく終わることを、決して許さない【二〇〇九年】

毎年、私たちは永山の記憶を呼び覚ます。そのとき、希望に満ちていると同時に苦悩もあふれ出ている彼の叫びの前に、私たちは身を置くことになる。その叫びとは――君たちは「ぼくのような、下層に押し込められてのけ者にされるような人間を二度と生み出してはならない」。これは自己処罰のために言っているのではない。私たちが、人生の破壊者に舞い戻ってしまう理由を手探りしていてはじめて出てくる言葉なのだ。

永山が行き着いた結論は、こうである――無知、貧困、とるに足らぬ存在とされること、社会全体のなかでの孤独感、ことごとく根を引き抜かれていること、それがすべてひとりの人間のなかに凝縮するとき、人は残酷になり得るのだ、と。だが、永山のこころは、彼が犯した犯罪よりも、はるかに大きかった。彼が犯した殺人によって孤児となった子どもたちの苦しみよりも、はるかに優しかった。彼は自らがなしたことを、自分の命を賭けて、すべてを捧げて、修復しようと望んだ……だが、そのとき、彼の命は絶たれた。それはまさに、永山が、もっとも貧しい人びとのためにすべてを投げ出して自分が背負った負債を償い、それによってこれまで拒まれてきたことに終止符を打って、同時に、「この日本もまた、いつの日か、貧しい者も、無知なる者もいない、正義に満ちた社会に到達する」ことができるという、より良い希望を育んでいたときであった。

世界じゅうで、またペルーのような国にあって、貧しい者に対する刑罰を強化し、処罰年齢制限を引き下げ、法律をいっそう厳しいものにし、情状酌量的な配慮を排して処罰を課するという傾向が強まっている。同時に、労働年齢を引き上げるという動きもある。これこそが、法律違反者を生み出してしまう、真のメカニズムである……このような時代に伝えられてくるからこそ、永山則夫のメッセージは評判となり、希望の精神を吹き込んでくれる。だが同時に、私たちは、自らの生き方を人びとの前に復権させたいと望む人が歩む道は、果てしなく長く、苦しみに満ちたものであるという現実にも気がついている。社会は、洗練された残酷さをもって、いったん罪を犯した者を排除してしまう態度に正当性を与えていることも知っている。

永山は、死に憧れながらも、必死になって生をやり直そうという希望との狭間で、常に緊張感をもって生き抜いた。しかし、彼の視野にあったのは貧しい人びとだけではなかった。その視点に立ちつつも、彼は、「ぼくのようなおかしな男」——彼ならば、ちょっと詩的な言葉遣いで、こうとでも言っただろう——を生み出すことのない社会を創り出そうとしたのだ。

ナソップ、すなわち「ペルーの働く子ども・青少年全国運動」は、すべての貧しい人びと、周辺部に追いやられている人びと、昨日・今日・明日と排除されている人びと、貧しい先住民族の人びと、とりわけアマゾン地域の人びとに向かって言うことができる。「あなたたちの叫びが虚しく終わることを決して許さない」と。

二〇〇九年六月一八日

【太田昌国＝訳】

死刑制度のある民主主義など、民主主義とは言えない【二〇一〇年】

仲間であった永山則夫が、司法によって殺されてから、また一年が過ぎた。私たちの社会のあり方を人道に叶ったものにするためのたたかいを、何にもまして根気よく続けることを自らに課している者なら誰でも、その倫理的にして政治的な良心を賭けた課題を再確認する機会である。

日本の市民の八〇パーセント近くの人びとが死刑に賛成しているという。この事実は、死刑はただ伝統として倫理的に容認されているのではないと主張するだけでは、決して十分ではないことを明かしている。また、時の流れのなかで、日本社会では殺人件数は減少傾向にあって、それは死刑を適用していることの肯定的な結果だとして両者の因果関係を結びつけることも、証明済みの議論ではない。死刑には抑止力効果があるとする意見もあるが、歴史と世界じゅうでの経験がそれは真実ではないことを証明しているといえば、それこそ現実に即した唯一の実効性ある反論となる。

永山則夫は、あなたたちのような人びとが、自らの国を真に民主主義的な社会に創りかえるために展開しているたたかいの象徴である。そして、死刑制度を廃止することが、日本社会の民主主義的な精神と人間的な発展とを示す議論の余地なき指標であるための、象徴でもあり続けている。あなたたちのたたかいは、人間の生命と地球の生命こそが必然的に最高の価値をもつことを模索している、この地球上の、男女の区別なくすべての市民のたたかいでもある。

死刑執行の署名をするには慎重でありたいと公言した法相のように、政界にも宗教界にも、死刑廃止のための世界的な運動の一翼を担う人物はいる。そしてまた、いかなる目的であれ、「人道的な執行」などという言い草で折り合いをつけようとする人物も、確かに、いるのである。永山則夫は、民主主義、および言うところの正義が執り行なった卑劣な行為の真っ只中で、尊厳をもって死んだのだ。

彼は、死の廊下で三〇年ものあいだ死刑が執行されるのを待つことを余儀なくされた。その間に、彼自身の人生観は明らかに変貌を遂げた。十分に認められる作家になったばかりではない、自らが属する社会に対する明敏な批判家にもなった。その挙げ句に死刑が執行されたのだ。つまり、死刑とは、明らかに、政治の道具なのである。それは、刑事司法の応報主義的な性格を示すものにほかならず、社会的・文化的・経済的・政治的に死を宣告する方法はいくつもあるが、それに加えて、取り返しのつかない形で生そのものが絶たれるという死があるのだ。永山則夫という人物には、三二年間ものあいだ死刑執行を待ち続けて九五歳で獄死した平沢貞通の姿が重なってくる。永山が犯罪を犯したとき、彼は未成年だった。合法性の装いの下で死刑が執行されたとき、彼は五〇歳に近かった。

子どもたちや働く青年たちにとって、永山則夫とは何者か。未成年のときに、不運なことや生きるうえでの過ちがあったとしても、それがすべてを運命づけるわけではないし、人が人生をやり直したり、人生を社会的に意義あるものにする力を持てないというわけでもない――そのことの象徴なのだ。それだけではない。それは、尊厳を貴重にも引き継ぐものでもあり、また私たちすべての者が、生きることと平和の人道主義的な擁護者でありうるよう、正義と共感を求め続けるよう誘うものでもあるのだ。

永山則夫は、死刑制度のない、民主主義に根ざした生活を待望する、すべての人びとのなかに生きている!

【太田昌国＝訳】

世界の貧しい子供たちへ【二〇一一年】

永山則夫の死刑が執行されて一四年目を迎えた今も、永山の命がもち得た象徴性、そして日本や世界の貧しい子どもたちに思いを馳せた彼の思考力は、われわれに強いメッセージを送り続けている。永山の勇気と偉大さは、死刑囚という立場から、決して虚しく終わることのない叫びによって、すべての人びとの誇りを傷つける現実を生み出しているのは社会そのものであることを知らしめようとした、彼の感受性と行動力にある。

痛ましい幼少期が、その後のひとの人生を決定づけはしない

永山則夫の人生は、幼少時から、不運、育児放棄、狭い住環境、空腹、屈辱、家族愛の不足、日常的貧困、自尊心の崩壊などに見舞われたものであった。永山は、自分の人生に意味はなく、自身を孤独な除け者であり、「世の中に無用な存在」とされる人びとの一部だと感じていた。

したがって、最初の殺人を犯した直後から自分は死に値する人間だと認め、自らを「自分自身の死刑執行人」と呼びさえした。刑務所のある網走の番外地を出生地とし、裁判所に対しても収監番号以外に身分を証明する番号がなかった永山は、あたかも生まれた時から烙印を押されていたかのようであった。

だが、永山は怒りを転換し、「自分のような底辺の人間や殺人犯を、再び生み出しかねない」社会の悪循環を断ち切るよう訴え続けることを通じて、自らに対する感情を、現実に立ち向かう術として長い時間をかけて変化させていった。これは、彼が悲惨な幼少期に、残りの人生を支配させなかった何よりの証である。

永山は、単に変貌を遂げた作家というだけではない。彼は貧しい人びと、社会のシス

テムから除外され、無知に追いやられた人びとにとって、人間としての尊厳を回復した「正義」そのものを体現しているのである。

永山の変化を決定づけた、二つの出来事がある。

刑務所に入った永山は、河上肇の『貧乏物語』を読み、研究した。これは、彼を長年苦しめてきた問い――「なぜ、ひとを殺さなければならなかったのか?」を理解し、その答えを見つける重要な機会となった。未成年にして殺人犯となった彼ではあったが、社会とは、一部の人びとを弱者として無知に追いやり、犯罪者となって注目されでもしない限りその存在に気づくこともないものなのだ、ということを理解した。『貧乏物語』は永山を目覚めさせ、*彼自身が体験した悲惨な現実に光を当てたと同時に、永山を長年の深い孤独から解き放ちはじめた。永山は、『貧乏物語』の一部だった。貧困がもたらした結末が刻まれた体や心を持つ、貧困に押しつぶされた数多くの命の一つだったのである。

永山には、罪を償うことの苦悩や重要性を越えて、貧しい人びとの可能性についての新しい見方を得たもう一つの機会があった。すなわち、貧困それ自体が犯罪につながったり、困難な人生に負けたりすることを、必ずしも意味するわけではない。そのことを永山に確信させたもう一つの動機が、ペルーの働く子どもたちの存在である。世の不公平と誇り高く戦い、くにを思い、人間らしい生活と子どもの持つすべての権利を切望するペルーの働く子どもたちに、歴史に残る永山の言葉を捧げたい。

「それでも、君たちは人間なんだよ」。

ついに永山は、自分自身の人生や命の意味と価値を見出すプロセスを完了し遂げたのだった。それは、シウダー・デ・ディオス市場で働くペルーの子どもが、「貧しいから働

永山則夫と『貧乏物語』　一九七〇年六月三〇日、東京地裁での第一審第一二回公判で、永山は英文を諳んじた。それは、河上の『貧乏物語』に収録されている、ウィリアム・ボンガー『犯罪と経済状態』の一節だった。「貧乏は人の社会的感情を殺し、人と人との間におけるいっさいの関係を破壊し去る。すべての人々に捨てられた人は、かかる境遇に彼を置き去りにせし人々に対しもはやなんらの感情ももち得ぬものである」。この一節は、自分の過去を言い当てている、と永山は考えていた。

くの？」との教師からの問いに対して、迷うことなく「ぼくが貧乏？　いいえ、先生、ぼくは働く子どもたちの組織の一員です」と答えた様子に重なるようでもある。

だからこそ、永山則夫の記憶は、ナソップおよびインファントの活動の歴史の一部を形作っている。ナソップとインファントは、永山が自らの印税によって、貧しい子どもたちを育てる場、人間としての尊厳を守る術を学び、自分自身の人生の主人公であり市民であることを自覚できるための学校を建設したいという、生涯をかけた願いを実現したものである。

ペルーのナソップ、そして世界中の貧しい人びとは、「私の叫びが虚しく終わることを、許さないでほしい」というあなたの詩的な言葉を、これからも受け継いでいく。

二〇一一年六月三〇日

【村井裕子＝訳】

希望を信じ、笑顔を取り戻すために、人生体験を書き綴る【二〇一二年】

永山則夫は、四人を殺害した青年だったというだけではない。良心の力に駆り立てられた苛烈な作家となり、その力によって僅か一八歳で自らが犯した行為の罪深さを考え抜いただけでなく、青年・則夫が犯した過ちの原因に決して無関係とはいえない日本社会全体に対し内省を促しもした。

永山は、自身の内面へと目を向け、文字や詩、さらには自分の小説に添えた挿絵などを通して、刑務所の中から、自らの声を発した。死刑を待つという状況が、書いたり、幼少時からの生き急いだような人生の中での運命的な出来事を伝えるメッセージを残したりしようという、彼の意欲をいっそう加速させた。

永山は、刑務所のある町、網走で生まれた。彼の生地には番地もなく、まだ犯人が分からない時点でこの「連続殺人犯」に付けられた番号のみが、彼に与えられたものだった。永山はこのような状況から、非常に痛々しくも希望と苦悩や悲しみの狭間で——つまり、彼のように貧しく生まれついた罪のない子どもたちの踏みにじられた権利を回復しなければならないという思いと、幼い時代に暴力的に故郷や家庭を失ったことで、幾度となく死を願った経験との狭間にあって——果てしのない戦いを挑んでいくのである。

書くことは、発言し、名づけ、意思疎通を行ない、確信したことを全身全霊で叫び、叙述し、告発し、そして何よりも、発表することである。死に直面した崖っぷちの毎日の中から、永山は、彼が実際に生きたのとは異なる世の中の建設を呼びかけている。彼にとって、書くことは単純なカタルシスや感情の吐露、彼を長年苛んだ事象を伝える必要性から来る行為ではなかった。永山の残したメッセージは、実に三二〇五頁に及んでいる。言葉によって世界が生み出され、書くという作業が自らの体験や人生に意味を与える長いプロセスの一部となったのである。

「私は人間性を失ってしまったが、あなたたちはまだ人間です。お願いです、どうか私の叫びが、無駄なものに終わらないようにして下さい」。

永山は、彼の書き残したものが、貧しい者や教育を受けられない子のいない、正義と生命に満ちた世界の建設に役立つと信じていた。彼は断言している。「書くことで、私には希望が生まれ、笑うことのできる日がやって来る、そして明日という日に怯えずにすむだろう……」。

おそらく永山は機能的な非識字者だった、つまり学校に通った経験はあったであろうものの、読み書きを改めて覚えたのは刑務所の中であり、さらに学びや考える術、自分自身や自分の人生、社会、くにを客観的に見つめられるようになり、希望や笑うことのできる力が心の裡に生まれるのを発見したのである。* それは、死の宣告およびそれを宣告された誰もが毎朝襲われる処刑への恐怖に対する、間違いようのない勝利の印であった。

永山則夫の死刑執行から新たな一年が経過した今、私たちは、この社会が特徴としてもつ皮肉な冷淡さが「木橋」の両側から消え去ることを願うと共に、永山の記憶が私たちの希望の糧となり、笑顔を生み出すようにすることを、改めて誓うものである。

二〇一二年六月一二日　リマ　【村井裕子＝訳】

あなた方は、私のような落伍者を生み出さない世の中に変えることができる【二〇一三年】

永山の人生が強く訴えかけているのは、人間の抱える問題とは、家庭環境や「しつけ」のあり方、また個人の主観的な諸条件によってのみ規定され、形作られるものではないということだ。われわれの抱えるすべての問題は、個人の状況や家庭環境とは必ずしも直接的な関わりをもたない、社会・政治・経済的な枠組みの中で発生し、その中で深刻化していく傾向にある。しかし永山の生き方は、個々の人生にとって一見外的ともいえるこれらの社会・政治・経済的要因が、われわれの将来に大きな影響をもたらすことだけを明らかにしたのではない。機会を与えられれば、良き人間となる動機が芽生え、自

刑務所が大学　前記公判で、永山は裁判長とのやり取りのなかで、こうも言っている。「オレはもっと勉強したいんだよ、トーコーダイで！」。裁判長が「東京工業大学で勉強したい？」と聞くと、永山は叫ぶ。「オレがどこから裁判所へ来ているか、あんたも知っているでしょう。こういう事件が起きたのは、あのころオレが無知だったからだ。それは貧乏だから、無知だったんだよ。そのことをオレは、東拘大で勉強してわかった。オレのような男が、こうしてここにいるのは、なにもかも貧乏だったからだ。オレはそのことが憎い。憎いからやったんだ！」

尊心や正義への愛が新たに生まれ得ることを表している。

永山は、若き日に犯した罪を後悔しただけではない。自らの責任に気づき、自身の過ちが蹂躙した権利を、明らかに回復できないことに苦悩するようになった。それゆえに、永山は、未来を見つめた。出身地の貧しい人びとや日本にとっての最善の未来を思い、若き日の彼のような落伍者を生み続ける社会を、豊かな知性と優れた文章をもって批判したのである。

生まれ変わった彼の心から湧き出る詩や文学は、貧しさが生み出し得るあらゆる事象——不平等、無関心、冷酷、差別などの、いわば不公正な社会の負債を一掃しようとする情熱と熱意に満ちていた。死を待ち続けた三〇年という長く先の見えない期間に、永山が生み出した倫理的証言や政治的メッセージ、ユートピア的な観念——これらは、彼の母国・日本をはじめ世界中が、人間や地球よりも金銭や市場を優先するシステムの非人間的な強い力に引きずられる時代を生きるわれわれ人類にとって、けっして無碍にすることのできない財産である。

永山の生涯は、彼の生き方に希望を見出すわが国の働く男児、女児、青年たちと、その組織を認める一筋の光であり、力である。彼こそは、永遠の命が存在することを示す、明らかな例である。


【村井裕子＝訳】

貧しい者も、無知な者もいない世界の建設【二〇一四年】

永山則夫の死刑執行から一七年目を迎えるにあたって思い起こしたいのは、今なお生き続ける永山の夢――貧しさゆえに学校へ行けない少年少女の教育である。教育こそは、貧困と犯罪をなくすために欠かせない要素である。永山は、自らの体験から教育の重要性に気づき、困難な状況の中、中断しながらも小学校へと通った。さらに夜間高校にも通学したが、彼は、それが貧しさやさまざまな形の無知に打ち勝つのに十分なものでなく、結果的に犯罪を回避する助けとはならなかったことを知っていた。そこには、彼を見放した家庭的な不幸だけでなく、残酷な非人間性へと陥らずにすむ人生の指針を与えられなかった、学校教育の脆弱性が存在していた。

（1）世界の貧しい子どもたちの中で、生き続ける

永山は、その死後も、世界の貧しく見放された子どもたちの中に、自分自身が生き続けるだろうと自覚していた。永山には、「もし生きることが許されたならば」、社会と、子どもたち自身やその親に対して教育の重要性を説得し、彼らを極度に危険な環境の中で無防備にさせる、あらゆる形態の無知と精神の無分別さを克服する夢と意思があった。

（2）自尊心を回復する

およそ三〇年間に及ぶ獄中生活において、永山は、エリート社会によって否定された貧しい人びとの尊厳を回復することが必要であり、可能であることを社会、特に若い世代に対して伝える強い責任感のもとに生きた。貧しい者も、無知な者もいない世の中

の建設のために働くことは、彼の苦悩を昇華させ、三〇年間にわたる自らへの問いかけ――「なぜ、四人を殺さなければならなかったのか?」に対する積極的な答えを見出した。

(3)「夢の実現――奨学金プログラム

永山子ども基金は、一〇年前から、永山の記憶を風化させないだけでなく、「木橋」の対岸に向けた夢を実現してきた。これまでに奨学金基金は、「ペルーの働く子ども・青少年全国運動」に所属する国内各地の少年少女青年ら五〇人以上に対し、彼ら一人ひとりが永山であるかのように、高等・専門・大学教育への支援を行なってきた。その多くが、今日専門職に就き、弁護士として、あるいはソーシャルワーク、政治科学、心理学、神経外科、人類学などの多岐にわたる分野で、人権の保護に力を注いでいる。

永山の記憶と彼のメッセージは、ペルーの働く子どもたちとの間に架かる大きな「木橋」となっている。

【村井裕子＝訳】

あなたたちは、社会を変えられる【二〇一五年】

三〇年近くに及ぶ刑務所生活の末に永山則夫が死刑となって一八年が経過した今、永山が追及した正義と、その地から強い訴え――落伍者を生む社会を変えられるだけでなくそこに尊厳ある建設的な人生の意味があるとの信念――を、改めて噛みしめたい。

「何もかも、すべてが、貧困に起因するのだ」という永山の言葉は、現代にも十分通用するものである。永山は、個々人の抱える問題は社会全体に帰する原因と決して無関係ではないと同時に、その原因に対して個人と社会の双方が取り組まなければならないと考えていた。

永山則夫が、良い方向に人生を転換し、刑務所から自身の存在を書き綴ることで「断固として非人間性に陥ることなく」善や正義を追求したのは、彼自身のためだけではない。彼は、自らの変化は「貧しい者も無知な者もいない社会」、階層の無い社会の実現によって、ようやく完了すると考えていた。

刑務所のある場所として知られ、烙印のようにも響く「網走番外地」に生まれた永山則夫は、少年時から寄る辺も無い労働者として生きていた。唯一、彼に安らぎを与えることができたかもしれない場所は、網走の海だった。* そんな永山は、「あなたたちには、社会を変えられる」という自らの叫びを体現したシンボルとなった。それは、価値もなく、脅威を与える者としてみなされてきた存在からの、あるいは社会に属する人間として認めて「もらわなければ」ならない社会的部外者、正義や友愛に反する行為をしてしまった人間からの変身である。そのような立場から、違う方法で人間としての再生が可能だという確信を持つにいたるということである。

組織に属していようといないとにかかわらず、あらゆる少年・少女、青年労働者の一人ひとりは、永山則夫の訴えを受け止め、現代社会を変えていく。永山が証明したように、われわれは、過去に囚われることなく運命を書き換え、新しい歴史を作ることができるのだ。

二〇一五年八月一日

【村井裕子＝訳】

網走　永山が一九八三年に執筆した小説に「なぜか、アバシリ」があり、それは、前出『木橋』に収録されている。

三 「働く子ども・青少年のための教育機関」の誕生*

インファントー永山則夫

一九九九年、「インファントー永山則夫」（正式名称 Instituto de Formación de Adolescentes y Niños Trabajadores/as 働く子ども・青少年のための教育機関、略称ＩＮＦＡＮＴ－NAGAYAMA NORIO）が生まれた。以下に、その経緯と活動内容を記す。

団体の沿革

（１）ナソップ運動の要請により生まれた「インファントー永山則夫」

一九九八年に開催された第二回「ラテンアメリカおよびカリブ海地域の働く子ども運動」における、各国の代表委員による会合の場において「働く子ども・青少年」に対する体系的な教育を確立していく必要性が認識されました。会合後の一九九九年、ナソップ運動は、この教育に対するニーズに呼応する機関として「インファントー永山則夫」の設立を発議し、同機関が発足するに至りました。

「インファントー永山則夫」が設立された直後の最初の課題は、「働く子ども・青少年」に必要とされる教育とは何であるかを分析することでした。この分析の過程で、「インファント」自身が教育に関する基本的な提案を行ない、それらが、現在に至るまでの活動の基盤となっています。

出典 前出二二〇頁の下段に記したものと同じ冊子からまとめたものである。インターネット上には、「インファント・永山則夫」のサイトがある。http: //www.infant.org.pe/トップ頁の項目別ジャンルの「NOSOTROS」（私たちのこと）には「¿Por qué Nagayama Norio?」（なぜ、永山則夫なの?・）があり、永山の幼年時代からの写真や彼が描いた絵がアップされている。また、ジャンル「GALERIA」の「Videos」を開くと、ペルー各地のインファントに集う子どもたちの日常生活が記録されており、末尾には、子どもたちを前に話すクシアノビッチの姿も出てくる。

「インファントー永山則夫」は、ナソップが展開する全国運動を支援し、彼らに対する教育の場を提供することを活動の中心に置いています。

「インファントー永山則夫」は、世界の子ども全般、特に働く子どもたちの持つ独自性や文化を十分考慮に入れた教育活動を実践することによって、「働く子ども・青少年」に限らない子ども組織のメンバーや組織の責任者たちの能力を開発することにより、彼らが子どもの意見を代表する者として、社会や国家と対等な立場で交渉できるように努めています。

（2）設立以来の目標と目的

働く子どもの運動体がその設立以来掲げてきた目標と目的に応えることは、「インファントー永山則夫」の使命でもあります。

①「プロタゴニスモ」の実践――すべての子どもたちが、個人の生活の場において、また集団生活の場においても、一人の主体として自立すること、およびその自立が尊重されること。

②社会のすべての側面において、平等、公正さ、そして相互理解が実現されるよう努力を惜しまないこと。

③すべてのペルーの子どもたち、特に「働く子ども・青少年」の権利を擁護し、発展させること。

（3）働く子どもに限らない児童へのサポート

「インファントー永山則夫」は、「働く子ども・青少年」に限らず、以下の子どもたちのニーズに応じたプログラムの展開や、「プロタゴニスモ」に基づいた社会参画をサポートしています。

①路上で生活を強いられている子どもたち、性的に搾取されている子どもたち
②学童市議会とCODEMEｓ（学童市議会の代表者委員会）
③〇歳から八歳までの乳幼児および児童
④路上売春により性的搾取を受けている女性、および家事使用人として働いている女性の娘たち

機関としてのビジョン、ミッション、目的、対象など

（1）ビジョン

「インファント－永山則夫」は、特に、子どもたちが、自分自身がもつ社会的、政治的、経済的、道徳的、文化的権利を、社会的責任を担った上で行使する際に、組織という形で主体的に参加できるよう、彼らに対する教育機会の提供を通して貢献します。

（2）ミッション

「インファント－永山則夫」は、子どもの持つ独自性や文化を考慮に入れた教育を実践することにより、子どもたちの責任感の強化や、国や社会との対話能力の強化、さらに彼らが社会的、経済的、文化的、道徳的、政治的な場面で「プロタゴニスモ」を実践できるよう、子どもたちによる組織の代表者やメンバーである彼らの能力の向上に寄与します。

（3）活動目的

①活動の場とプロセスとしての組織を通して、「働く子ども・青少年」の教育に寄与すること

②「働く子ども・青少年」の組織のみならず、社会レベル、特に大衆層の子どもたちに対してもその効果が及ぶような活動を模索すること

③「プロタゴニスモ」の実践、平等な社会の構築に向けた努力、ペルーのすべての子ども、特に働く子どもの権利とその擁護など、ナソップ運動が設立当初から掲げている目標や目的に呼応した活動を展開すること

（4）活動対象

①ナソップ運動――「働く子ども・青少年」やナソップ運動に対する側面的支援

②社会的偏見を被った子どもたち――権利を守られていない子どもたち、また、権利を傷つけられた子どもたち、たとえば性的搾取の犠牲となった子どもたち、家事使用人として働く子ども、八歳以下の子ども、路上生活の子ども。

（5）活動方針

①子どもの権利の擁護と促進

子どもの権利条約について、遊びを交えた学習の機会を提供する。人形を使ったお芝居や、劇、テーブルゲームなどといった、連帯と責任をテーマにした教育的な内容を盛り込んだ遊びを通して、子どもの権利条約の内容を学ぶ機会を提供する。

（二七九頁の写真）
インファント－永山則夫の図書室・談話室の光景。書架には、永山の写真や、インファントが独自に編集・刊行した永山に関わる冊子の表紙が見える。義井豊撮影

Libros

②組織の強化

社会的に疎外された子どもたちや働いている子どもたちに、自らが直面する問題を掘り下げる機会を提供することにより、自らの意見を社会に反映できる力を培う。そして、彼ら／彼女らの社会参画や組織としての存在を視覚化し、その権利が尊重される社会を目指した活動を展開するために、彼ら／彼女らと行動を共にし、必要に応じて助言を加える。

③保健衛生面の向上

働く子ども、および社会から疎外された層の人びとに対して、創造的かつ相互作用的な方法で、衛生や結核、栄養摂取などの健康問題をテーマとした講習を行なう。その中でも、エイズの感染予防をテーマとした講習は際立った効果をあげている。

④ふさわしい仕事を身に着けるための技能訓練

経済、会計、経営、マーケティングなどをテーマとした講習会の実施。これらの講習会は、実践を交えた形で取り組まれ、子どもたちがビジネスの能力を伸ばすことを可能にする。この方針に基づいた活動は、職業訓練の一環として、公立の学校および「働く子ども・青少年」の各組織において展開されている。

プログラム／現在実行中のプロジェクトとその財源

①BECANATs（「働く子ども・青少年への奨学金制度」）

働く子どもたちの勉学支援に向けられた奨学金制度——「永山子ども基金」（日本）より、現在まで計二二名の「働く子ども・青少年」（特に元全国代表者）がこの奨学金を受けている。それぞれの学業により期間が一年から五年までと異なるが、月あたり一律三四ドルを受け取り、学費の一部として支援している。二二名のうち七名がすでに学業を終えている。この奨学金は学校を卒業し、働き始めた時に「次の世代のために」返済していくという約束になっている。しかし、現状として、就職先での賃金が低いために返済が思うようにいかない状態にある。この現状を考慮し、今後は各自に無理の無い返済プログラムを組んでいく予定。

②「KullakoqWarma（愛らしい子どもたちの意）」プロジェクト

家事使用人として働く子どもや、リマ・コノスール地区の売春による性的搾取の犠牲者である息子や娘たちに対する活動

③権利の観点から、ペルーの公共政策において、「働く子ども・青少年」の声と活動が反映される社会、彼らの「プロタゴニスモ」が充分に発揮される社会を目指した取り組み

④性的搾取の犠牲者になった若者、およびその危険にある若者たちに対するサポート

⑤小さな企業家（経営者）としての「働く子ども・青少年」やコラボラドーレスの育成

ナソップOBと「協力者《コラボラドーレス》」の関係

現在、「インファント－永山則夫」では、元ナソップ運動の全国代表者九名（一八歳～二八歳）がスタッフの一員として働いています。これは、インファントのスタッフ全体の約半数を占めることになります。彼らの多くは、自らが持つ将来のビジョンに向かって大学や専門学校などで学業を重ねながら、インファントで働いています。彼らは、ナソップ運動の全国代表として大役を努めた人びとであり、国内の会議はもちろんのこと、国

際レベルでの子どもに関する会議やフォーラムにも数多く出席してきました。そのため、彼らは、運動で学んだ経験を後輩たちに引き継ぐことのできる存在として、とても有用な役割を果たしています。その他のスタッフは児童に関する専門家たち（心理学者、芸術家、社会学者、ソーシャルワーカーなど）で構成されています。また、プロジェクトの内容に応じ、必要な人材と短期契約を交わすことにより、目標の達成に向けたより効果的な活動を可能にしています。

訳者あとがき

本書は、*Alejandro Cussiánovich, Ensayos sobre Infancia, Sujeto de Derechos y Protagonista*, IFEJANT 2006の翻訳である。ただし、原書は、この運動が展開されているペルー現地で出版されており、運動の担い手および読者の期待に応えるかのように詳細をきわめた叙述となっており、大部なものである。日本の読者にはそこまで詳しい内容である必要はないだろうと考えた訳者は、原著者とも相談し、原書の第一章、第三章、および第四章の各論考を翻訳することにした。第二章に関しては、他章に含まれる各論考の内容との重複が多くみられるため、本書への掲載を割愛した。加えて、翻訳した章でも、部分的に重複が目立ったり、詳細すぎる箇所もあったりしたので、文脈を損なわない限りにおいて、割愛したことをお断りしておきたい。

併せて、アレハンドロ・クシアノビッチ氏および働く子どもたちの運動が生きた、歴史的・文化的背景を読者の方々にご理解いただく目的で、クシアノビッチ氏の「個人史」をはじめとした文章を補足的に加えた場合もある。

＊＊＊

本書は、ペルー在住の写真家、義井豊氏をはじめとして、大谷恭子氏、中田勝美氏、太田昌国氏ら永山子ども基金のメンバーよる、ペルーの働く子どもたちとの長年に渡る協働を通して得られた信頼関係をもとにして実現した。

私が、ペルーの働く子どもたちによる運動およびアレハンドロ・クシアノビッチ氏の存在を知り、関わりをもちはじめたのは、今から一〇年も前のことだった。当時、私は、現地の大学にてソーシャルワークを専攻し、リマ郊外にある「不法占拠区」に居を構えながら、子どもやシングルマザーを対象としたささやかな活動を、妻や大学の仲間たちと共に進めていた。

そのような中、働く子どもたちの運動を日本に紹介するため、長年に渡って尽力されてきた義井氏より運動の存在を教えていただいたことで、彼らの活動に関わり合いをもつようになった。我が家のバラック小屋を拠点としながら、地域の子どもたちと共に運動への参加を続けた。毎週末には、運動を支えるイフェハントやインファントー永山則夫のスタッフが駆けつけてくれ、子どもたちと共に多くを学びあっていた。メーデーの街頭行進や子ども向けの講習会など、イベントがある毎に子どもたちと出かけて行った。

同時に、イフェハントが定期的に開催する大人向けの講習会や、クシアノビッチ氏らによって開講される大学修士課程の講義に継続的に出席するなど、ことばの壁に悩まされながらも、運動の理論的側面を理解するための試みも続けた。地域における運動の一拠点としての役割を担い、子どもたちと共に多くの学びを得てゆくことが、いつしか私たち夫婦の目標になっていた。

しかしながら、長女の誕生に伴い、私たちは運動の活動拠点としての萌芽をみていた「不法占拠区」での暮らしを放棄し、リマ市内のアパートに生活の場を移すことになった。上下水道の不備や治安の悪さなど、二人で暮らしていた頃には何とも思わなかった生活環境だったが、子どもを授かった途端に、ここでの生活を続けることは困難だと感じるようになった。

「不法占拠区」での暮らしを離れると同時に、運動からも徐々に足が遠のくようになった。その後、活動を再開することのないまま現在に至り、結果として地域の子どもたちを裏切ることになってしまったという思いが消えない。

＊＊＊

働く子どもたちのよき「後見人」で、私自身も大いに薫陶を受けたクシアノビッチ氏が書き連ねてきたユニークな「子ども論」を翻訳しようという思いは、まだ私が「不法占拠区」に住んでいた頃に浮かんだ。そこで手掛け始めたのだが、すでに述べたように、途中でそこを離れることになった。しかし、ペルーでの生活を続ける以上、この地の働く子どもたちと共有できた刺激に満ちた体験を何らかの形で残しておかなければ、先へ進むことはできない――そう考えながら、私はこの仕事に取り組み続けた。私にとって、翻訳作業に費やした時間は、運動の理論と実践を身をもって学び、子どもたちの実生活に触れ続けた時間でもあった。

子ども時代にナソップ運動の代表委員を務め、現在は社会学者として活躍されているオルランド・マチャレ氏には、数ヵ月に渡って校正作業に付き合っていただいた。同じく子ども時代にナソップの代表委員を務め、現在、女性先住民活動家として活躍されているタニア・パリオナ氏（彼女は二〇一六年の総選挙に立候補して当選し、ナソップ出身の初の国会議員が誕生した）からは、多様な文化的背景を生きるペルーの子どもたちの現実を理解するにあたって、多くの示唆を与えていただいた。お二人の力添えなくしては、翻訳の完成には到底たどり着くことができなかった。

翻訳作業を最後まで終えることができたのは、継続的にアルバイトの機会を与えて下さるなど、長年に渡りペルーでの生活を支えて下さった義井氏の存在があったからに他ならない。また、現代企画室の太田昌国氏と小倉裕介氏には、多くの時間を編集作業に割いていただき、完成に向けて微細に至るまでご教示をいただいた。お二人には、このような貴重な機会を与えて下さったことに対して、心より感謝申し上げたい。

翻訳作業の大幅な遅れにより、クシアノビッチ氏をはじめとして多くの皆さまに多大なご迷惑とご心労をお掛けするに至ったことを、この場をお借りして深くお詫び申し上げたい。

本書が、子どもたち、および彼（女）らが「権利の主体」になるための学びのプロセスに同伴する大人たちが、国境を超えて連帯し、協働するための端緒となってくれることを心から希望したい。

二〇一六年六月一一日　新たに住み始めたペルー、アヤクチョにて

五十川大輔

編訳者略歴

五十川大輔（いそかわ　だいすけ）

1976年、大阪府東大阪市に生まれる。2001年よりペルーに移住。

2002～2007年、ペルー国立フェデリコビジャレアル大学社会科学部ソーシャルワーク専攻。現在は、アヤクチョ県に在住。

インディアス群書 14

子どもと共に生きる　インディアス群書第十四巻

発行日——二〇一六年一〇月一五日　初版第一刷　一五〇〇部

定価——二八〇〇円＋税

著者——アレハンドロ・クシアノビッチ

編訳——五十川大輔

装幀者——粟津潔

装幀協力—本永惠子

発行者——北川フラム

発行所——現代企画室

住所——東京都渋谷区桜丘町一五—八　高木ビル二〇四

電話——〇三—三四六一—五〇八二

ファクス—〇三—三四六一—五〇八三

E-mail: gendai@jca.apc.org

http://www.jca.apc.org/gendai/

振替——〇〇一二〇—一—一一六〇一七

印刷・製本—中央精版印刷株式会社

Printed in Japan

ISBN978-4-7738-1610-5 C0036 Y2800E